TOPIK
말하기의 모든 것

TOPIK 말하기의 모든 것

초판 인쇄 2023년 12월 20일
초판 발행 2023년 12월 29일

지은이 박미경, 권제은
펴낸이 박찬익
편집장 권효진
책임편집 정미선 **편집** 심지혜, 이수빈 **일러스트** 박용훈
펴낸곳 ㈜박이정 **주소** 경기도 하남시 조정대로45 미사센텀비즈 8층 F827호
전화 031)792-1195 **팩스** 02)928-4683 **홈페이지** www.pijbook.com
이메일 pijbook@naver.com **등록** 2014년 8월 22일 제2020-000029호

ISBN 979-11-5848-923-6 (13710)
책값 22,000원

ALL ABOUT KOREAN TOPIK SPEAKING

TOPIK 말하기의 모든 것

SPEAKING

박미경 · 권제은 지음

박이정

머리말

한국어를 배우는 학습자들의 최종 목표는 한국 사람처럼 말하고 쓰는 것입니다. 요즘은 한국말을 유창하게 하는 외국인들이 많아지고 있습니다. 반면 말하기를 어려워하는 학습자들도 많아서 그런 사람들을 보면 감탄과 함께 부럽다는 생각이 들기도 하고 한국어를 얼마나 공부했는지, 어디에서 어떻게 공부했는지 궁금해진다고 합니다. 다들 각자의 방식으로 공부하고 있지만 어떻게 하면 더 잘할 수 있을지에 대한 고민도 깊어집니다. 이런 고민들은 말하기 교육 방식과 평가에도 계속해서 영향을 미치고 있습니다.

지난 2022년부터 토픽 말하기 시험(TOPIK SPEAKING)이 시작됐습니다. 지금까지 TOPIK 시험은 읽기, 듣기, 쓰기 능력만을 평가해 왔고 학습자들도 이 시험을 중심으로 공부해 왔습니다. 그 결과 TOPIK의 높은 등급에 합격하고도 말하기 능력은 그 수준에 미치지 못하는 경우가 있었습니다. 학습자 스스로도 한국말을 능숙하게 하는 것과 토픽 시험에 합격하는 것은 차이가 있다고 느낍니다. 말하기 시험은 언어 능력을 종합적으로 평가하기 위해서도, 실질적인 말하기 능력 향상을 위해서도 반드시 필요하다고 생각합니다.

토픽 말하기 시험이 시작되면서 입학, 유학, 취업 등의 방면에서 TOPIK 말하기 성적을 활용하기 시작했습니다. 따라서 TOPIK 말하기를 준비하려는 학습자들도 늘어나고 있습니다. 하지만 시험에 대한 정보가 부족하면 제대로 준비하기 어렵습니다. 말하기 시험의 경우, 걱정과 불안감이 다른 시험보다 크기 때문에 자세한 안내와 지도를 받는 것이 좋습니다. 이 책은 학습자들이 충분한 정보를 가지고 말하기 시험에 대비할 수 있도록 구성되어 있습니다. 특히, 다음 세 가지는 이 책이 가진 장점입니다.

첫째, 토픽 말하기 시험에 대한 모든 것을 자세하게 알려줍니다. 먼저 질문과 대답 (Q&A)에서는 시험 준비 단계에서 필요한 정보들을 제공합니다. 다음으로 문제가 제시되는 방식이나 과정, 문제 유형, 문항별 특징을 한눈에 알아볼 수 있도록 안내하고 있습니다. 좋은 성적을 받기 위한 전략도 제시하고 있습니다. 그냥 쓱 한번 보는 것만으로도 말하기 시험이 무엇을 요구하고, 학습자들은 무엇을 준비해야 하는지 알 수 있도록 정리되어 있습니다.

둘째, 이 책은 말하기 시험에 딱 맞는 다양한 연습 방법들을 보여줍니다. 문제 유형을 안다고 해서 말하기를 잘할 수 있는 것은 아닙니다. 그 유형에 맞는 체계적이고 효율적인 연습을 통해서만 한 단계씩 나아갈 수 있는데, 이 책은 말하기 연습의 모든 것을 담고 있습니다. 기본 다지기에서부터 유형별 문제에 쉽게 접근하지 못하는 학생들을 위한 단계별 연습까지 체계적으로, 하나하나 제시합니다. 말하기 능력을 높이기 위해서는 반복적인 연습과 몰입이 중요합니다. 연습이야말로 완벽에 이르는 유일한 방법이라고 할 수 있습니다. 그 길을 어떻게 가야 하는지 이 책이 확실하게 도와줄 것입니다.

셋째, 학습자들의 길잡이가 될 수 있는 예시 답변들이 충분히 제공되고 이것을 QR코드를 통해 원어민의 목소리로 직접 들을 수 있습니다. 원하는 만큼 듣고 따라할 수 있습니다. 그래서 예시 답변들을 기준으로 연습하면 발음과 말하는 속도를 개선할 수 있습니다. 연습 방법은 '예시 답변 사용 설명서'에 자세히 안내되어 있습니다. 이 설명서대로만 연습해도 말하기에 자신감이 생기고, 어느 순간 자연스럽게 답변하는 자신을 발견하게 될 것입니다.

이 책의 장점을 알고 잘 활용한다면 누구나 말하기 시험에 도전할 수 있는 용기가 생길 것이라고 믿습니다. 지금은 디지털 미디어와 AI 기술의 발달로 외국어 학습 환경도 다양화되고 있습니다. 이 책의 연습 방법들을 익힌 다음, 자신의 공부 습관이나 취향에 맞는 학습도구를 찾아서 활용하는 것도 좋습니다. 아니면 시간이 있을 때마다 혼자 또는 친구와 함께 연습하는 것도 좋습니다. 연습 방법을 알면 훨씬 더 효율적으로, 재미있게 공부할 수 있습니다. 이 책으로 공부하면서 한국어를 유창하게 하는 자신의 모습을 상상해 보십시오. 실수를 두려워하지 않고 포기하지 않는다면 상상은 현실이 될 것입니다.

앞으로 더 많은 학습자들이 토픽 말하기 시험을 통해 자신의 말하기 능력을 확인하고, 나아가 원하는 등급의 점수를 받을 수 있었으면 좋겠습니다. 또, 말하기에 중점을 두고 있는 수많은 한국어 교육 현장에서도 이 책이 도움이 될 수 있기를 바랍니다. 그동안 한국어 문장 쓰기의 '모든 것' 시리즈에 보내 주신 관심 덕분에 토픽 말하기 책이 나올 수 있었다고 생각합니다. 새 길이 보이면 그 길로 가기를 주저하지 않는 마음이 앞으로도 식지 않기를, 따뜻함과 여유를 잃지 않기를 다시 한 번 다짐해 봅니다. 좋은 책을 만들기 위해 애써 주신 박이정 출판사 모든 분들과 책을 쓰는 내내 힘이 되었던 학생들과 한국어 선생님들께 진심으로 감사의 마음을 전합니다.

저자를 대표하여 박미경 씀.

· 일 러 두 기 ·

이 책은 TOPIK 말하기 시험을 준비하는 한국어 학습자를 위한 책입니다. 학습자들이 시험에 잘 대비하고 한국어 의사소통 능력을 향상시킬 수 있도록 초급에서 고급까지 6문제를 유형별로 분류했습니다. 각 유형은 다시 주제별, 기능별, 이야기 구조별, 과제별로 세분화하고 거기에 맞는 연습 문제를 배치해, 문제 적응 능력을 키우는 데 집중할 수 있도록 구성했습니다.

전체 내용 구성

이 책은 'PART 1 기본 다지기, PART 2 유형별 연습, PART 3 실전 모의고사'로 구성되어 있습니다.

❶ **〈PART 1 기본 다지기〉**에는 말하기 시험을 잘 보기 위해 꼭 알아야 하는 필수 내용을 제시했습니다. 시험 정보는 물론 시제, 발음, 표현 등 말할 때 실수하기 쉬운 부분들을 학습자들이 확인하고 연습할 수 있도록 했습니다. 그리고 말하기 시험을 볼 때 '메모'하는 것이 중요한데, 메모하기에 익숙하지 않은 학습자들을 위해 메모하는 방법과 메모하기 연습 문제를 제시했습니다.

❷ **〈PART 2 유형별 연습〉**은 문제 1번부터 6번까지 유형별로 연습할 수 있도록 구성했습니다. 학습자들은 문제 정보를 확인하고 충분히 연습한 후에 예상 문제에 답변하게 됩니다. 그리고 각 유형의 마지막 부분에 수록된 예상 답변은 정답 확인용으로만 쓰는 것이 아니라 말하기 연습을 위해서도 활용할 수 있도록 했습니다. 예상 답변 녹음 파일은 답지에 QR 코드로 제시되어 있습니다.

❸ **〈PART 3 실전모의고사〉**에는 실제 시험에 대비할 수 있도록 모의고사 5회를 수록했습니다. 모의고사를 통해 학습자들은 시험 전에 실력을 점검해 볼 수 있습니다.

세부 구성은 유형별로 조금씩 차이가 있지만, 대체로 다음과 같습니다.

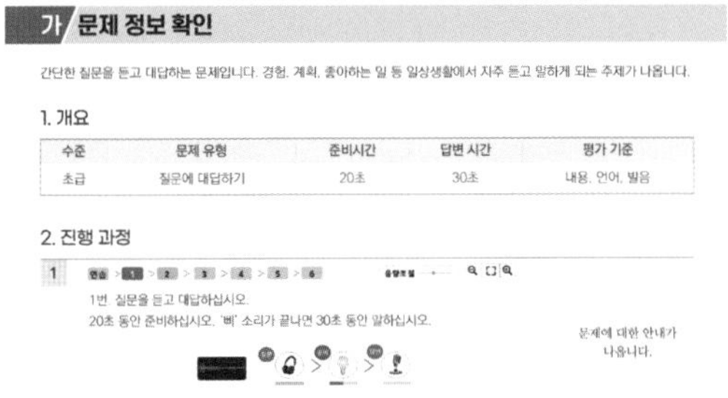

가. 문제 정보 확인

각 문제 유형에 대한 시험 정보와 점수 잘 받는 방법을 제시해 학습자들이 말하기 시험을 어떻게 준비하고 연습해야 하는지 알 수 있도록 했습니다.

실제 시험 진행 과정을 4단계로 제시하고 각 단계에서 학습자가 준비해야 할 일을 써 두었습니다.

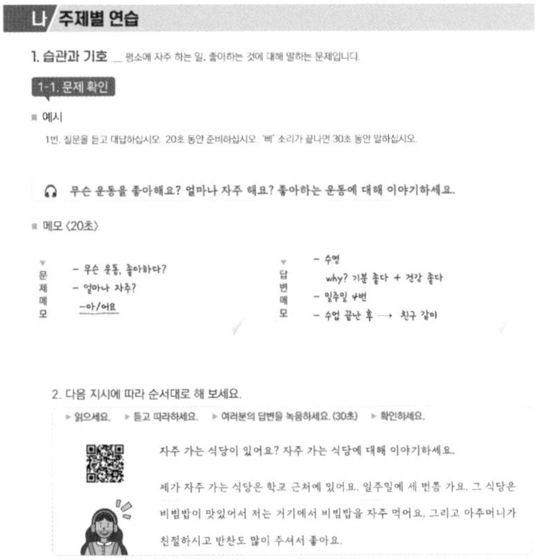

나. 주제별 연습

문제 유형에 따라 주제별, 기능별, 이야기 구조별 혹은 과제별로 문제를 분류해 효과적으로 연습할 수 있도록 구성했습니다.

문제, 메모, 답변을 차례로 제시해 학습자들이 말하기 시험을 볼 때 어떻게 해야 하는지 쉽게 알 수 있도록 했습니다.

연습 문제는 문제 유형에 따라 다르게 구성했습니다. 질문에 대답하기, 듣고 따라하기, 빈칸 채워 말하기, 내용 바꿔 말하기 등 다양한 연습 문제를 제시해 고득점 답변을 하는 데까지 단계적으로 실력을 올릴 수 있도록 했습니다.

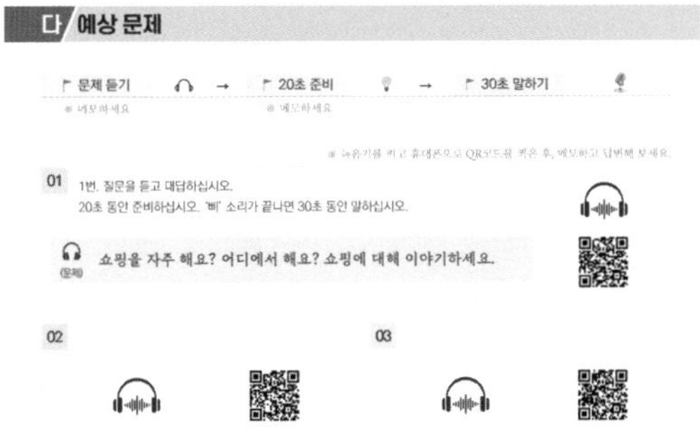

다. 예상문제

예상 문제는 실제 시험처럼 연습할 수 있도록 제시했습니다.

녹음 파일에는 실제 시험과 같이 문제 뒤에 '삐' 소리를 넣어 학습자들이 준비 시간과 말하기 시간을 지킬 수 있도록 했습니다. 녹음 파일은 각 문제마다 QR 코드로 제시되어 있습니다.

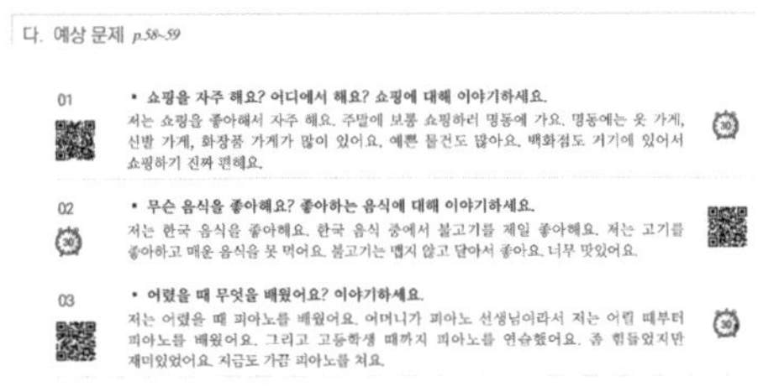

■ 예시 답변

예시 답변은 각 유형의 마지막 부분에 배치해 학습자들이 말하기 연습에 편리하게 활용할 수 있도록 구성했습니다.

예시 답변 중에서 예상 문제에 대한 답변은 텍스트와 녹음 파일을 함께 제시해 학습자들이 다양한 방법으로 (소리 내 읽기, 듣고 따라 하기, 자신의 답변과 비교하기 등) 학습할 수 있도록 했습니다.

· 목 차 ·

말하기
기본 다지기

PART 1

가 TOPIK 말하기 시험이란?

1. TOPIK 말하기 시험 O, X

■ TOPIK 말하기 시험에 대해 여러분은 얼마나 알고 있나요? 맞으면 O, 틀리면 X 해 보세요.

1	시험 문제는 모두 6개입니다. 문제마다 유형과 수준이 다릅니다.	(O, X)
2	시험 시간은 30분입니다.	(O, X)
3	시험 만점은 200점입니다.	(O, X)
4	시험 시작 전에 자신의 목소리가 잘 녹음되는지 확인해야 합니다.	(O, X)
5	시험을 볼 때 문제에 대한 설명과 질문은 컴퓨터 화면으로 볼 수 있습니다.	(O, X)
6	시험을 볼 때 질문을 듣고 답변을 준비할 시간이 있습니다.	(O, X)
7	시험을 볼 때 메모지에 간단히 메모할 수 있습니다.	(O, X)
8	말할 때 발음과 속도는 별로 중요하지 않습니다.	(O, X)
9	시험을 다 보고 나서 자신의 녹음 파일을 듣고 내용을 수정할 수 있습니다.	(O, X)
10	시험을 보러 갈 때 신분증을 준비해야 합니다.	(O, X)
11	시험 응시료는 80,000원입니다.	(O, X)

■ TOPIK 말하기 시험에 대해 알아봅시다.

1 시험 문제는 모두 6개입니다. 문제마다 유형과 수준이 다릅니다 .... (O)

맞습니다. 말하기 시험은 1번부터 6번까지 있습니다. 1-2번은 초급 수준, 3-4번은 중급 수준, 5-6번은 고급 수준의 문제가 나옵니다. 문제에 따라 유형도 다릅니다. 다음 예시 문제를 참고하세요.

문항	문제 유형	수준	예시 문제
1	질문에 대답하기	초급	🎧 주말에 뭐 할 거예요? 주말 계획에 대해 이야기하세요.
2	그림 보고 역할 수행하기	초급	🎧 에어컨이 고장 났습니다. 어디가 고장 났는지 이야기하세요. 수리 기사: (남자) 에어컨 수리 신청하셨죠? 에어컨이 어떻게 안 되나요? 

3	그림 보고 이야기하기	중급	민수 씨가 친구 제임스 씨를 만났습니다. 민수 씨에게 무슨 일이 있었는지 이야기하세요. 
4	대화 완성하기	중급	여자: 남편이 집에 오래된 물건이 많다고 좀 버리라고 하더라고요. 그래서 버리려고 보니까 버릴 게 없었어요. 저한테는 다 필요한 물건이라서 못 버리겠어요. 남자: 그렇기는 해요. 하지만 물건이 너무 많고 남편도 불편해 하면 정리해 보는 것도 좋을 것 같은데요. 여자: 그런데 필요 없어 보이는 물건도 나중에 다 쓸 데가 있더라고요. 그때를 생각해서 보관해 두고 있어요. 그리고 필요하지 않아도 아까워서 못 버리겠어요. 어떻게 하면 좋을까요?
5	자료 해석하기	고급	여자: 사회자의 말을 듣고 자료에 제시된 사회 현상을 설명하십시오. 그리고 영향을 두 가지 말하십시오. 남자: 안녕하십니까? 요즘 정말 날이 무덥습니다. 이상 기후로 여름이 점점 뜨거워지고 있는데요. 2090년쯤 되면 지금보다 더 뜨거워질 거라고 합니다. 이런 폭염이 미치는 영향은 무엇일까요? 오늘은 폭염 현황과 그 영향에 대해 이야기를 해 보도록 하겠습니다. 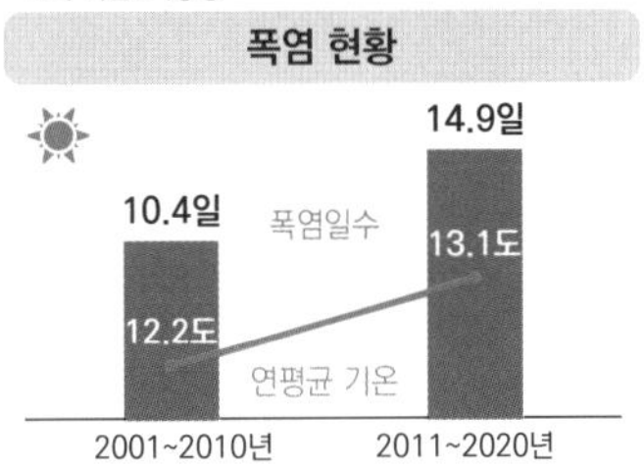 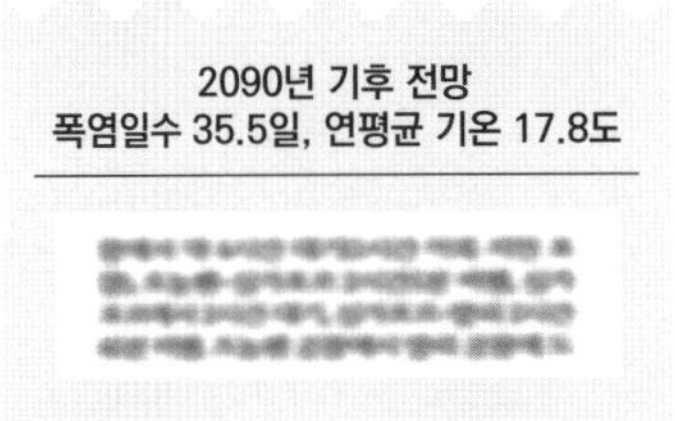
6	의견 제시하기	고급	해마다 휴가철이 되면 유명한 관광지에는 많은 관광객들이 찾아옵니다. 그런데 이렇게 한꺼번에 관광객들이 몰리면 문제가 생깁니다. 어떤 문제가 생기는지, 그리고 해결 방법은 무엇인지 말하십시오.

2 시험 시간은 30분입니다. .... (O)

맞습니다. 시험 시간은 총 30분으로 길지 않습니다. 11시 30분 이후로는 시험장에 들어갈 수 없으니 시험장에 일찍 도착해야 합니다.

입실	본인 확인 및 유의 사항 안내	시험 시작	시험 종료
11:30	11:30 - 12:00	12:00	12:30

3 시험 만점은 200점입니다. .... (O)

맞습니다. 점수에 따라 1-6급으로 나누어집니다. 다음 표는 토픽홈페이지(www.topik.go.kr)에 나와 있는 등급별 말하기 수준과 점수니까 참고하세요. 성적 유효 기간은 2년입니다.

등급	등급 기술	점수
불합격	-	0-19점
1급	• 친숙한 일상적 화제에 대해 질문을 듣고 간단하게 답할 수 있다. • 언어 사용이 매우 제한적이며 오류가 빈번하다. • 발음과 억양, 속도가 매우 부자연스러워 의미 전달에 문제가 있다.	20-49점
2급	• 자주 접하는 사회적 상황에서 일상적 화제에 대해 묻거나 답할 수 있다. • 언어 사용이 제한적이며 담화 상황에 맞지 않는 경우가 있고 오류가 잦다. • 발음과 억양, 속도가 부자연스러워 의미 전달에 다소 문제가 있다.	50-89점
3급	• 친숙한 사회적 화제에 대해 비교적 구체적으로 말할 수 있다. • 오류가 때때로 나타나나 비교적 다양한 표현을 담화 상황에 맞게 사용할 수 있다. • 발음과 억양, 속도가 다소 부자연스러우나 의미 전달에 큰 문제가 없다.	90-109점
4급	• 일부 사회적 화제에 대해 대체로 구체적이고 조리 있게 말할 수 있다. • 오류가 때때로 나타나나 대체로 다양한 표현을 담화 상황에 맞게 사용할 수 있다. • 발음과 억양, 속도가 비교적 자연스러워 의미 전달에 문제가 거의 없다.	110-129점
5급	• 사회적 화제나 일부 추상적 화제에 대해 비교적 논리적이고 일관되게 말할 수 있다. • 오류가 간혹 나타나나 다양한 어휘와 표현을 담화 상황에 맞게 사용할 수 있다. • 발음과 억양, 속도가 대체로 자연스러워 발화 전달력이 양호하다.	130-159점
6급	• 사회적 화제나 추상적 화제에 대해 논리적이고 설득력 있게 말할 수 있다. • 오류가 거의 없으며 매우 다양한 어휘와 문법을 담화 상황에 맞게 사용할 수 있다. • 발음과 억양, 속도가 자연스러워 발화 전달력이 우수하다.	160-200점

* 출처: www.topik.go.kr

4 시험 시작 전에 자신의 목소리가 잘 녹음되는지 확인해야 합니다. (O)

맞습니다. 시험 시작 전에 여러분들은 목소리가 잘 녹음되는지 마이크를 확인해야 합니다. 그리고 헤드셋으로 소리가 잘 들리는지, 소리 크기가 적당한지 잘 확인해야 합니다. 소리가 안 들리거나 녹음이 안 되면 시험장에 있는 선생님께 이야기하면 됩니다. 소리 크기가 너무 크거나 작으면 직접 소리를 조절하면 됩니다.

5 시험을 볼 때 문제에 대한 설명과 질문은 컴퓨터 화면으로 볼 수 있습니다. (X)

아닙니다. 여러분이 답변하기 위해서 들어야 하는 질문은 소리로만 나옵니다. 화면에 나오지 않습니다. 그리고 질문은 한 번만 들을 수 있기 때문에 여러분은 질문을 잘 들어야 합니다. 이때 질문의 중요한 내용을 빨리 메모해야 합니다.

6 시험을 볼 때 질문을 듣고 답변을 준비할 시간이 있습니다. (O)

맞습니다. 질문이 나온 뒤에 준비 시간과 답변 시간이 있습니다. 준비 시간과 답변 시간은 문제마다 다릅니다. 여러분의 말이 다 끝나지 않아도 정해진 답변 시간이 끝나면 녹음이 안 됩니다. 말하는 동안 시간은 화면 아래에 표시됩니다. 긴장이 되더라도 시간을 확인하면서 대답하세요.

문항	문제 유형	준비 시간	말하기 시간
1	질문에 대답하기	20초	30초
2	그림 보고 역할 수행하기	30초	40초
3	그림 보고 이야기하기	40초	60초
4	대화 완성하기	40초	60초
5	자료 해석하기	70초	80초
6	의견 제시하기	70초	80초

* 출처: www.topik.go.kr

7 시험을 볼 때 메모지에 간단히 메모할 수 있습니다. (O)

맞습니다. 메모지는 시험장에서 받을 수 있기 때문에 따로 준비하지 않아도 됩니다. 시험을 볼 때는 받은 메모지에 대답할 때 필요한 내용들을 간단히 메모하는 것이 좋습니다. 준비 시간을 메모하는 시간으로 잘 활용하기 바랍니다. 메모하는 법은 17~20쪽을 참고하세요.

8 말할 때 발음과 속도는 별로 중요하지 않습니다. (X)

아닙니다. 말하기 시험이기 때문에 '발음'은 중요합니다. 채점하는 선생님들이 여러분의 말을 듣고 이해할 수 있어야 합니다. 발음뿐만 아니라 말하기 속도에도 신경을 써야 합니다. 아래 평가 요소와 내용을 확인하고 평소에 정확한 발음으로 자연스럽게 말할 수 있도록 연습하세요.

평가 요소	내용
내용 및 과제 수행	과제에 적절한 내용으로 표현하였는가? 주어진 과제를 풍부한 내용으로 충실하게 수행하였는가? 담화 구성이 조직적으로 잘 이루어졌는가?
언어 사용	담화 상황에 적합한 언어를 사용하였는가? 어휘와 표현을 다양하고 풍부하게 사용하였는가? 어휘와 표현을 정확하게 구사하였는가?
발화 전달력	발음과 억양이 어느 정도 이해 가능한가? 발음 속도가 자연스러운가?

* 출처: www.topik.go.kr

9 시험을 다 보고 나서 자신의 녹음 파일을 듣고 내용을 수정할 수 있습니다. (X)

아닙니다. 1-6번까지 시험을 다 보고 나서 자신의 녹음 파일을 들을 수 있지만 수정할 수 없습니다. 90초 동안 다시 들으면서 녹음이 잘 되었는지, 녹음 파일이 잘 저장되었는지 확인만 할 수 있습니다.

10 시험을 보러 갈 때 신분증을 준비해야 합니다. (O)

신분증으로는 여권, 외국인 등록증, 대한민국 운전면허증/주민등록증, 외국국적동포 국내거소신고증 등을 가지고 가면 됩니다. 그리고 수험표, 메모할 때 사용할 펜도 준비해야 합니다.

11 시험 응시료는 80,000원입니다. (O)

맞습니다. 응시료가 아깝지 않도록 시험 준비를 열심히 합시다.

2. TOPIK 말하기 시험 Q&A

Q 대답할 때 '-ㅂ니다/습니다'를 사용하나요? 아니면 '-아요/어요'를 사용하나요?

A 대화 상황에 맞게 선택해서 사용하는 것이 가장 좋습니다. 예를 들어, 회의할 때나 발표할 때 등 공식적이고 격식적인 상황에서는 '-ㅂ니다/습니다'를 사용하면 됩니다. 반대로 상대방과의 관계가 가깝고 비격식적인 상황에서는 '-아요/어요'를 사용하는 것이 좋습니다. 토픽 말하기 시험에서는 1-3번 유형은 '-아요/어요', 4-6번 유형은 '-ㅂ니다/습니다'를 사용하는 경우가 많았습니다. 단, '-ㄴ다/는다/다'를 섞어서 사용하지 않도록 주의하세요.

> 예 자료에 따르면, 청소년의 비만율이 증가하고 있습니다. 이런 문제의 원인으로는 운동 부족을 들 수 있다. 그리고 야식이나 패스트푸드를 자주 먹기 때문인 것으로 나타났습니다. (👎)

Q 질문을 못 들었어요. 어떻게 하면 좋을까요?

A 질문을 못 들으면 적절한 대답을 할 수 없습니다. 질문을 잘 듣고 필요한 내용을 메모하는 것이 중요합니다.

Q 할 말을 다 했는데 시간이 남아요. 할 말이 별로 없어요. 어떻게 하면 좋을까요?

A 질문에 대한 대답을 충분히 했다면 시간이 조금 남는 것은 괜찮습니다. 그렇지만 시간이 많이 남는다면 답변을 좀 더 구체적으로 하는 것이 좋습니다. 그리고 질문을 듣고 '아니요', '(그런 경험) 없어요'로만 짧게 말하면 안 됩니다. 답변할 내용이 없으면 그동안 주변 사람들이나 친구한테서 들은 이야기를 생각해 보고 그것을 말해도 됩니다. 질문에 맞는 대답을 하는 것이 가장 중요합니다.

예 A : 어디로 여행을 가고 싶어요? B : 없어요. 여행 안 좋아해요.(👎)	A : 어디로 여행을 가고 싶어요? B : 친구하고 바다에 가고 싶어요. 바다에서 수영을 하고 싶어요. (👍)

Q 저는 발음이 안 좋아요. 어떻게 연습하면 좋을까요?

A 이 책에는 원어민의 목소리가 녹음된 MP3 파일이 많이 있습니다. 원어민의 발음을 듣고 5회 이상 따라 하는 연습 문제가 많습니다. 바로 대답할 수 있을 때까지 여러 번 소리 내어 연습하는 것이 좋습니다. 그리고 원어민의 발음을 따라 할 때 휴대폰이나 태블릿PC 등으로 목소리를 녹음하고 들어보기 바랍니다. 원어민의 발음와 자신의 발음을 비교해 보고, 다르게 들리는 부분은 수정한 후 연습해야 합니다.

휴대폰으로 녹음하기

카카오톡 앱(APP)에서 녹음하기

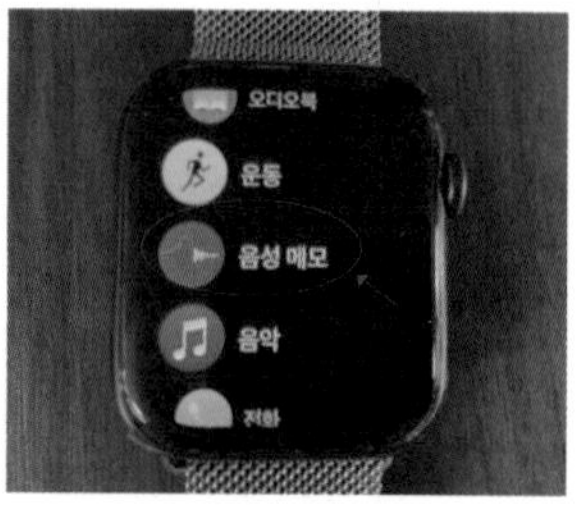

전자시계로 녹음하기

나 메모 연습하기

1. 문제 메모하기

■ 예시

🎧 주말에 뭐 할 거예요? 주말 계획에 대해 이야기하세요.

- 주말
- 뭐 할 거예요
- 계획

■ 메모 방법 및 주의 사항

✔ 1-6번까지 문제 유형을 미리 공부하세요. 그러면 문제에서 무엇을 메모해야 할지 알 수 있습니다.

✔ 문제는 한 번만 들을 수 있습니다. 집중해서 잘 들으세요.

✔ 메모할 때 핵심 단어(Keyword)를 쓰세요. 핵심 단어는 문제의 주제 및 과제와 관련이 있습니다.

✔ '누가, 언제, 어디, 무엇, 어떻게, 왜' 와 같은 의문사가 나오면 꼭 메모하세요.

✔ 문제에 나오는 표현을 메모한 후, 말할 때 활용하면 좋습니다. 예 -고 싶다, -(으)ㄹ 거예요 등

✔ 문제에 사람 이름, 장소 이름, 숫자가 나오면 꼭 메모하세요. 답변할 때 필요할 수 있습니다.

문항	문제 예시	메모 예시	메모 내용
1	주말에 뭐 할 거예요? 주말 계획에 대해 이야기하세요.	주말, 뭐 할 거예요, 계획	• 핵심 단어 및 주요 표현 • 답변 과제 1개
2	수영을 배우러 왔습니다. 수영 수업에 대해 문의하는 말을 해 보세요. "어서 오세요. 어떻게 오셨습니까?"	수영 수업 문의	• 핵심 단어 • 기능
3	민수 씨가 친구 제임스 씨를 만났습니다. 민수 씨에게 무슨 일이 있었는지 이야기해 보세요.	민수, 친구 제임스, 만나다	• 사람 이름, 상황
4	두 사람이 도시와 시골에 사는 것에 대해 이야기하고 있습니다. 여자의 마지막 말을 듣고 남자가 할 말로 대화를 완성해 보세요.	도시와 시골에 사는 것 남자 반대 의견	• 주제 • 답변해야 하는 사람 • 여자 의견 반대
5	뉴스를 듣고 자료에 제시된 사회 현상의 변화에 대해 설명하십시오. 그리고 그 현상의 이유와 전망에 대해 말하십시오.	변화, 이유, 전망	• 답변 과제 3개
6	환경 오염 문제가 점점 심각해지고 있습니다. 생활 속에서 환경을 지킬 수 있는 방법 두 가지와 구체적인 예를 말하십시오.	환경을 지키는 방법 방법 2개 + 예	• 주제 • 답변 과제 2개

■ 연습하기

1. 문제를 듣고 필요한 부분을 메모해 보세요.

01	02	03
04	05	06
07	08	09
10	11	12
13	14	15
16	17	18

2. 답변 내용 메모하기

■ 예시

🎙 저는 주말에 친구를 만날 거예요. 친구하고 같이 영화를 볼 거예요. 우리는 영화를 좋아해요. 그리고 같이 유명한 식당에 가려고 해요. 거기에서 맛있는 음식을 주문하고 사진을 찍을 거예요.

친구 만나다
→ 영화 보다, 좋아하다
→ 식당 가다 1) 음식 주문하다
2) 사진 찍다

■ 답변 방법 및 주의 사항

- ✔ 문제와 과제에서 요구하는 내용을 잘 생각한 후, 여러분이 답변할 내용을 메모해야 합니다.
- ✔ 답변 내용 메모는 문제를 듣고 난 후, 〈준비 시간〉에 하면 됩니다. 준비 시간은 문제마다 다릅니다.
- ✔ 메모는 명사 또는 동사 기본형으로 하거나 '-기', '-(으)ㅁ' 등을 사용해서 할 수 있습니다.
- ✔ 문장 전체, 또는 조사(이/가, 을/를 등)까지 다 쓸 필요는 없습니다. 시간이 부족합니다.
- ✔ 메모는 한국어로 해도 되고 모국어로 해도 됩니다. 하지만 한국어로 하는 것이 좋습니다.
- ✔ 기호나 줄임말, 표를 사용하는 것도 좋습니다. 자신만의 규칙을 정해서 해도 됩니다.

예

친구
영화
식당
음식 주문, 사진

〈 '명사'를 사용한 메모 〉

친구 만나기
영화 보기
식당에 가기
음식 주문하기, 사진 찍기

〈 '-기'를 사용한 메모 〉

친구 만나다
영화 보다
식당 가다
음식 주문하다, 사진 찍다

〈 동사 기본형을 사용한 메모 〉

친구 만남
영화 봄
식당 감
음식 주문함, 사진 찍음

〈 '-ㅁ/음'을 사용한 메모 〉

1) 친구 같이 영화, why? 영화 좋아하다
2) 유명한 식당 → 맛있는 음식 주문 + 사진

(-ㄹ/을 거예요
-(으)려고 해요

〈 기호를 활용한 메모 〉

| 참고

- 맞음: ○
- 틀림, 아님: X
- 같음: =
- 같지 않음: ≠
- 반대: ↔
- 추가: +
- 증가: ↑
- 감소: ↓
- 중요함: ☆ / ※
- 결과, 순서: →
- 마지막 결론: ∴
- 예: ex)
- 질문, 잘 모름: ?
- 또는, 아니면: /
- 문제: Q
- 답변: A

| 나만의 기호 만들기

-
-
-
-
-

■ 연습하기

1. 다음을 듣고 문제와 답변할 내용을 메모해 보세요. 그리고 답변 내용 메모를 보면서 말해 보세요.

01 문제	02 문제	03 문제
답변	답변	답변

* 문제 들으면서 메모하기 → 답변할 내용 메모하기(20초) → 말하기(30초)

2. 친구하고 같이 메모 연습을 한 후 비교해 보세요.

항목		나		친구	
01	핵심 단어 중심으로 메모했습니까?	□ 네	□ 아니요	□ 네	□ 아니요
02	메모할 때 기호나 줄임말을 사용했습니까?	□ 네	□ 아니요	□ 네	□ 아니요
	사용했다면, 어떤 기호나 줄임말을 사용했습니까?				
03	메모 내용은 어떻게 다릅니까?				

3. 메모할 때, 그리고 메모를 보면서 말할 때 어땠습니까?

항목		나			
01	메모할 때 시간이 많이 걸렸습니까?	□ 네		□ 아니요	
02	메모할 때 기호나 줄임말을 사용했습니까?	□ 네		□ 아니요	
03	-기, -(으)ㅁ, 명사, 동사 중에서 어떤 방법으로 메모했습니까?	□ -기	□ -(으)ㅁ	□ 명사	□ 동사
	그 방법이 제일 좋습니까?	□ 네		□ 아니요	
04	메모를 한국어로 하는 게 좋습니까, 모국어로 하는 게 좋습니까?	□ 한국어		□ 모국어	
05	메모 내용을 알아보기가 편했습니까?	□ 네		□ 아니요	
06	메모를 보면서 말할 때 불편한 점은 없었습니까?	□ 있었다		□ 없었다	
	불편했다면, 어떻게 바꾸면 좋겠습니까?				

다 시제 연습하기

예시

> 🎧 이번 주말에 뭐 할 거예요?
>
> 🎤 이번 주말에 친구하고 같이 백화점에서 **쇼핑할 거예요**.

> 🎧 오늘 왜 늦었어요?
>
> 🎤 버스를 놓쳐서 택시를 **탔는데** 길이 많이 **막혔어요**.

연습

1. 알맞은 것을 골라 문장을 완성하세요. 그리고 읽어 보세요.

	-았/었어요 -아/어요 -(으)ㄹ 거예요 이에요/예요
01	저는 지난 주말에 부산으로 여행을 가다
02	다음 주 토요일에는 친구를 만나다
03	내일은 민수 씨의 생일이다
04	저는 지금 학교 근처에 살다
05	요즘 책을 읽는 사람들이 많지 않다
06	한국에 온 지 1년쯤 되다
07	저는 이제 한국 생활에 많이 익숙해지다
08	그 사람은 지금 공원에서 운동을 하다
09	어젯밤에는 날씨가 좀 쌀쌀하다
10	내년 2월에 대학교를 졸업하다
11	사람들은 누구나 돈을 벌고 싶어 하다
12	옷이 조금 커서 어제 인터넷으로 반품을 신청하다
13	중학생 때, 아버지께서 자전거 타는 법을 가르쳐 주시다

	-았/었습니다 -ㅂ/습니다 -(으)ㄹ 겁니다 입니다
01	내일은 비가 많이 오다
02	언니는 회사원이고 저는 학생이다
03	지난주 토요일에 커피숍에서 친구를 만나다
04	작년 생일에 친구한테서 꽃을 받다
05	저는 돈이 많으면 세계 여행을 하다
06	어제는 잠을 자느라고 숙제를 못 하다
07	지금보다 더 힘들어도 포기하지 않다
08	아침에 교실에 오니까 아무도 없다
09	제가 존경하는 사람은 우리 어머니이다
10	저는 어렸을 때 자동차 장난감을 모으다
11	두 사람은 내일 야구장에서 만나기로 하다
12	저는 지금도 과일 중에서 사과를 제일 좋아하다
13	감기약을 먹고 감기가 다 낫다

정답 01. 갔어요 02. 만날 거예요 03. 생일이에요 04. 살아요 05. 많지 않아요 06. 됐어요 07. 익숙해졌어요 08. 해요 09. 쌀쌀했어요 10. 졸업할 거예요 11. 싶어 해요 12. 신청했어요 13. 가르쳐 주셨어요

01. 올 겁니다 02. 학생입니다 03. 만났습니다 04. 받았습니다 05. 할 겁니다 06. 못 했습니다 07. 포기하지 않을 겁니다 08. 없었습니다 09. 어머니입니다 10. 모았습니다 11. 했습니다 12. 좋아합니다 13. 나았습니다.

2. 알맞은 것을 골라 문장을 완성하세요. 시제에 주의하세요.

-아/어요 / -았/었어요

-고 싶다　-아/어야 하다　-(으)ㄹ 것 같다　-지 않다

01 요즘은 운동을 거의 하다
02 해외여행을 가려면 여권이 있다
03 저는 어렸을 때 영화배우가 되다
04 장학금을 받기 위해서는 열심히 공부하다
05 지금 공부를 안 하면 나중에 후회하다
06 지금은 퇴근 시간이 아니라서 길이 별로 막히다
07 식당에 손님이 많은 걸 보니까 음식이 맛있다
08 요즘 아프니까 고향에 있는 가족이 많이 보다
09 감기에 걸리지 않도록 손을 자주 씻다
10 민수 씨는 조금 늦다. 먼저 식사합시다.

-ㅂ/습니다 / -았/었습니다

-아/어 보다　-아/어지다　-게 되다　-아/어 주다

01 저는 작년에 삼계탕을 처음 먹다
02 일이 생겨서 예정보다 출발 시간이 늦다
03 자주 만나다 보니까 그 친구를 좋아하다
04 운동을 하니까 예전보다 많이 건강하다
05 다음 주말에 한국 친구가 나한테 떡볶이를 만들다
06 연습을 많이 해서 한국어 실력이 좋다
07 작년 생일에 언니가 나한테 가방을 사다
08 그 책을 읽고 서울에 대해 더 많이 알다
09 김치를 잘 못 먹었는데 지금은 잘 먹다
10 한복을 한번 입다. 너무 예뻤습니다.

3. 질문을 읽고 대답해 보세요.

▶ 질문을 읽으세요.	▶ 알맞은 답변을 골라 대답하세요.	
1 오늘 저녁에 뭐 먹을 거예요?	□ 불고기를 먹었어요.	□ 불고기를 먹을 거예요.
2 작년 생일에 무슨 선물을 받았어요?	□ 시계를 받았어요.	□ 시계를 받아요.
3 주말에 뭐 할 거예요?	□ 친구를 만났어요.	□ 친구를 만날 거예요.
4 지금 뭐 하고 있어요?	□ 공부하고 있어요.	□ 공부했어요.
5 졸업 후에 뭐 할 거예요?	□ IT 회사에서 일했어요.	□ IT 회사에서 일할 거예요.
6 최근에 무엇을 샀어요?	□ 가방을 사고 싶어요.	□ 가방을 샀어요.
7 어떤 집에서 살고 싶어요?	□ 크고 예쁜 집에서 살아요.	□ 크고 예쁜 집에서 살고 싶어요.
8 집에서 학교까지 얼마나 걸려요?	□ 버스로 10분쯤 걸렸어요.	□ 버스로 10분쯤 걸려요.
9 해외에 가기 전에 뭐 준비해야 해요?	□ 여권을 준비했어요.	□ 여권을 준비해야 해요.
10 어디에서 아르바이트 해 봤어요?	□ 커피숍에서 해 봤어요.	□ 커피숍에서 해 보고 싶어요.
11 왜 도서관에 가요?	□ 책을 빌리러 가요.	□ 책을 빌렸어요.
12 어렸을 때 무엇을 배웠어요?	□ 피아노를 배웠어요.	□ 피아노를 배워요.
13 기분이 안 좋을 때 어떻게 해요?	□ 맛있는 음식을 먹어요.	□ 맛있는 음식을 먹었어요.
14 시험이 끝난 후에 뭐 하려고 해요?	□ 집에서 쉬려고 해요.	□ 집에서 쉬려고 했어요.

* 밑줄 친 부분을 잘 보고 그대로 이야기하면 됩니다.

활동 위의 질문으로 친구와 연습해 보세요. 한 사람은 질문하고 한 사람은 답변을 보지 말고 빨리 대답해 보세요.

정답 01. 하지 않아요 02. 있어야 해요 03. 되고 싶었어요 04. 공부해야 해요 05. 후회할 것 같아요 06. 막히지 않아요 07. 맛있을 것 같아요 08. 보고 싶어요 09. 씻어야 해요 10. 늦을 것 같아요

01. 먹어 봤습니다 02. 늦어졌습니다 03. 좋아하게 되었습니다 04. 건강해졌습니다 05. 만들어 줄 겁니다 06. 좋아졌습니다 07. 사 줬습니다 08. 알게 되었습니다 09. 먹게 되었습니다 10. 입어 봤습니다

■ 종합 연습

1. 그림을 보고 (   )의 표현을 알맞은 시제로 바꿔서 말해 보세요.

오늘은 수진 씨 (생일이었어요). 생일이라서 재미있게 (01 놀고 싶다) 시험 때문에 책을 챙겨서 (02 공부하러 가다). 좀 힘들었지만 수진 씨는 도서관에서 열심히 (03 공부하다). 그리고 저녁에 기숙사로 (04 돌아오다). 방에는 아무도 (05 없다) 수진 씨는 너무 (06 실망하다). 그런데 갑자기 방에 불이 켜지더니 친구들이 (07 나오다). 친구들은 케이크와 선물을 들고 수진 씨를 (08 기다리고 있다). 수진 씨는 친구들 덕분에 너무 기쁘고 (09 행복하다).

활동 답변 내용을 보지 말고 그림만 보면서 말해 보세요.

2. 오늘 무엇을 했는지 이야기해 보세요. 제시된 단어를 참고하세요.

나의 하루

아침

점심

저녁

집	학교	직장	커피숍
일찍/늦게 일어나다	버스를 타고 가다	일찍 출근하다	음료를 고르다
늦잠을 자다	길이 막히다	회의를 하다	커피를 주문하다
세수/샤워를 하다	지각하다	이메일을 보내다	주문을 잘못하다
이를 닦다	선생님께 인사하다	답장을 받다	주문을 취소하다
아침을 먹다	수업을 듣다	동료와 식사하다	카드로 결제하다
요리를 하다	학생 식당에 가다	보고서를 쓰다	진동벨이 울리다
배달 음식을 주문하다	책을 빌리다	사장님께 보고하다	커피가 나오다
집안일을 하다	시험을 보다	칭찬을 받다	창가에 앉다
세탁기를 돌리다	과제를 내다	퇴근 후 회식하다	휴대폰을 충전하다
누워서 TV를 보다	아르바이트를 하다	휴가를 기다리다	휴대폰을 두고 오다

정답 01. 놀고 싶었지만/놀고 싶었는데 02. 공부하러 갔어요 03. 공부했어요 04. 돌아왔어요 05. 없었고 06. 실망했어요 07. 나왔어요 08. 기다리고 있었어요 09. 행복했어요

참고

■ 시제

	표현	동사(v)			형용사(A)	
		가다	먹다	공부하다	크다	작다
과거	-았/었어요	갔어요	먹었어요	공부했어요	컸어요	작았어요
현재	-아/어요	가요	먹어요	공부해요	커요	작아요
미래/추측	-(으)ㄹ 거예요	갈 거예요	먹을 거예요	공부할 거예요	클 거예요	작을 거예요

	표현	동사(v)			형용사(A)	
		가다	먹다	공부하다	크다	작다
과거	-았/었습니다	갔습니다	먹었습니다	공부했습니다	컸습니다	작았습니다
현재	-ㅂ/습니다	갑니다	먹습니다	공부합니다	큽니다	작습니다
미래/추측	-(으)ㄹ 겁니다	갈 겁니다	먹을 겁니다	공부할 겁니다	클 겁니다	작을 겁니다

	표현	명사(N)	
		학생	가수
과거	-이었/였어요	학생이었어요	가수였어요
현재	-이에요/예요	학생이에요	가수예요
추측	-일 거예요	학생일 거예요	가수일 거예요

	표현	명사(N)	
		학생	가수
과거	-이었/였습니다	학생이었습니다	가수였습니다
현재	-입니다	학생입니다	가수입니다
추측	-일 겁니다	학생일 겁니다	가수일 겁니다

■ 진행 시제

	표현	동사(v)	
	-고 있다	가다	먹다
과거 진행	-고 있었어요	가고 있었어요	먹고 있었어요
현재 진행	-고 있어요	가고 있어요	먹고 있어요
미래/추측	-고 있을 거예요	가고 있을 거예요	먹고 있을 거예요

	표현	동사(v)	
	-고 있다	가다	먹다
과거 진행	-고 있었습니다	가고 있었습니다	먹고 있었습니다
현재 진행	-고 있습니다	가고 있습니다	먹고 있습니다
미래/추측	-고 있을 겁니다	가고 있을 겁니다	먹고 있을 겁니다

참고

-고 계시다(높임말)

-고 계셨어요
-고 계세요
-고 계실 거예요

-고 계셨습니다
-고 계십니다
-고 계실 겁니다

라 문장 연습하기

1. 질문에 반응하기 훈련 _ 혼자 또는 친구와 같이!!

■ 연습 1

1. 요즘 바빠요?	네, 바빠요 / 아니요, 바쁘지 않아요.
2. 노래를 잘해요?	네, 잘해요. / 아니요, 잘 못해요.
3. 운동을 자주 해요?	네, 자주 해요. / 아니요, 자주 하지 않아요.
4. 신분증이 필요해요?	네, 필요해요. / 아니요, 필요하지 않아요.
5. 영화 볼 시간이 있어요?	네, 있어요. / 아니요, 없어요.
6. 아르바이트 할 수 있어요?	네, 할 수 있어요. / 아니요, 할 수 없어요.
7. 한국 음식을 만들 줄 알아요?	네, 만들 줄 알아요. / 아니요, 만들 줄 몰라요.
8. 이번 시험 잘 봤어요?	네, 잘 봤어요. / 아니요, 잘 못 봤어요.
9. 제주도에 가 봤어요?	네, 가 봤어요. / 아니요, 안[못] 가 봤어요.
10. 가족하고 같이 여행 갈 거예요?	네, 같이 갈 거예요. / 아니요, 같이 가지 않을 거예요.

※ 위 내용을 정확하게 읽고 연습한 후, 아래 MP3를 들으면서 대답해 보세요.

질문 듣기 → ♬ '딩동' 소리 → 대답하기 ※ 네, 아니요 모두 대답

✔ 주의: '딩동' 소리 후 머뭇거리지 말고 바로 대답하세요.
Answer right after the bell rings. Don't hesitate.

■ 연습 2

1. 왜 전화를 안 받았어요?	바빠서 못 받았어요. / 요리하고 있어서[요리하느라고] 못 받았어요.
2. 왜 한국어를 배워요?	한국회사에 취직하려고 배워요.
3. 왜 대사관에 가요?	비자를 받으러 가요.
4. 어제 누구를 만났어요?	같은 반에서 공부하는 친구를 만났어요.
5. 지금 어디에(서) 살아요?	서울에(서) 살아요.
6. 언제 신청서를 내야 돼요?	다음 주 금요일까지 내면 돼요.
7. 돈이 많으면 뭐 하고 싶어요?	세계여행을 하고 싶어요.
8. 집에서 마트까지 어떻게 가요?	버스[자전거]를 타고 가요. / 걸어서 가요.
9. 집에서 공항까지 얼마나 걸려요?	보통 2시간쯤 걸려요.
10. 보통 하루에 물을 몇 잔 마셔요?	하루에 4잔쯤 마셔요. ※ 2잔밖에 안 마셔요./10잔이나 마셔요.

질문 듣기 → ♬ '딩동' 소리 → 대답하기

✔ 주의: '딩동' 소리 후 머뭇거리지 말고 바로 대답하세요.
Answer right after the bell rings. Don't hesitate.

■ 연습 3

1. 주말에 같이 영화 보러 갈까요?	네, 좋아요. 같이 가요. / 죄송해요. 안 될 것 같아요.
2. 빨리 가야 하는데 택시를 탈까요?	길이 막히니까 지하철을 타는 게 좋을 것 같아요.
3. 주말에 비가 올까요?	네, 비가 올 것 같아요. / 아니요, 오지 않을 것 같아요.
4. 스트레스 때문에 힘든데 어떡하죠?	그럼, 운동을 해 보는 게 어때요?
5. 여기에서 사진을 찍어도 돼요?	네, 찍어도 돼요. / 아니요, 찍으면 안 돼요.
6. 내일 파티에 올 수 있어요?	네, 갈 수 있어요. / 죄송해요, 못 갈 것 같아요.
7. 손님, 어떤 옷을 찾으세요?	티셔츠하고 바지를 사려고 왔는데요.
8. 손님, 어디에 세워 드릴까요?	오른쪽으로 돌아서 백화점 정문 앞에 세워 주세요.
9. 손님, 택배 왔는데 어디에 둘까요?	문 앞에 두고 가 주세요. 감사합니다.
10. 집을 구하려면 어떻게 해야 돼요?	부동산에 가서 한번 물어보세요.

질문 듣기 ➡ ♬ '딩동' 소리 ➡ 대답하기 ※ 네, 아니요 모두 대답

✔ 주의: '딩동' 소리 후 머뭇거리지 말고 바로 대답하세요.
Answer right after the bell rings. Don't hesitate.

■ 연습 4

1. CCTV 설치에 찬성합니까? 반대합니까?	저는 CCTV 설치에 찬성합니다 [반대합니다]
2. 종이책이 나을까요? 전자책이 나을까요?	저는 종이책[전자책]이 낫다고 생각합니다.
3. 외국어를 일찍 배우는 게 좋을까요?	저는 좋다고[좋지 않다고] 생각합니다.
4. 결혼을 꼭 해야 할까요?	저는 꼭 해야 된다고[안 해도 된다고] 생각합니다.
5. 환경이 성격에 영향을 미칠까요?	저는 영향을 미친다고[미치지 않는다고] 생각합니다.
6. 돈이 많으면 행복할까요?	돈이 많다고 해서 행복한 것은 아니라고 생각합니다.
7. 선생님이 뭐라고 말씀하셨어요?	선생님께서 "숙제하세요."라고 말씀하셨어요.
8. 아침을 안 먹는 이유는 무엇입니까?	시간이 없을 뿐만 아니라 습관이 되었기 때문입니다.
9. 문제를 해결하려면 어떻게 해야 할까요?	먼저 왜 그런 문제가 생겼는지 잘 생각해 봐야 합니다.
10. '온라인 수업'에 대해 이야기해 보세요.	'온라인 수업'은 장점도 있고 단점도 있습니다.

질문 듣기 ➡ ♬ '딩동' 소리 ➡ 대답하기

✔ 주의: '딩동' 소리 후 머뭇거리지 말고 바로 대답하세요.
Answer right after the bell rings. Don't hesitate.

※ 위 연습은 답변에 꼭 필요한 내용을 빨리 대답하기 위한 훈련입니다.

2. 문장 연결하기 훈련

보기		
		일찍 일어나려고 하다 / 너무 피곤하다 / 알람을 끄고 더 잤어요.
	연결 1	➡ "일찍 일어나려고 했어요. 그런데 너무 피곤했어요. 그래서 알람을 끄고 더 잤어요."
	연결 2	➡ "일찍 일어나려고 했는데 너무 피곤해서 알람을 끄고 더 잤어요."

■ 연습 1

※ 시제에 주의하세요.

※ ❶ 연결 1, 2로 말하기 ➡ ❷ 정답 확인 ➡ ❸ 연습하기 ➡ ❹ 녹음해서 들어보기
위 순서대로 해 보세요. 그리고 자신의 발음과 속도를 확인해 보세요.

☐ 연결; 그리고, 그런데, 그래서, 하지만, 그러면, 그래도, 그러니까, 그다음에
-고 -(으)ㄴ/는데 -아/어서 -지만 -(으)면 -아/어도 -(으)니까 -(으)ㄴ 다음에

	연습 횟수 체크
01. 사진을 찍고 나서 음식을 먹으려고 하다 / 동생이 먼저 먹다 / 속상했어요	☑ ☐ ☐ ☐ ☐
02. 너무 힘들다 / 포기할 수 없다 / 계속 열심히 할 겁니다	☐ ☐ ☐ ☐ ☐
03. 어제 이 원피스를 샀다 / 입어 보니까 작다 / 교환하고 싶어요	☐ ☐ ☐ ☐ ☐
04. 먼저 1호선을 타다 / 서울역에서 4호선으로 갈아타다 / 대학역에서 내리세요	☐ ☐ ☐ ☐ ☐
05. 1번 출구로 나오다 / 쭉 가다가 횡단보도를 건너다 / 그 앞에 은행이 있어요	☐ ☐ ☐ ☐ ☐
06. 부산에 가려고 하다 / 여행사에서 제주도를 추천하다 / 제주도에 갔어요	☐ ☐ ☐ ☐ ☐
07. 소포를 보내려고 하다 / 빨리 보내야 하다 / 비행기로 보내 주세요	☐ ☐ ☐ ☐ ☐
08. 가방을 지하철에 두다 / 그냥 내리다 / 찾을 수 있을까요?	☐ ☐ ☐ ☐ ☐
09. 오늘 학교에 일찍 가려고 하다 / 버스를 놓치다 / 지각했어요	☐ ☐ ☐ ☐ ☐
10. 감기에 걸리다 / 따뜻한 물을 마시다 / 푹 쉬는 게 중요합니다	☐ ☐ ☐ ☐ ☐
11. 어려운 일이 생기다 / 제가 도와줄 수 있다 / 바로 연락하세요	☐ ☐ ☐ ☐ ☐
12. 머리가 아프다 / 두통약을 먹었다 / 낫지 않다 / 병원에 갔습니다	☐ ☐ ☐ ☐ ☐
13. 해외여행을 하고 싶다 / 돈이 없다 / 국내 여행을 하기로 했습니다	☐ ☐ ☐ ☐ ☐
14. 숙제가 어렵다 / 혼자 하기 힘들다 / 좀 도와 주세요	☐ ☐ ☐ ☐ ☐
15. 주말에 만나기로 하다 / 사정이 생기다 / 월요일로 변경해야 할 것 같아요	☐ ☐ ☐ ☐ ☐

■ 연습 2

※ 시제에 주의하세요.

01. 한국 친구를 사귀고 싶다 / 한국어를 배우려고 하다 / 어떤 책이 좋을까요?	□ □ □ □ □
02. 이 옷이 저에게 어울리지 않다 / 다른 것으로 바꾸고 싶다 / 괜찮을까요?	□ □ □ □ □
03. 오후에는 바람이 불다 / 비가 많이 오다 / 꼭 우산을 가지고 가세요	□ □ □ □ □
04. 룸메이트가 청소를 하지 않다 / 속상하다 / 어떻게 해야 할까요?	□ □ □ □ □
05. 집에 약이 없다 / 친구가 약을 사다 주다 / 고맙다는 메시지를 보냈어요	□ □ □ □ □
06. 오래 전에 산 옷을 입다 / 모임에 가다 / 친구들이 모두 예쁘다고 했어요	□ □ □ □ □
07. 어제는 졸업식 날이다 / 한복을 입다 / 친구들과 사진을 찍었어요	□ □ □ □ □
08. 컴퓨터가 고장 나다 / 기사님이 빨리 와 주시다 / 너무 감사했어요	□ □ □ □ □
09. 옆집에서 파티를 하다 / 너무 시끄럽다 / 조용히 해 달라고 말하지 않았어요	□ □ □ □ □
10. 영화관에서 옆 사람이 떠들다 / 과자를 먹다 / 화가 났어요	□ □ □ □ □

■ 연습 3

※ 시제에 주의하세요.

01. 번역기가 있다 / 외국어와 외국 문화를 배우고 싶다 / 유학을 가려고 해요	□ □ □ □ □
02. 사회 문제에 관심을 가지다 / 적극적으로 참여하다 / 사회가 발전할 수 있어요	□ □ □ □ □
03. 먼저 물을 끓이다 / 라면을 넣다 / 계란을 넣어요	□ □ □ □ □
04. 아이들이 휴대폰을 오래 사용하다 / 집중력이 떨어지다 / 건강도 나빠집니다	□ □ □ □ □
05. 스트레스 원인을 조사하다 / '경쟁'이 1위로 나타나다 / '인간관계'가 2위였습니다	□ □ □ □ □
06. 숲이 있다 / 공기가 좋아지다 / 나무를 많이 심어야 해요	□ □ □ □ □
07. 잠이 부족하다 / 쉽게 피곤해지다 / 정신 건강에도 영향을 미친다고 합니다	□ □ □ □ □
08. 누구나 실패할 수 있다 / 계속 다시 도전하다 / 성공할 가능성이 있어요	□ □ □ □ □
09. 룸메이트와 잘 지내고 싶다 / 문화가 다르다 / 가끔 서로 오해를 하기도 해요	□ □ □ □ □
10. 온라인 수업을 하다 / 장점도 있고 단점도 있다 / 장점이 더 많은 것 같아요	□ □ □ □ □

3. 문장 구조 훈련

■ 3-1

보기		
	연결 1	제 습관 / 일찍 일어납니다. ➡ "제 습관은 일찍 일어나는 겁니다."
	연결 2	어떻게 가요? / 잘 모르겠어요. ➡ "어떻게 가는지 잘 모르겠어요."
	연결 3	이 물건은 팔지 않아요. ➡ "이 물건은 파는 게 아니에요."

■ 연습 _잘 듣고 연결 1, 2, 3 중에서 적당한 것을 골라 말해 보세요.

※ ❶ 듣기 ❷ 말하기 ❸ 정답 확인 ❹ 반복 연습 ❺ 녹음해서 들어보기

머뭇거리지 않고 자연스럽게 말할 때까지 연습해야 합니다. 연습 횟수를 ☑ 하세요.

1.	☐ ☐ ☐ ☐ ☐ (1회) (2회) (3회) (4회) (5회)	6.	☐ ☐ ☐ ☐ ☐	11.	☐ ☐ ☐ ☐ ☐
2.	☐ ☐ ☐ ☐ ☐	7.	☐ ☐ ☐ ☐ ☐	12.	☐ ☐ ☐ ☐ ☐
3.	☐ ☐ ☐ ☐ ☐	8.	☐ ☐ ☐ ☐ ☐	13.	☐ ☐ ☐ ☐ ☐
4.	☐ ☐ ☐ ☐ ☐	9.	☐ ☐ ☐ ☐ ☐	14.	☐ ☐ ☐ ☐ ☐
5.	☐ ☐ ☐ ☐ ☐	10.	☐ ☐ ☐ ☐ ☐	15.	☐ ☐ ☐ ☐ ☐

■ 3-2

보기		
	🎧	여기에서 사진을 찍으면 안 됩니다. 유진 씨는 몰랐습니다.
	연결 1	➡ "유진 씨는 여기에서 사진을 찍으면 안 된다는 것을 몰랐습니다."

■ 연습

※ ❶ 듣기 ❷ 말하기 ❸ 정답 확인 ❹ 반복 연습 ❺ 녹음해서 들어보기

1.	☐ ☐ ☐ ☐ ☐	6.	☐ ☐ ☐ ☐ ☐	11.	☐ ☐ ☐ ☐ ☐
2.	☐ ☐ ☐ ☐ ☐	7.	☐ ☐ ☐ ☐ ☐	12.	☐ ☐ ☐ ☐ ☐
3.	☐ ☐ ☐ ☐ ☐	8.	☐ ☐ ☐ ☐ ☐	13.	☐ ☐ ☐ ☐ ☐
4.	☐ ☐ ☐ ☐ ☐	9.	☐ ☐ ☐ ☐ ☐	14.	☐ ☐ ☐ ☐ ☐
5.	☐ ☐ ☐ ☐ ☐	10.	☐ ☐ ☐ ☐ ☐	15.	☐ ☐ ☐ ☐ ☐

■ 3-3

보기		
	🎧	가능하면 일찍 외국어를 배워야 합니다, 그런 주장이 있습니다.
	연결 1	➡ "가능하면 일찍 외국어를 배워야 한다는 주장이 있습니다."

■ 연습

※ ❶ 듣기 ❷ 말하기 ❸ 정답 확인 ❹ 반복 연습 ❺ 녹음해서 들어보기

1. □ □ □ □ □	6. □ □ □ □ □	11. □ □ □ □ □
2. □ □ □ □ □	7. □ □ □ □ □	12. □ □ □ □ □
3. □ □ □ □ □	8. □ □ □ □ □	13. □ □ □ □ □
4. □ □ □ □ □	9. □ □ □ □ □	14. □ □ □ □ □
5. □ □ □ □ □	10. □ □ □ □ □	15. □ □ □ □ □

■ 3-4

보기		
	🎧	친구가 말했어요. "한국 영화를 보고 싶어요."
	연결 1	➡ 친구가 "한국 영화를 보고 싶어요."라고 말했어요.
	연결 2	➡ "친구가 한국 영화를 보고 싶다고 말했어요."

■ 연습

※ ❶ 듣기 ❷ 말하기 ❸ 정답 확인 ❹ 반복 연습 ❺ 녹음해서 들어보기

1. □ □ □ □ □	8. □ □ □ □ □	15. □ □ □ □ □
2. □ □ □ □ □	9. □ □ □ □ □	16. □ □ □ □ □
3. □ □ □ □ □	10. □ □ □ □ □	17. □ □ □ □ □
4. □ □ □ □ □	11. □ □ □ □ □	18. □ □ □ □ □
5. □ □ □ □ □	12. □ □ □ □ □	19. □ □ □ □ □
6. □ □ □ □ □	13. □ □ □ □ □	20. □ □ □ □ □
7. □ □ □ □ □	14. □ □ □ □ □	21. □ □ □ □ □

4. 단어 배열 순서 훈련

※ 답변 시간은 7초입니다. 시간이 부족하면 잠시 멈추고 답변하세요.

보기		
보	듣기	먹었어요 ➡ 맛있는 불고기를 ➡ 식당에서 ➡ 친구하고 ➡ 어제
기	거꾸로 말하기	"어제 ➡ 친구하고 ➡ 식당에서 ➡ 맛있는 불고기를 ➡ 먹었어요."

■ 연습 1

※ ❶ 듣기 ❷ 거꾸로 말하기 ❸ 반복 연습 ❹ 녹음해서 들어보기
머뭇거리지 않고 자연스럽게 말할 때까지 연습해야 합니다. 연습 횟수를 ☑ 하세요.

1.	□ □ □ □ □	8.	□ □ □ □ □	15.	□ □ □ □ □
2.	□ □ □ □ □	9.	□ □ □ □ □	16.	□ □ □ □ □
3.	□ □ □ □ □	10.	□ □ □ □ □	17.	□ □ □ □ □
4.	□ □ □ □ □	11.	□ □ □ □ □	18.	□ □ □ □ □
5.	□ □ □ □ □	12.	□ □ □ □ □	19.	□ □ □ □ □
6.	□ □ □ □ □	13.	□ □ □ □ □	20.	□ □ □ □ □
7.	□ □ □ □ □	14.	□ □ □ □ □	21.	□ □ □ □ □

■ 연습 2

※ ❶ 듣기 ❷ 거꾸로 말하기 ❸ 반복 연습 ❹ 녹음해서 들어보기
머뭇거리지 않고 자연스럽게 말할 때까지 연습해야 합니다. 연습 횟수를 ☑ 하세요.

1.	□ □ □ □ □	8.	□ □ □ □ □	15.	□ □ □ □ □
2.	□ □ □ □ □	9.	□ □ □ □ □	16.	□ □ □ □ □
3.	□ □ □ □ □	10.	□ □ □ □ □	17.	□ □ □ □ □
4.	□ □ □ □ □	11.	□ □ □ □ □	18.	□ □ □ □ □
5.	□ □ □ □ □	12.	□ □ □ □ □	19.	□ □ □ □ □
6.	□ □ □ □ □	13.	□ □ □ □ □	20.	□ □ □ □ □
7.	□ □ □ □ □	14.	□ □ □ □ □	21.	□ □ □ □ □

5. 조사 훈련

보기		
	1. 우체국 앞 / 은행 / 있어요	우체국 앞에 은행이 있어요.
	2. 사거리 / 왼쪽 / 돌아가세요	사거리에서 왼쪽으로 돌아가세요.

※ ❶ 조사 넣어 말하기 ❷ 정답 확인하기 ❸ 반복 연습하기 ❹ 녹음해서 들어보기

■ 연습 1

※ 조사를 넣어 말하세요	연습 횟수
01. 도서관 옆 / 박물관 / 있어요	□ □ □
02. 1년 전 / 기숙사 / 살았어요	□ □ □
03. 사람들 / 의자 / 앉아 있어요	□ □ □
04. 식당 / 지갑 / 잃어버렸어요	□ □ □
05. 벽 / 걸려 있는 그림 / 예뻐요	□ □ □
06. 친구 / 생일 선물 / 줬어요	□ □ □
07. 저 / 도시 개발 / 찬성해요	□ □ □
08. 그 여자 / 머리 / 길어요	□ □ □
09. 동양문화 / 서양문화 / 달라요	□ □ □
10. 감기 / 걸린 친구 / 결석했어요	□ □ □
11. 저 / 축구 / 관심 / 많아요	□ □ □
12. 빨간색 / 까만색 / 바꿨어요	□ □ □
13. 자전거 / 한국 / 여행했어요	□ □ □
14. 한국 친구 / 이야기 / 들었어요	□ □ □
15. 날씨 / 건강 / 영향을 줘요	□ □ □
16. 도서관 / 학생들 / 책 / 빌려줘요	□ □ □
17. 교통비 / 많이 / 올랐어요	□ □ □
18. 집 / 아이 / 예절 / 가르쳐요	□ □ □
19. 작년 / 대학교 / 입학했어요	□ □ □
20. 노인 / 자리 / 양보해요	□ □ □

■ 연습 2

※ 조사를 넣어 말하세요	연습 횟수
01. 동호회 / 가입했어요	□ □ □
02. 친구 / 이메일 / 받았어요	□ □ □
03. 저 / 아픈 친구 / 도와줬어요	□ □ □
04. 그 사람 / 아버지 / 닮았어요	□ □ □
05. 매운 음식 / 입 / 안 맞아요	□ □ □
06. 스트레스 / 받는 일 / 많아요	□ □ □
07. 실패 / 생각해 본 적 / 없어요	□ □ □
08. 유학생 / 증가했어요	□ □ □
09. 교통사고 / 길 / 막혔어요	□ □ □
10. 50% / 30% / 감소했어요	□ □ □
11. 이 바지 / 저 / 어울려요	□ □ □
12. 친구 / 메시지 / 보냈어요	□ □ □
13. 경비실 / 택배 / 맡겼어요	□ □ □
14. 산책하는 것 / 건강 / 좋아요	□ □ □
15. 학교 / 졸업한 후 / 취직해요	□ □ □
16. 모임 / 늦은 사람 / 많아요	□ □ □
17. 공원 옆 / 새 카페 / 생겼어요	□ □ □
18. 시장 / 맛있는 음식 / 많아요	□ □ □
19. 지하철 / 가방 / 두고 내렸어요	□ □ □
20. 시험 / 합격했어요	□ □ □

마 숫자 연습하기

■ 예시

🎧 오늘 몇 시에 일어났어요?

🎤 민수 씨가 오늘 아침 일곱 시 삼십 분에 일어났어요.

7 : 30

🎧 자료에 제시된 사회 현상을 설명하십시오.

🎤 자료에 따르면 비만율은 이천십구년 삼십사 퍼센트에서 이천이십사년 삼십칠 점 일 퍼센트로 증가했습니다.

2019년 : 34%

2024년 : 37.1%

■ 방법

1) 한자어

	0	1	2	3	4	5	6	7	8	9
	영/공	일	이	삼	사	오	육	칠	팔	구
□년	10	11	12	13	14	15	16	17	18	19
□월 □일	십	십일	십이	십삼	십사	십오	십육	십칠	십팔	십구
□개월	20	30	40	50	60	70	80	90	100	1000
□주	이십	삼십	사십	오십	육십	칠십	팔십	구십	백	천
□분(시간)	10000	100000	1000000							
□원(돈)	만	십만	백만							

* 날짜를 말할 때 6월은 유월, 10월은 시월로 말한다.

2) 고유어

	0	1	2	3	4	5	6	7	8	9
	영	하나/한 N	둘/두 N	셋/세 N	넷/네 N	다섯	여섯	일곱	여덟	아홉
□달	10	11	12	13	14	15	16	17	18	19
□시간	열	열하나	열둘	열셋	열넷	열다섯	열여섯	열일곱	열여덟	열아홉
□시	20	21	22	23	24	25	26	27	28	29
□개, 명	스물	스물 하나	스물 둘	스물 셋	스물 넷	스물 다섯	스물 여섯	스물 일곱	스물 여덟	스물 아홉
잔, 병, 그릇…	30	40	50	60	70	80	90			
□살(나이)	서른	마흔	쉰	예순	일흔	여든	아흔			

■ 연습

1. 다음을 읽으세요. 그리고 듣고 따라 하세요.

▶ 읽으세요	▶ 듣고 따라 하세요	▶ 읽으세요	▶ 듣고 따라 하세요
01. 1월 14일	□ □ □ □ □	1월 14일입니다	□ □ □ □ □
02. 12월 3일	□ □ □ □ □	12월 3일입니다	□ □ □ □ □
03. 10월 28일	□ □ □ □ □	오늘은 10월 28일입니다	□ □ □ □ □
04. 6월 9일	□ □ □ □ □	6월 9일이에요	□ □ □ □ □
05. 11월 17일	□ □ □ □ □	오늘은 11월 17일이에요	□ □ □ □ □
06. 8월 5일	□ □ □ □ □	8월 5일이었어요	□ □ □ □ □
07. 2월 6일	□ □ □ □ □	어제는 2월 6일이었어요	□ □ □ □ □
08. 5월 1일	□ □ □ □ □	제 생일은 5월 1일이에요	□ □ □ □ □
09. 19,000원	□ □ □ □ □	19,000원이에요	□ □ □ □ □
10. 50,000원	□ □ □ □ □	50,000원이에요	□ □ □ □ □
11. 35,000원	□ □ □ □ □	이 옷은 35,000원이에요	□ □ □ □ □
12. 40,000원	□ □ □ □ □	이 시계는 40,000원이었어요	□ □ □ □ □
13. 21살	□ □ □ □ □	저는 올해 21살이에요.	□ □ □ □ □
14. 6개월	□ □ □ □ □	한국어를 배운 지 6개월 됐어요.	□ □ □ □ □
15. 1그릇	□ □ □ □ □	비빔밥 1그릇 주세요.	□ □ □ □ □
16. 3시 40분	□ □ □ □ □	지금 3시 40분이에요.	□ □ □ □ □
17. 7시 30분	□ □ □ □ □	오늘 7시 30분에 일어났어요.	□ □ □ □ □
18. 12시 50분	□ □ □ □ □	수업은 12시 50분에 끝나요.	□ □ □ □ □
19. 2시간	□ □ □ □ □	비행기로 2시간 정도 걸려요.	□ □ □ □ □
20. 15분	□ □ □ □ □	학교까지 걸어서 15분쯤 걸려요.	□ □ □ □ □

2. 듣고 따라하세요.

제 이름은 보리스예요. 미국 사람이에요. 저는 올해부터 한국어를 배웠어요. 한국어를 배운 지 2달 됐어요. 지금은 서울에 있는 한국대학교에서 한국어를 배우고 있어요. 날마다 아침 9시부터 12시 50분까지 수업을 들어요. 하루에 4시간쯤 수업을 들으니까 조금 힘들어요. 그렇지만 한국어 공부가 재미있어요. 수업이 끝난 후에는 보통 비빔밥이나 국수를 1그릇 먹어요. 커피도 1잔 마셔요. 이번 학기는 6월 19일에 방학을 해요. 방학에는 3박 4일 동안 여행을 갈 거예요. 빨리 방학이 오면 좋겠어요.

위의 글을 따라 읽고 시간을 기록해 보세요.

1회	______분 ______초
2회	______분 ______초
3회	______분 ______초

활동

1. 친구와 위의 본문을 읽어 보고 누가 더 빨리 읽는지 기록해 보세요.
2. 위의 본문에서 [ ] 내용을 바꿔서 여러분의 이야기로 만들어 말해 보세요.

바 발음 연습하기

1. 다음을 먼저 읽은 후 녹음 파일을 듣고 따라 하세요.

▶ 읽으세요	▶ 확인하세요	▶ 듣고 따라하세요
01 생일 **축하해요**.	[추카해요]	□ □ □ □ □
02 한국 대학교에 **입학하고** 싶어요.	[이파카고]	□ □ □ □ □
03 운동은 잘하는데 공부는 잘 **못해요**.	[모태요]	□ □ □ □ □
04 길이 **막히니까** 지하철을 타는 게 어때요?	[마키니까]	□ □ □ □ □
05 친구하고 **백화점에** 가려고 해요.	[배콰저메]	□ □ □ □ □
06 이번 주말에 방을 **깨끗하게** 청소할 겁니다.	[깨끄타게]	□ □ □ □ □
07 새해에는 고기보다 채소를 많이 **먹을 거예요**.	[머글꺼예요]	□ □ □ □ □
08 저는 구두가 불편해서 잘 신지 **않습니다**.	[안씀니다]	□ □ □ □ □
09 **여권을** 미리 준비해 주세요.	[여꿔늘]	□ □ □ □ □
10 저는 불고기나 **비빔밥을** 먹고 싶어요.	[비빔빠블]	□ □ □ □ □
11 서울 **식당은** 아주머니가 친절하세요.	[식땅은]	□ □ □ □ □
12 **은행은** 오후 4시에 문을 닫습니다.	[은행은]/[으냉은]	□ □ □ □ □
13 저는 운동하는 것을 **좋아해요**.	[조아해요]	□ □ □ □ □
14 걱정하지 마세요. 실수해도 **괜찮아요**.	[괜차나요]	□ □ □ □ □
15 그 친구는 지각을 하지 **않아요**.	[아나요]	□ □ □ □ □
16 갑자기 바람이 불어서 문이 **닫혔어요**.	[다쳐써요]	□ □ □ □ □
17 누구하고 **같이** 여행을 가요?	[가치]	□ □ □ □ □
18 까만색 구두를 신고 **있습니다**.	[읻씀니다]	□ □ □ □ □
19 그 식당은 음식 **값이** 좀 비싸요.	[갑씨]	□ □ □ □ □
20 이번 주말에 **박물관에** 갈 거예요.	[방물과네]	□ □ □ □ □
21 **작년** 여름 방학에 바다에 갔어요.	[장년]	□ □ □ □ □
22 저는 **국내여행**보다 해외여행이 더 좋아요.	[궁내여행]	□ □ □ □ □
23 조금 전에 햄버거와 **음료수를** 주문했어요.	[음뇨수를]	□ □ □ □ □
24 오후에 버스 **정류장에서** 친구와 만나기로 했어요.	[정뉴장에서]	□ □ □ □ □
25 한국 대학교는 **취업률이** 높아요.	[취엄뉴리]	□ □ □ □ □
26 스마트폰이 있으면 길을 찾을 수 있어서 **편리해요**.	[펼리해요]	□ □ □ □ □
27 집에 도착하면 **연락하세요**.	[열라카세요]	□ □ □ □ □
28 어디로 가면 **한류 스타를** 만날 수 있어요?	[할류스타를]	□ □ □ □ □
29 요즘 **할 일이** 많아서 친구를 만날 시간이 없어요.	[할리리]	□ □ □ □ □
30 **서울역에서** 지하철 1호선으로 갈아타세요.	[서울려게서]	□ □ □ □ □

2. 다음을 먼저 읽은 후 녹음 파일을 듣고 다시 읽어 보세요.

젊어지는 샘물

옛날 옛적에 마음씨 좋은 할아버지와 할머니가 살고 있었습니다. 부부는 아이가 없었지만 사이가 정말 좋았습니다. 어느 날, 할아버지는 나무를 베러 산에 갔습니다. 그런데 예쁜 파랑새가 나타나서 할아버지에게 말했습니다. "저를 따라 오세요!" 할아버지는 파랑새를 따라갔습니다. 산 속으로 한참 동안 가니까 작은 샘물이 있었습니다. 그리고 파랑새는 멀리 날아갔습니다. 할아버지는 샘물을 세 모금 마셨습니다. "물이 아주 시원하고 맛이 좋구나!" 그런데 물속에 비친 얼굴을 보고 깜짝 놀랐습니다. 할아버지가 젊은 사람이 되어 있었습니다. 몸과 얼굴이 아주 젊어지고 힘도 났습니다. 할아버지는 빨리 집으로 뛰어갔습니다. "여보, 여보!" 급하게 할머니를 부르면서 집으로 들어오는 남자를 보고 할머니는 화를 냈습니다. "누군데 마음대로 우리 집에 들어와! 어서 나가!" 놀란 할아버지는 샘물 이야기를 했습니다. 그리고 할머니를 데리고 샘물이 있는 곳으로 갔습니다. "여보, 이 물을 세 모금 마셔 봐요." 그 말을 듣고 할머니는 물을 마셨습니다. 그러니까 할머니도 아주 젊어졌습니다. 부부는 너무 기뻐서 눈물을 흘렸습니다. 며칠 후, 옆집에 사는 욕심 많은 할아버지가 젊어진 부부를 보고 깜짝 놀랐습니다. 그 할아버지도 젊어지고 싶어서 물었습니다. "어떻게 하면 젊어질 수 있나?" 부부는 샘물이 있는 곳을 가르쳐 줬습니다. 그 말을 듣자마자 할아버지는 샘물이 있는 곳으로 뛰어가서 물을 마셨습니다. 마시면 마실수록 할아버지도 점점 젊어졌습니다. 그런데 너무 많이 마셔서 할아버지는 아기가 되어 버렸습니다. 조금 후, 욕심 많은 할아버지를 찾으러 부부가 산으로 왔습니다. 부부는 혼자 울고 있는 아기를 보고 놀랐습니다. "아기가 왜 여기에 있지요? 하늘이 주신 아기인 것 같아요." 아내의 말을 듣고 남자는 아기를 꼭 안았습니다. 부부는 아기를 키우면서 행복하게 살았습니다.

※ 발음 연습을 위한 이야기입니다. 모르는 단어가 있어도 계속 읽어 보세요.

예시 답변
사용 설명서

- 자신의 답변을 녹음한 후 들어 봅니다.
- 자신의 답변과 예시 답변을 비교해 봅니다.
- 예시 답변을 여러 번 읽어 봅니다.
- 자주 쓰는 표현과 단어를 외웁니다.
- 다시 앞으로 돌아가 문제를 듣고 답변해 봅니다.
- 발음과 속도에 주의하면서 연습합니다.

1. 문제 메모하기 연습 p.18

01
- 가족
- 몇 명?

02
- 사진 찍는 거
- 좋아하다?

03
- 무슨 음식?
- 만들다?
- 방법

04
- 무슨 색깔
- 좋아하다?

05
- 시간 있으면
- 뭐 해요

06
- 취미
- ① 뭐?
- ② 얼마나 자주?

07
- 장점
- 2가지

08
- 혼자 살면
- 뭐 좋아요?

09
- 후회한 적?
- 후회하는 일

10
- 어렸을 때
- ① 뭐 좋아하다?
- ② 지금도 〃 ?

11
- 어렸을 때
- 어떤 아이?

12
- 5년 전 '나'
- 지금 '나'
- 달라진 점

13
- 한국에서
- 뭐 하고 싶어?

14
- 이번 주말
- 뭐?
- 할 거예요?

15
- 스트레스
- 어떻게
- 방법

16
- 산 vs 바다
- 뭐 좋아하다?

17
- 습관
- 뭐 고치고 싶다?

18
- ① 고마운 사람 ○?
- ② 왜?

2. 답변 내용 메모하기 연습 p.20

01
- 여행
- 좋아하다?
- 왜?

02
- 다음 주말
- 뭐 하다?
- ㄹ/을 거예요

03
- 친구에게
- ① 화난 적 있다?
- ② 왜?

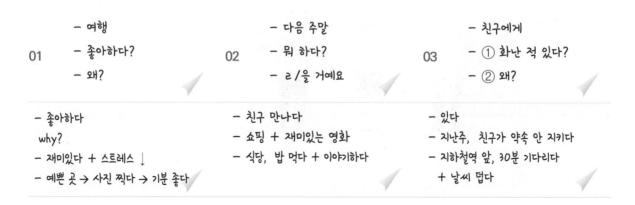

- 좋아하다
why?
- 재미있다 + 스트레스 ↓
- 예쁜 곳 → 사진 찍다 → 기분 좋다

- 친구 만나다
- 쇼핑 + 재미있는 영화
- 식당, 밥 먹다 + 이야기하다

- 있다
- 지난주, 친구가 약속 안 지키다
- 지하철역 앞, 30분 기다리다
+ 날씨 덥다

2. 문장 연결하기 훈련

■ 연습 1 *p.27*

01	사진을 찍고 나서 음식을 먹으려고 했어요. 그런데 동생이 먼저 먹었어요. 그래서 속상했어요. 사진을 찍고 나서 음식을 먹으려고 했는데 동생이 먼저 먹어서 속상했어요.
02	너무 힘들어요. 하지만 포기할 수 없어요. 그러니까 계속 열심히 할 겁니다. 너무 힘들지만 포기할 수 없으니까 계속 열심히 할 겁니다.
03	어제 이 원피스를 샀어요. 그런데 입어 보니까 작아요. 그래서 교환하고 싶어요. 어제 이 원피스를 샀는데 입어 보니까 작아서 교환하고 싶어요.
04	먼저 1호선을 타세요. 그리고 서울역에서 4호선으로 갈아타세요. 그다음에 대학역에서 내리세요. 먼저 1호선을 타고 서울역에서 4호선으로 갈아탄 다음에 대학역에서 내리세요.
05	1번 출구로 나오세요. 그다음에 쭉 가다가 횡단보도를 건너세요. 그러면 그 앞에 은행이 있어요. 1번 출구로 나온 다음에 쭉 가다가 횡단보도를 건너면 그 앞에 은행이 있어요.
06	부산에 가려고 했어요. 그런데 여행사에서 제주도를 추천했어요. 그래서 제주도에 갔어요. 부산에 가려고 했는데 여행사에서 제주도를 추천해서 제주도에 갔어요.
07	소포를 보내려고 해요. 그런데 빨리 보내야 해요. 그러니까 비행기로 보내 주세요. 소포를 보내려고 하는데 빨리 보내야 하니까 비행기로 보내 주세요.
08	가방을 지하철에 두었어요. 그리고 그냥 내렸어요. 그런데 찾을 수 있을까요? 가방을 지하철에 두고 그냥 내렸는데 찾을 수 있을까요?
09	오늘 학교에 일찍 가려고 했어요. 그런데 버스를 놓쳤어요. 그래서 지각했어요. 오늘 학교에 일찍 가려고 했는데 버스를 놓쳐서 지각했어요.
10	감기에 걸렸어요. 그러면 따뜻한 물을 마셔요. 그리고 푹 쉬는 게 중요합니다. 감기에 걸리면 따뜻한 물을 마시고 푹 쉬는 게 중요합니다.
11	어려운 일이 생겨요. 그러면 제가 도와줄 수 있어요. 그러니까 바로 연락하세요. 어려운 일이 생기면 제가 도와줄 수 있으니까 바로 연락하세요.
12	머리가 아팠어요. 그래서 두통약을 먹었어요. 그런데 낫지 않았어요. 그래서 병원에 갔습니다. 머리가 아파서 두통약을 먹었는데 낫지 않아서 병원에 갔습니다.
13	해외여행을 하고 싶어요. 그런데 돈이 없어요. 그래서 국내 여행을 하기로 했습니다. 해외여행을 하고 싶은데 돈이 없어서 국내 여행을 하기로 했습니다.
14	숙제가 어려워요. 그래서 혼자 하기 힘들어요. 그러니까 좀 도와 주세요. 숙제가 어려워서 혼자 하기 힘드니까 좀 도와 주세요.
15	주말에 만나기로 했어요. 그런데 사정이 생겼어요. 그래서 월요일로 변경해야 할 것 같아요. 주말에 만나기로 했는데 사정이 생겨서 월요일로 변경해야 할 것 같아요.

■ 연습 2 *p.28*

01	한국 친구를 사귀고 싶어요. 그래서 한국어를 배우려고 해요. 그런데 어떤 책이 좋을까요? 한국 친구를 사귀고 싶어서 한국어를 배우려고 하는데 어떤 책이 좋을까요?
02	이 옷이 저에게 어울리지 않아요. 그래서 다른 것으로 바꾸고 싶어요. 그런데 괜찮을까요? 이 옷이 저에게 어울리지 않아서 다른 것으로 바꾸고 싶은데 괜찮을까요?

03	오후에는 바람이 불 거예요. 그리고 비가 많이 올 거예요. 그러니까 꼭 우산을 가지고 가세요. 오후에는 바람이 불고 비가 많이 올 거니까(오니까) 꼭 우산을 가지고 가세요.
04	룸메이트가 청소를 하지 않아요. 그래서 속상해요. 그런데 어떻게 해야 할까요? 룸메이트가 청소를 하지 않아서 속상한데 어떻게 해야 할까요?
05	집에 약이 없었어요. 그런데 친구가 약을 사다 줬어요. 그래서 고맙다는 메시지를 보냈어요. 집에 약이 없었는데 친구가 약을 사다 줘서 고맙다는 메시지를 보냈어요.
06	오래 전에 산 옷을 입었어요. 그리고 모임에 갔어요. 그런데 친구들이 모두 예쁘다고 했어요. 오래 전에 산 옷을 입고 모임에 갔는데 친구들이 모두 예쁘다고 했어요.
07	어제는 졸업식 날이었어요. 그래서 한복을 입었어요. 그리고 친구들과 사진을 찍었어요. 어제는 졸업식 날이어서 한복을 입고 친구들과 사진을 찍었어요. ※ 날이어서→ 날이라서(○)
08	컴퓨터가 고장 났어요. 그런데 기사님이 빨리 와 주셨어요. 그래서 너무 감사했어요. 컴퓨터가 고장 났는데 기사님이 빨리 와 주셔서 너무 감사했어요.
09	옆집에서 파티를 했어요. 그래서 너무 시끄러웠어요. 하지만 조용히 해 달라고 말하지 않았어요. 옆집에서 파티를 해서 너무 시끄러웠지만 조용히 해 달라고 말하지 않았어요.
10	영화관에서 옆 사람이 떠들었어요. 그리고 과자를 먹었어요. 그래서 화가 났어요. 영화관에서 옆 사람이 떠들고 과자를 먹어서 화가 났어요.

■ 연습 3 *p.28*

01	번역기가 있어요. 그래도 외국어와 외국 문화를 배우고 싶어요. 그래서 유학을 가려고 해요. 번역기가 있어도 외국어와 외국 문화를 배우고 싶어서 유학을 가려고 해요. ※ 있어도 → 있지만(○)
02	사회 문제에 관심을 가져요. 그리고 적극적으로 참여해요. 그러면 사회가 발전할 수 있어요. 사회 문제에 관심을 가지고 적극적으로 참여하면 사회가 발전할 수 있어요.
03	먼저 물을 끓여요. 그리고 라면을 넣어요. 그다음에 계란을 넣어요. 먼저 물을 끓이고 라면을 넣은 다음에 계란을 넣어요.
04	아이들이 휴대폰을 오래 사용해요. 그러면 집중력이 떨어져요. 그리고 건강도 나빠집니다. 아이들이 휴대폰을 오래 사용하면 집중력이 떨어지고 건강도 나빠집니다.
05	스트레스 원인을 조사했습니다. 그런데 '경쟁'이 1위로 나타났습니다. 그리고 인간관계가 2위였습니다. 스트레스 원인을 조사했는데 '경쟁'이 1위로 나타나고 인간관계가 2위였습니다.
06	숲이 있어요. 그러면 공기가 좋아져요. 그러니까 나무를 많이 심어야 해요. 숲이 있으면 공기가 좋아지니까 나무를 많이 심어야 해요.
07	잠이 부족합니다. 그러면 쉽게 피곤해집니다. 그리고 정신 건강에도 영향을 미친다고 합니다. 잠이 부족하면 쉽게 피곤해지고 정신 건강에도 영향을 미친다고 합니다.
08	누구나 실패할 수 있어요. 하지만 계속 다시 도전해요. 그러면 성공할 가능성이 있어요. 누구나 실패할 수 있지만 계속 다시 도전하면 성공할 가능성이 있어요.
09	룸메이트와 잘 지내고 싶어요. 그런데 문화가 달라요. 그래서 가끔 서로 오해를 하기도 해요. 룸메이트와 잘 지내고 싶은데 문화가 달라서 가끔 서로 오해를 하기도 해요.
10	온라인 수업을 해요. 그러면 장점도 있고 단점도 있어요. 하지만 장점이 더 많은 것 같아요. 온라인 수업을 하면 장점도 있고 단점도 있지만 장점이 더 많은 것 같아요.

3. 문장 구조 훈련

■ 3-1 연습 *p.29*

01 제 취미는 사진을 찍는 것입니다/겁니다.

02 제 꿈은 한국어 선생님이 되는 것입니다/겁니다.

03 방학 계획은 친구들하고 여행을 하는 것입니다/겁니다.

04 가장 힘든 것은 가족들하고 떨어져 지내는 것입니다/겁니다.

05 가장 기억에 남는 것은 친구들하고 여행을 간 것입니다/겁니다.

06 어떤 방법이 좋은지 알아봐야 해요.

07 이유가 뭔지 조사해 봤어요.

08 어떻게 해결해야 하는지 살펴보겠습니다

09 진짜 정보인지 가짜 정보인지 조사해 봤어요.

10 과학기술이 어떤 영향을 미치는지 말씀드리겠습니다.

11 그 물건은 비싼 물건이 [비싼 게] 아니에요.

12 이 일은 힘든 일이 아니에요.

13 이 방법은 좋은 방법이 아니에요.

14 이런 태도는 바람직한 태도가 아니에요.

15 이 옷은 버리는 옷이 [버리는 게] 아니에요.

■ 3-2 연습 *p.29*

01 저는 높임말을 써야 한다는 것을 알게 됐습니다.

02 저는 재능보다 노력이 중요하다는 것을 알게 됐습니다.

03 우리는 그 문제가 심각하다는 것을 알아야 합니다.

04 저는 거기에 쓰레기를 버리면 안 된다는 것을 몰랐습니다.

05 이 조사에서 찬성보다 반대가 많다는 것을 알 수 있습니다.

06 저는 쇼핑을 줄여야 한다는 것을 알게 됐습니다.

07 우리는 스트레스가 건강에 안 좋다는 것을 압니다.

08 저는 이런 습관이 나쁘다는 것을 몰랐습니다.

09 저는 그 사람이 매운 음식을 안 좋아한다는 것을 몰랐습니다.

10 저는 그 책이 어렵다는 것을 몰랐습니다.

11 우리는 온라인 교육이 필요하다는 것을 알게 됐습니다.

12 우리는 직장 생활에서 소통 능력이 중요하다는 것을 알게 됐습니다.

13 조사 결과에서 반려동물을 키우는 사람이 많다는 것을 알 수 있습니다.

14 조사 결과에서 유학생 수가 크게 증가했다는 것을 알 수 있습니다.

15 조사 결과에서 영화보다 드라마를 많이 본다는 것을 알 수 있습니다.

3-3 연습 *p.30*

01 시험에 합격했다는 연락을 받았습니다.
02 그림의 떡이라는 속담이 있습니다.
03 친구가 한국어를 배운다는 소식을 들었습니다.
04 대중교통 요금이 오른다는 뉴스를 봤습니다.
05 요즘 환경 문제에 관심을 가지는 사람들이 많다는 말을 들었습니다.
06 지구의 날씨가 변하고 있다는 뉴스를 봤습니다.
07 오늘 모임을 취소하고 싶다는 연락을 받았습니다.
08 문화가 다르면 갈등이 생길 수 있다는 생각이 들었습니다.
09 요즘 국제결혼을 하는 사람들이 많다는 이야기를 들었습니다.
10 여기에 공항을 지으면 안 된다는 주장을 하고 있습니다.
11 집에서 일하는 것이 더 낫다는 조사 결과가 있습니다.
12 학교에서 휴대폰 사용을 금지해야 한다는 주장이 있습니다.
13 아이스크림 판매가 줄었다는 조사 결과가 나왔습니다.
14 미래의 행복보다 현재의 행복이 중요하다는 생각이 들었습니다.
15 종이책보다 전자책을 더 많이 본다는 조사 결과가 나왔습니다.

3-4 연습 *p.30*

01 친구가 매일 운동한다고 말했어요.
02 친구가 요즘 바쁘다고 말했어요.
03 문제에서 두 가지 조건이 있다고 말했어요.
04 문제에서 실천 방법 두 가지를 제시하라고 했어요.
05 뉴스에서 에너지를 절약해야 한다고 강조했어요.
06 친구가 그렇게 생각하지 않는다고 대답했어요.
07 친구가 한국말을 잘한다고 칭찬했어요.
08 뉴스에서 요즘 물가가 많이 올랐다고 말했어요.
09 친구가 장학금을 받고 싶다고 말했어요.
10 그 회사에서 로봇 생산을 늘리겠다고 발표했어요.
11 선생님께서 힘들어도 포기하지 말라고 말씀하셨어요.
12 어제 회의에서 출근 시간을 바꾸는 게 어떠냐고 제안했어요
13 문제에서 온라인 교육의 장점과 단점을 이야기하라고 했어요.
14 TV 토론의 사회자가 좋은 의견을 말해 달라고 했어요.
15 정부에서 노인 문제를 해결하기 위해 노력하겠다고 약속했어요.
16 학교에서 주차장이 복잡하니까 대중교통을 이용해 달라고 부탁했어요.
17 기자가 이번 축제에 작년보다 사람들이 많이 왔냐고 물었어요.
18 안내 방송에서 시험이 곧 시작되니까 준비하라고 말했어요.
19 학교에서 이번 주까지 문화 체험 수업을 신청하라고 안내했어요.
20 그 과학자가 인공지능 덕분에 생활이 더 편리해질 거라고 말했어요.
21 친구가 온라인으로 물건을 구입하는 사람이 많냐고 물었어요.

5. 조사 훈련

연습 1 *p.32*

01	도서관 옆에 박물관이 있어요.
02	1년 전에 기숙사에[에서] 살았어요.
03	사람들이 의자에 앉아 있어요.
04	식당에서 지갑을 잃어버렸어요.
05	벽에 걸려 있는 그림이 예뻐요.
06	친구한테[에게] 생일 선물을 줬어요.
07	저는 도시 개발에 찬성해요.
08	그 여자는 머리가 길어요.
09	동양문화는 서양문화와 달라요. ※ 동양문화와 서양문화는 달라요.
10	감기에 걸린 친구가 결석했어요.
11	저는 축구에 관심이 많아요.
12	빨간색을 까만색으로 바꿨어요.
13	자전거로 한국을 여행했어요.
14	한국 친구한테서 이야기를 들었어요.
15	날씨는[가] 건강에 영향을 줘요.
16	도서관에서 학생들에게 책을 빌려줘요.
17	교통비가 많이 올랐어요.
18	집에서 아이에게 예절을 가르쳐요.
19	작년에 대학교에 입학했어요.
20	노인에게 자리를 양보해요.

연습 2 *p.32*

01	동호회에 가입했어요.
02	친구한테서[에게서] 이메일을 받았어요.
03	저는 아픈 친구를 도와줬어요.
04	그 사람은 아버지를 닮았어요.
05	매운 음식이 입에 안 맞아요.
06	스트레스를 받는 일이 많아요.
07	실패를 생각해 본 적이 없어요.
08	유학생이 증가했어요.
09	교통사고로 길이 막혔어요.
10	50%에서 30%로 감소했어요.
11	이 바지가 저한테[에게] 어울려요.
12	친구한테[에게] 메시지를 보냈어요.
13	경비실에 택배를 맡겼어요.
14	산책하는 것이 건강에 좋아요.
15	학교를 졸업한 후에 취직해요.
16	모임에 늦은 사람이 많아요.
17	공원 옆에 새 카페가 생겼어요.
18	시장에 맛있는 음식이 많아요.
19	지하철에 가방을 두고 내렸어요.
20	시험에 합격했어요.

초급

말하기 유형 1

질문에 대답하기

PART 2

가 / 문제 정보 확인

간단한 질문을 듣고 대답하는 문제입니다. 경험, 계획, 좋아하는 일 등 일상생활에서 자주 듣고 말하게 되는 주제가 나옵니다.

1. 개요

수준	문제 유형	준비시간	답변 시간	평가 기준
초급	질문에 대답하기	20초	30초	내용, 언어, 발음

2. 진행 과정

1

연습 > 1 > 2 > 3 > 4 > 5 > 6　　음량조절

1번. 질문을 듣고 대답하십시오.
20초 동안 준비하십시오. '삐' 소리가 끝나면 30초 동안 말하십시오.

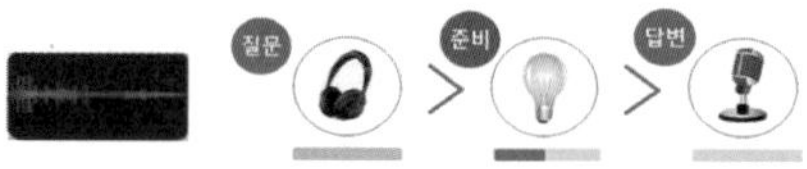

문제에 대한 안내가 나옵니다.

2

연습 > 1 > 2 > 3 > 4 > 5 > 6　　음량조절

1번. 질문을 듣고 대답하십시오.
20초 동안 준비하십시오. '삐' 소리가 끝나면 30초 동안 말하십시오.

(문제) 무슨 운동을 좋아해요? 얼마나 자주 해요? 좋아하는 운동에 대해 이야기하세요.

문제 내용은 안 보이고 소리만 들립니다.

문제를 들으면서 중요한 것을 메모합니다.

3

준비하기 / 메모하기　　20초　　답변 내용을 메모합니다.

4

말하기　　30초　　메모한 내용을 보면서 말합니다.

3. 평가 항목 및 주의 사항

항목	주의 사항
내용	□ 질문을 듣고 알맞은 대답을 해야 한다.
	□ 3-4 문장 이상 말하는 것이 좋다. 그렇지만 유형 1에서는 너무 길게 말하지 않아도 된다.
	□ 앞 문장과 뒤 문장의 내용이 자연스럽게 연결돼야 한다.
언어	□ '-아/어요', '-ㅂ니다/습니다' 중 하나를 선택해서 말하면 된다. 섞어서 말하는 것은 좋지 않다.
	□ 어려운 표현을 사용하지 않아도 된다. 간단한 어휘와 문법을 사용해서 말하면 된다.
	□ 질문 속에 상황에 맞는 표현과 시제가 들어 있다. 잘 듣고 그것을 활용하면 도움이 된다.
발음 속도	□ 정확하게 발음해야 한다.
	□ 말이 자연스럽게 이어져야 한다. 말이 자주 끊기면 안 된다.
	□ 필요없는 말(음... 그러니까... 등)을 오래 하면 안 된다.

4. 점수 잘 받는 방법

문제를 들으면서 '주제, 과제, 표현'을 메모하세요.

- 무엇에 대해 말해야 하는지 알아야 합니다. 주제 및 과제를 잘 들으세요.
- 과제가 두 가지면, 두 가지에 대해 모두 대답해야 합니다. 과제가 몇 개인지 잘 들으세요.
- '누가, 언제, 무엇, 어디, 어떻게, 왜'가 나오는 부분을 잘 들으세요. 과제를 잘 이해할 수 있습니다.
- 질문에서 사용된 표현을 메모해 놓으면, 대답할 때 잘 사용할 수 있습니다.
  예 어디에 가고 싶어요? → '-고 싶다' 메모

문제를 듣고 중요한 내용부터 말하세요. 그리고 보충 설명을 하세요.

- 대답할 때, 가장 중요한 내용을 처음에 말하세요. 첫 문장이 중심 문장이 됩니다.
- 그다음에 보충 설명을 합니다. '그리고, 그래서, 그렇지만, 왜냐하면~' 등을 사용해서 말을 계속하세요.
- '누구와 함께, 어디에서, 무엇을, 어떻게, 왜'를 생각하면서 말하면 좀 더 자세히 대답할 수 있습니다.

말할 때 과거, 현재, 미래 등 시제를 잘 생각해서 말하세요.

- 과거의 경험을 말해야 하는지, 미래의 계획을 말해야 하는지 등 시제 표현을 생각하세요.
- 문제에 나오는 시제 표현을 메모해서 잘 사용해 보세요.
  예 주말에 뭐 했어요? → '뭐 했어요' 메모

문제에 대해 할 말이 없어도 포기하지 마세요. 이야기를 만들어서 하면 됩니다.

- 주제에 대한 특별한 생각이 없거나 경험이 없을 수 있습니다. 그럴 때는 이야기를 만들어서 대답할 수 있어야 합니다.
- '아니요', '몰라요' 라고 말하면 자세히 대답하기 어렵기 때문에 좋은 점수를 받기 어렵습니다.
- 평소에 예상 문제로 연습하면서 다양한 주제에 대해 대답을 준비하는 것이 좋습니다.

나 주제별 연습

1. 습관과 기호 _ 평소에 자주 하는 일, 좋아하는 것에 대해 말하는 문제입니다.

1-1. 문제 확인

■ 예시

1번. 질문을 듣고 대답하십시오. 20초 동안 준비하십시오. '삐' 소리가 끝나면 30초 동안 말하십시오.

무슨 운동을 좋아해요? 얼마나 자주 해요? 좋아하는 운동에 대해 이야기하세요.

■ 메모 〈20초〉

▼ 문제 메모
- 무슨 운동, 좋아하다?
- 얼마나 자주?
- -아/어요

▼ 답변 메모
- 수영
  why? 기분 좋다 + 건강 좋다
- 일주일 4번
- 수업 끝난 후 → 친구 같이

■ 답변 〈30초〉

저는 수영하는 것을 좋아해요. 수영을 하면 기분이 좋아요. 그리고 건강에 좋아요. 그래서 저는 수영을 자주 해요. 일주일에 네 번 정도 해요. 보통 학교 수업이 끝난 후에 친구하고 같이 수영을 하러 가요.

내용
- 이 문제는 질문이 두 개다. 좋아하는 운동(수영), 횟수(일주일에 네 번)에 대해 모두 대답했다.
- 그 운동을 좋아하는 이유, 그 운동을 하러 가는 때, 누구와 같이 하는지도 잘 설명했다.

언어
- 'N에 N번' 표현을 잘 사용했다. 예 저는 한 달에 한 번 미용실에 가요.
- '항상, 자주, 가끔, 거의 안/못 V, 전혀 안/못 V'을 사용할 수 있다. 예 저는 운동을 거의 안 해요.

발음 **발음 주의!** · 좋아해요 [조아해요] · 일주일에 [일쭈이레]

표현 정리

A/V-아/어요	예 저는 매일 학교에 **가요.**	N 중에서	예 저는 **음식 중에**서 불고기를 제일 좋아해요.
N을/를 좋아하다	예 저는 운동하는 것을 **좋아해요.**	N에 N번	예 저는 **한 달에 한 번** 봉사활동을 해요.
(저는) N이/가 좋다	예 저는 비빔밥이 **좋아요.**	A/V-고	예 한국어 공부는 **쉽고** 재미있어요.
A/V-는 편이다	예 저는 외식을 자주 **하는 편이에요.**	A/V-지만	예 날씨가 **좋지만** 바람이 좀 불어요.

1-2. 연습하기

1. [보기]와 같이 연습을 해 보세요. 혼자 또는 친구와 같이 하세요.

[보기] 질문		답변
주말에 보통 뭐 해요?	중심 문장	주말에 보통 집에서 집안일을 해요.
	보충 문장	청소를 하고 빨래를 해요. 옷과 책상을 정리해요. 냉장고도 정리해요. 평일에는 시간이 없어서 이런 집안일들을 잘 못해요. 그래서 주말에 해요.

▶ 질문을 읽으세요.	▶ 말하세요 중심 문장	보충 문장
01 시간이 있으면 보통 뭐 해요?	저는 시간이 있으면 휴대폰 게임을 해요.	게임을 하면~
02 얼마나 자주 방 청소를 해요?	저는 방 청소를 자주 해요.	일주일에~
03 친구를 만나면 보통 뭐 해요?		
04 대중교통을 자주 이용해요?		
05 어느 계절을 좋아해요?		
06 커피 마시는 것을 좋아해요?		
07 휴대폰으로 보통 뭐 해요?		
08 얼마나 자주 외식을 해요?		
09 어떤 사람을 좋아해요?		
10 하루에 보통 몇 시간 자요?		
11 요즘 무슨 음식을 자주 먹어요?		
12 보통 누구하고 같이 쇼핑해요?		
13 운동할 때 보통 어떤 옷을 입어요?		
14 보통 아침을 먹어요? 뭐 먹어요?		
15 집에서 시내까지 얼마나 걸려요?		

2. 다음 지시에 따라 순서대로 해 보세요.

▶ 읽으세요. ▶ 듣고 따라하세요. ▶ 여러분의 답변을 녹음하세요. (30초) ▶ 확인하세요.

자주 가는 식당이 있어요? 자주 가는 식당에 대해 이야기하세요.

제가 자주 가는 식당은 학교 근처에 있어요. 일주일에 세 번쯤 가요. 그 식당은 비빔밥이 맛있어서 저는 거기에서 비빔밥을 자주 먹어요. 그리고 아주머니가 친절하시고 반찬도 많이 주셔서 좋아요.

2. 경험 _ 과거에 한 일에 대해 물어보는 문제입니다.

2-1. 문제 확인

■ 예시

1번. 질문을 듣고 대답하십시오. 20초 동안 준비하십시오. '삐' 소리가 끝나면 30초 동안 말하십시오.

🎧 지난 주말에 무엇을 했어요? 주말에 한 일에 대해 이야기하세요.

■ 메모 〈20초〉

▼ 문제 메모

- 지난 주말, 뭐?
 -았/었어요

▼ 답변 메모

- 공원, 남자 친구 + 자전거를 타다
 그런데
 남자 친구가 잘 못 타다 → 내가 가르쳐 주다
- 김밥 + 라면 먹다

■ 답변 〈30초〉

저는 지난 주말에 공원에서 남자 친구하고 자전거를 탔어요. 저는 자전거를 잘 타는데 남자 친구는 자전거를 잘 못 타요. 그래서 제가 가르쳐 줬어요. 그리고 우리는 같이 김밥하고 라면을 먹었어요. 그날 배가 고파서 많이 먹었어요.

내용
- 질문에 대한 대답을 첫 문장에서 잘 말했다.
- 지난 주말에 누구와, 어디에서, 무엇을 했는지 자세히 말했다.
- 첫 문장의 내용이 뒤의 보충 설명과 자연스럽게 연결되었다.

언어
- 과거 경험을 묻는 문제이기 때문에 '-았/었-'을 사용해서 잘 말했다.
- '그리고, 그래서, 그날'을 잘 사용해서 앞과 뒤의 내용이 잘 연결되었다.

발음 **발음 주의!** · 주말에 [주마레] · 같이 [가치] · 많이 [마니] · 먹었어요 [머거써요]

표현 정리

어제, 그저께(그제), 지난주, 지난달, 지난 주말, 일주일 전, 한 달 전, 일 년 전, 작년(지난해) ……

A/V-았/었어요	예 어제 아침에 운동을 **했어요.**	그날/이날	예 작년 생일에 친구를 만났어요. **그날** 쇼핑했어요.
V-아/어 봤다	예 저는 혼자 여행을 **해 봤어요.**	그때/이때	예 집에 늦게 도착했어요. **그때** 전화가 왔어요.
V-(으)ㄴ 적이 있다 [없다]	예 저는 태권도를 **배운 적이 있어요.**	A/V-(으)ㄹ 때	예 **자전거를 탈 때** 좀 무서웠지만 재미있었어요.
V-(으)ㄴ 지 (시간) 되다/넘다	예 한국에 **온 지 6개월 됐어요.** 예 한국에 **온 지 1년 넘었어요.**	(시간) 부터	예 **6개월 전부터** 한국어를 배웠어요.

2-2. 연습하기

1. [보기]와 같이 연습을 해 보세요. 혼자 또는 친구와 같이!!

[보기] 질문		답변
최근에 어디에서 쇼핑했어요?	중심 문장	최근에 친구하고 같이 명동에서 쇼핑을 했어요.
	보충 문장	명동에는 옷 가게가 많고 물건값도 싸요. 그래서 쇼핑하기 좋아요. 지난주에 갔을 때 친구는 구두를 사고 저는 모자를 샀어요. 정말 마음에 들었어요.

▶ 질문을 읽으세요.	▶ 말하세요 중심 문장	보충 문장
01 최근에 무엇을 샀어요?	최근에 운동화를 샀어요.	백화점에서 ~
02 최근에 어디가 아팠어요?	지난주에 감기에 걸려서 머리가 아팠어요.	그리고 ~
03 어제 점심에 뭘 먹었어요?		
04 오늘은 몇 시에 일어났어요?		
05 혼자 여행해 봤어요?		
06 지난 주말에 뭐 했어요?		
07 식물을 키워 봤어요?		
08 여름 방학에 어디에 갔어요?		
09 부모님 생신에 무엇을 했어요?		
10 다른 나라 음식을 먹어 봤어요?		
11 실수를 한 적이 있어요?		
12 여행할 때 어떤 것이 힘들었어요?		
13 생일에 무슨 선물을 받았어요?		

2. 다음 지시에 따라 순서대로 해 보세요.

▶ 읽으세요. ▶ 듣고 따라하세요. ▶ 여러분의 답변을 녹음하세요. (30초) ▶ 확인하세요.

한국어를 배운 지 얼마나 됐어요? 이야기하세요.

한국어를 배운 지 일 년[1년]쯤 됐어요. 고등학생 때 한국 드라마를 처음 봤는데 너무 재미있었어요. 그 드라마에 나오는 남자 주인공이 너무 멋있었어요. 그때부터 한국에 관심이 생겨서 한국어를 공부하기 시작했어요.

3. 계획과 희망 __ 미래에 할 일, 하고 싶은 일, 해야 할 일에 대해 말하는 문제입니다.

3-1. 문제 확인

■ 예시

1번. 질문을 듣고 대답하십시오. 20초 동안 준비하십시오. '삐' 소리가 끝나면 30초 동안 말하십시오.

방학에 무엇을 할 거예요? 방학 계획에 대해 이야기하세요.

■ 메모 〈20초〉

문제 메모

- 방학
- 무엇을?
- 계획 / -ㄹ/을 거예요

답변 메모

- 한국어 공부
  why? 대학 입학 - 토픽 점수 필요
  but, 토픽 점수 안 좋다 → 단어 하루 50개 외우다

■ 답변 〈30초〉

저는 이번 방학에 한국어 공부를 할 거예요. 대학교에 입학하려면 토픽 점수가 필요해요. 그런데 제가 단어를 잘 잊어버려서 토픽 점수가 안 좋아요. 그래서 단어를 많이 외우려고 해요. 하루에 단어를 오십 개(50개)씩 외울 거예요.

내용
- 방학 계획, 계획을 세운 이유를 자세히 말했다.

언어
- 질문 속에 있는 '-(으)ㄹ 거예요'를 잘 사용해서 대답했다.
- 계획을 묻는 문제는 '-(으)ㄹ 거예요'를 사용해서 말하면 된다.

발음 **발음 주의!** · 한국어 [한구거] · 입학하려면 [이파카려면] · 할 거예요 [할꺼예요]

표현 정리

이따가, 나중에, 다음에, 내일, 모레, 다음 주, 다음 달, 내년

V-(으)ㄹ 것이다	예 방학에 여행을 **갈 거예요.**	V-(으)려고 하다	예 이따가 책을 반납하러 도서관에 **가려고 해요.**
V-(으)ㄹ 계획이다	예 내일 파티에 **갈 계획이에요.**	A/V-(으)ㄹ 것 같다	예 시험을 잘 보면 기분이 정말 **좋을 것 같아요.**
(저는) V-고 싶다	예 고향 친구가 **보고 싶어요.**	A/V-(으)면 좋겠다 A/V-았/었으면 좋겠다	예 제가 가고 싶은 회사에 **합격하면 좋겠어요.** 제가 가고 싶은 회사에 **합격했으면 좋겠어요.**

3-2. 연습하기

1. [보기]와 같이 연습을 해 보세요. 혼자 또는 친구와 같이 하세요.

[보기] 질문		답변
생일에 무슨 선물을 받고 싶어요?	중심 문장	저는 생일에 향수를 선물 받고 싶어요.
	보충 문장	저는 향수를 좋아해서 매일 사용해요. 외출할 때 향수를 뿌리면 기분이 좋아요. 지금도 향수가 있기는 하지만 더 많이 가졌으면 좋겠어요. 향수는 최고의 생일 선물이에요.

▶ 질문을 읽으세요.		▶ 말하세요 중심 문장	보충 문장
01	내년 생일에 뭐 하고 싶어요?	내년 생일에 생일 파티를 하고 싶어요.	친구들하고 같이~
02	어느 나라를 여행하고 싶어요?		
03	오늘 저녁에 뭐 먹으려고 해요?		
04	잘하고 싶은 것이 있어요?		
05	이번 주말에 뭐 할 거예요?		
06	졸업 후에 무엇을 할 계획이에요?		
07	어떤 회사에서 일하고 싶어요?		
08	보고 싶은 사람 있어요?		
09	어떤 사람과 여행을 가고 싶어요?		
10	여러분 고향에 친구가 여행을 오면 어디를 추천할 거예요?		
11	어떤 직업을 가지고 싶어요?		
12	여름 휴가 때 뭐 할 거예요?		
13	요즘 사고 싶은 것이 있어요?		

2. 다음 지시에 따라 순서대로 해 보세요.

▶ 읽으세요. ▶ 듣고 따라하세요. ▶ 여러분의 답변을 녹음하세요. (30초) ▶ 확인하세요.

어떤 집에서 살고 싶어요? 살고 싶은 집에 대해 이야기하세요.

저는 나중에 크고 넓은 집에서 살고 싶어요. 왜냐하면 지금 제가 살고 있는 집은 너무 작아서 불편하기 때문이에요. 그리고 집 앞에 공원이 있으면 좋겠어요. 그러면 지금보다 운동을 더 자주 할 수 있을 것 같아요.

4. 소개 __ 사람, 인물, 장소, 취미, 날씨 등에 대해 설명하거나 소개하는 문제입니다.

4-1. 문제 확인

■ 예시

1번. 질문을 듣고 대답하십시오. 20초 동안 준비하십시오. '삐' 소리가 끝나면 30초 동안 말하십시오.

여러분의 직장이나 학교는 어떤 곳이에요? 이야기하세요.

■ 메모 〈20초〉

문제 메모
- 직장/학교
- 어떤 곳?

답변 메모
- 한국 대학교
→ 예쁘다 + 호수, 크고 아름답다 / 거기에서 이야기하다
→ 그리고 시설 깨끗하다 + 식당 음식 맛있다

■ 답변 〈30초〉

제가 다니는 학교는 서울에 있는 한국 대학교예요. 한국대학교는 아주 예뻐요. 호수가 있는데, 크고 아름답기로 유명해요. 저는 수업이 없을 때 거기에서 친구들과 이야기해요. 그리고 학교 시설도 깨끗하고 학생 식당 음식도 맛있어요. 한국 대학교에 한번 와 보세요.

내용
- 학교 이름, 학교의 좋은 점을 잘 설명했다.
- 학교의 좋은 점으로 학교 풍경, 시설, 식당에 대해 자세히 말했다.

언어
- '-기로 유명하다, -아/어 보세요' 와 같은 표현을 잘 사용했다.

발음 **발음 주의!** · 대학교예요[대학꾜예요] · 깨끗하고[깨끄타고] · 식당[식땅]

표현 정리

N인데	예 제 친구의 고향은 **부산인데**, 아름다운 바다가 있어요.		
V-는 N	예 **제가 좋아하는 장소**는 한강 공원이에요.	A/V-(으)면	예 운동을 너무 많이 **하면** 몸이 아플 수 있어요.
A-(으)ㄴ N	예 작고 **예쁜** 가방을 샀어요.	A/V-기로 유명하다	예 서울은 야경이 **아름답기로 유명해요.**
N(이)라서	예 지금은 **출근 시간이라서** 길이 막혀요.	V-아/어 주다	예 이 시계는 친구가 저한테 **선물해 줬어요.**

4-2. 연습하기

1. [보기]와 같이 연습을 해 보세요. 혼자 또는 친구와 같이 하세요.

[보기] 질문	답변	
취미가 뭐예요?	중심 문장	제 취미는 등산이에요
	보충 문장	아버지가 등산을 좋아하셔서 저는 어렸을 때부터 아버지와 같이 등산을 했어요. 요즘도 주말마다 등산을 가요. 산에 가면 나무도 많고 공기도 좋아서 기분이 정말 좋아져요.

▶ 질문을 읽으세요.	▶ 말하세요 중심 문장	보충 문장
01 좋아하는 영화가 있어요?	네, 있어요. 제가 좋아하는 영화는~	그 영화는~
02 취미가 뭐예요?	제 취미는	
03 특별히 좋아하는 장소가 있어요?		
04 고향에서 유명한 음식이 뭐예요?		
05 친구의 성격이 어때요?		
06 기억에 남는 물건이 있어요?		
07 존경하는 사람이 있어요?		
08 좋아하는 산이나 바다가 있어요?		
09 꿈이 뭐예요?		
10 요즘 읽고 있는 책이 뭐예요?		
11 요즘 자주 신는 신발은 뭐예요?		
12 여러분의 직장이나 학교는 어떤 곳이에요?		
13 여러분이 사는 집 근처에 뭐가 있어요?		

2. 다음 지시에 따라 순서대로 해 보세요.

▶ 읽으세요. ▶ 듣고 따라하세요. ▶ 여러분의 답변을 녹음하세요. (30초) ▶ 확인하세요.

친한 친구가 있어요? 그 친구에 대해 이야기하세요.

네, 있어요. 제일 친한 친구의 이름은 '조이'예요. 고향 친구인데, 중학교 때 처음 만났어요. 조이는 재미있는 사람이에요. 말을 재미있게 해서 같이 있으면 웃을 수 있어요. 그리고 조이는 요리를 잘해서 자주 맛있는 음식을 만들어 줘요.

5. 기타 __ 방법, 상태, 이유에 대해 설명하거나 두 가지 중 한 가지를 선택해서 말하는 문제입니다.

5-1. 문제 확인

■ 예시

1번. 질문을 듣고 대답하십시오. 20초 동안 준비하십시오. '삐' 소리가 끝나면 30초 동안 말하십시오.

기분이 안 좋을 때 어떻게 해요? 이야기하세요.

■ 메모 〈20초〉

문제 메모
- 기분 안 좋을 때
- 어떻게 해?
- 방법

답변 메모
- 잠을 자다
  why? 잊어버릴 수 있다
  그다음에 음악 + 춤 + 음식 → 기분 좋아지다

■ 답변 〈30초〉

저는 기분이 안 좋을 때 잠을 자요. 잠을 자면 안 좋은 일을 잊어버릴 수 있기 때문이에요. 그다음에 좋은 음악을 들으면서 춤을 추기도 하고 맛있는 음식을 먹기도 해요. 이렇게 제가 좋아하는 것을 하면 기분이 다시 좋아져요.

내용
- 기분이 안 좋을 때 보통 어떻게 하는지, 방법 세 가지(잠을 자다, 음악을 들으면서 춤을 추다, 맛있는 음식을 먹다)를 잘 말했다.
- 왜 그렇게 하는지 이유도 말했다.

언어
- '그다음에', '이렇게'를 사용해서 앞 문장과 뒤 문장이 잘 연결되었다.

발음 **발음 주의!** · 좋은[조은] · 음악을[으마글] · 들으면서[드르면서] · 이렇게[이러케]

표현 정리

N보다 (더)	예 **버스보다** 지하철이 편해요.	V-(으)ㄹ 것	예 여행 가기 전에 **살 것이 많아요.**
V-(으)면서	예 저는 음악을 **들으면서** 공부해요.	V-거나	예 시간이 있을 때는 책을 **보거나** TV를 봐요.
A/V-아/어서 편하다[불편하다]	예 방이 **좁아서 살기가 불편해요.**	V-아/어야 하다 [되다]	예 많이 아프면 병원에 **가야 돼요.**

5-2. 연습하기

1. [보기]와 같이 연습을 해 보세요. 혼자 또는 친구와 같이 하세요.

[보기] 질문		답변
왜 인터넷 쇼핑을 해요?	중심 문장	인터넷 쇼핑을 하면 편리하기 때문이에요.
	보충 문장	날씨가 덥거나 추울 때 외출하지 않아도 돼요. 여러 쇼핑몰의 물건들을 한번에 다 볼 수 있으니까 좋아요. 그리고 제가 필요할 때 언제든지 쇼핑할 수 있어서 편리해요.

▶ 질문을 읽으세요.	▶ 말하세요 중심 문장	보충 문장
01 걱정이 있을 때 어떻게 해요?		
02 친구와 싸우면 어떻게 해요?		
03 요리를 못하는데 어떻게 해요?		
04 친구가 없는데 어떻게 해요?		
05 요즘 뭐 배워요? 왜 배우게 됐어요?		
06 여행을 좋아해요? 왜 좋아해요?		
07 버스를 자주 이용해요? 아니면 지하철을 자주 이용해요?		
08 공부할 때 도서관과 커피숍 중 어디가 더 좋아요?		
09 집밥과 배달 음식 중 어느 것을 더 자주 먹어요?		
10 강아지를 키워 보고 싶어요? 고양이를 키워 보고 싶어요?		
11 언제 기분이 좋아요?		
12 오늘 기분이 어때요?		
13 한국어 공부가 어때요?		

2. 다음 지시에 따라 순서대로 해 보세요.

▶ 읽으세요. ▶ 듣고 따라하세요. ▶ 여러분의 답변을 녹음하세요. (30초) ▶ 확인하세요.

자유여행과 패키지여행 중에서 무엇이 더 좋아요? 이야기하세요.

저는 자유여행보다 패키지여행이 더 좋아요. 패키지여행은 여행사에서 비행기표도 예매해 주고 호텔, 식당도 다 예약해 줘요. 그래서 제가 준비할 것이 별로 없어서 편해요. 하지만 자유여행은 직접 다 준비해야 하니까 좀 힘들어요.

다 예상 문제

문제 듣기 → 20초 준비 → 30초 말하기

※ 메모하세요 ※ 메모하세요

※ 녹음기를 켜고 휴대폰으로 QR코드를 찍은 후, 메모하고 답변해 보세요.

01 1번. 질문을 듣고 대답하십시오.
20초 동안 준비하십시오. '삐' 소리가 끝나면 30초 동안 말하십시오.

(문제) 쇼핑을 자주 해요? 어디에서 해요? 쇼핑에 대해 이야기하세요.

02

03

04

05

06

07

08

09

문제 듣기 → 20초 준비 → 30초 말하기

※ 메모하세요

※ 메모하세요

10

11

12

13

14

15

16

17

18

19

예시 답변 **사용 설명서**

- 자신의 답변을 녹음한 후 들어 봅니다.
- 자신의 답변과 예시 답변을 비교해 봅니다.
- 예시 답변을 여러 번 읽어 봅니다.
- 자주 쓰는 표현과 단어를 외웁니다.
- 30초 안에 답변할 수 있도록 연습합니다.
- 다시 앞으로 돌아가 문제를 듣고 답변해 봅니다.

1-2. 습관과 기호 말하기 연습 *p.49*

▪ **시간이 있으면 보통 뭐 해요?**

01 저는 시간이 있으면 휴대폰 게임을 해요. 게임을 하면 재미있어요. 스트레스도 없어져요. 그래서 시간이 있을 때 자주 게임을 해요.

▪ **얼마나 자주 방 청소를 해요?**

02 저는 방 청소를 자주 해요. 일주일에 네 번쯤 해요. 더러운 것을 싫어해서 아무리 바빠도 청소는 해요. 청소를 하면 기분이 좋아요.

▪ **친구를 만나면 보통 뭐 해요?**

03 친구를 만나면 보통 같이 밥을 먹고 영화를 봐요. 우리는 무서운 영화를 좋아하기 때문에 무서운 영화를 자주 봐요. 아니면 커피숍에서 이야기를 해요.

▪ **대중교통을 자주 이용해요?**

04 저는 학교에 갈 때 항상 대중교통을 이용해요. 버스를 탈 때도 있고 지하철을 탈 때도 있는데 버스를 더 자주 타요. 버스 정류장이 집 앞에 있어서 버스를 타는 게 더 편해요.

▪ **어느 계절을 좋아해요?**

05 저는 여름을 제일 좋아해요. 여름에는 맛있는 과일이 많아요. 수박하고 포도를 먹을 수 있어요. 그리고 바다에서 수영할 수 있어서 좋아요.

▪ **커피 마시는 것을 좋아해요?**

06 아니요. 저는 커피 마시는 것을 별로 안 좋아해요. 커피를 마시면 잠을 잘 못자요. 그래서 커피보다 주스나 차를 더 좋아해요.

▪ **휴대폰으로 보통 뭐 해요?**

07 저는 보통 휴대폰으로 쇼핑을 해요. 휴대폰으로 쇼핑하는 게 편해서 필요한 물건은 거의 다 휴대폰으로 주문해요. 그리고 휴대폰으로 SNS(에스엔에스)도 많이 해요. SNS에 사진도 올리고 글도 써요.

▪ **얼마나 자주 외식을 해요?**

08 저는 일주일에 세 번 정도 외식을 해요. 저는 요리를 잘 못해요. 그래서 음식 값이 비싸도 식당에서 밥을 먹는 게 좋아요. 더 편하고 맛있어요.

▪ **어떤 사람을 좋아해요?**

09 저는 운동을 잘하는 사람을 좋아해요. 농구나 축구를 잘하는 사람이 멋있어 보여요. 그리고 잘 웃는 사람을 좋아해요. 잘 웃는 사람하고 같이 있으면 기분이 좋아지기 때문이에요.

▪ **하루에 보통 몇 시간 자요?**

10 저는 보통 일곱 시간 정도 잠을 자요. 일찍 자고 일찍 일어나는 편이에요. 밤 열한 시쯤 자고 아침 여섯 시에 일어나요. 일곱 시간 정도 자면 피곤하지 않아요.

▪ **요즘 무슨 음식을 자주 먹어요?**

11 요즘 라면을 자주 먹어요. 좀 매워도 맛있어요. 그리고 만들기도 쉬워서 자주 먹어요. 너무 바빠서 식당에 갈 시간이 없을 때는 집에서 라면을 먹는 게 제일 편해요.

▪ **보통 누구하고 같이 쇼핑해요?**

12 저는 친구하고 같이 쇼핑해요. 제 친구는 예쁜 옷을 잘 골라요. 그래서 저는 쇼핑하러 갈 때 항상 그 친구에게 연락해요.

▪ **운동할 때 보통 어떤 옷을 입어요?**

13 운동할 때 보통 편한 바지와 티셔츠를 입어요. 운동하면 더우니까 얇은 운동복을 입어요. 그리고 저는 까만색 옷이 잘 어울려서 까만색 운동복이 많아요.

▪ **보통 아침을 먹어요? 뭐 먹어요?**

14 평소에 아침은 간단하게 먹어요. 저는 잠이 많아서 일찍 일어나기가 힘들기 때문에 아침에 요리할 시간이 없어요. 그래서 빵하고 우유를 먹고 학교에 가요.

▪ **집에서 시내까지 얼마나 걸려요?**

15 집에서 시내까지 지하철로 사십분쯤 걸려요. 좀 오래 걸리지만 집 근처에 지하철역이 있어서 시내에 가기 편해요.

2-2. 경험 말하기 연습 *p.51*

01
▪ 최근에 무엇을 샀어요?
지난주에 운동화를 샀어요. 백화점에서 할인할 때 샀어요. 그래서 별로 비싸지 않았어요. 그 운동화는 너무 예쁘고 편해요. 그래서 요즘 운동할 때나 학교에 갈 때, 그리고 친구를 만날 때 항상 그 신발을 신어요.

02
▪ 최근에 어디가 아팠어요?
저는 한달 전에 감기에 걸려서 머리가 아팠어요. 그리고 열이 많이 나고 콧물이 났어요. 기침도 많이 했어요. 그래서 하루에 세 번 약을 먹은 후에 잠을 푹 잤어요.

03
▪ 어제 점심에 뭘 먹었어요?
어제 점심 때 김밥을 먹었어요. 김밥은 싸고 맛있어서 제가 자주 먹는 음식이에요. 그런데 김밥을 먹고 나서 배가 좀 아팠어요. 그래서 저녁에는 아무것도 못 먹었어요.

04
▪ 오늘은 몇 시에 일어났어요?
오늘 아침 일곱 시 반에 일어났어요. 평일에는 아침 아홉 시까지 학교에 가야 해요. 그래서 그때 일어나서 샤워하고 아침을 먹었어요. 학교에 갈 준비를 했어요.

05
▪ 혼자 여행해 봤어요?
네, 혼자 여행해 봤어요. 3년 전에 혼자 서울 여행을 했어요. 처음에 조금 걱정이 됐지만 여행 계획을 잘 세워서 일주일 동안 재미있게 여행했어요. 좋은 추억을 만들었어요.

06
▪ 지난 주말에 뭐 했어요?
그냥 집에서 쉬었어요. 친구랑 박물관에 가기로 했었는데, 피곤해서 약속을 취소했어요. 주말 동안 늦잠을 자고 오후에는 컴퓨터로 드라마를 봤어요.

07
▪ 식물을 키워 봤어요?
아니요, 식물을 안 키워 봤어요. 제 방이 낮에도 좀 어두워요. 그래서 걱정돼서 식물을 못 키웠어요. 그런데 한번 키워 보고 싶어요.

08
▪ 여름 방학에 어디에 갔어요?
여름 방학에 가족들하고 산에 갔어요. 날씨가 더웠는데 산에 가니까 시원했어요. 가족들하고 사진도 많이 찍고 즐겁게 보냈어요.

09
▪ 부모님 생신에 무엇을 했어요?
부모님 생신에 같이 식사를 했어요. 제가 좋은 식당을 예약했어요. 거기에서 케이크도 먹고 맛있는 음식을 먹었는데 부모님이 아주 좋아하셨어요.

10
▪ 다른 나라 음식을 먹어 봤어요?
네, 저는 한국 음식인 삼계탕을 먹어 봤어요. 집 근처 식당에서 삼계탕을 팔아서 거기에서 먹어 봤어요. 저는 매운 음식을 못 먹는데 삼계탕은 맵지 않고 정말 맛있었어요. 많이 먹었어요.

11
▪ 실수를 한 적이 있어요?
네, 있어요. 지난주에 친구한테서 펜을 빌렸어요. 그런데 잊어버리고 친구에게 펜을 돌려주지 않았어요. 며칠 뒤에 생각이 났는데 가방 속에 펜이 없었어요. 친구 펜을 실수로 잊어버려서 정말 미안했어요.

12
▪ 여행할 때 어떤 것이 힘들었어요?
저는 여행할 때 길을 찾는 게 제일 힘들었어요. 지도를 봐도 길을 잘 몰라서 자주 길을 잃어버렸어요. 작년 여름에 전주 여행을 할 때도 길을 못 찾아서 지나가는 사람에게 많이 물어봤어요. 그때는 날씨까지 더워서 걷기가 정말 힘들었어요.

13
▪ 생일에 무슨 선물을 받았어요?
생일에 모자를 받았어요. 제가 모자를 좋아해서 자주 쓰니까 친구가 모자를 선물해 줬어요. 하얀색 모자인데, 저한테 잘 어울려서 마음에 들었어요.

3-2. 계획과 희망 말하기 연습 *p.53*

01 ▪ **내년 생일에 뭐 하고 싶어요?**
내년 생일에 생일 파티를 하고 싶어요. 친구들하고 같이 집에서 맛있는 음식을 먹고 그다음에 노래방에 가고 싶어요. 노래도 부르고 춤도 추면서 놀고 싶어요.

02 ▪ **어느 나라를 여행하고 싶어요?**
저는 프랑스 여행을 하고 싶어요. 프랑스는 아름다운 나라예요. 거기에서 에펠탑을 보고 강에서 배도 타 보고 싶어요. 그리고 프랑스는 빵이 맛있기로 유명하니까 꼭 빵을 먹어 볼 거예요

03 ▪ **오늘 저녁에 뭐 먹으려고 해요?**
오늘 저녁에 불고기를 먹으려고 해요. 요즘 고기를 못 먹어서 고기가 먹고 싶어요. 불고기는 만들기가 어렵지 않으니까 재료를 사서 집에서 한번 만들어 보려고 해요.

04 ▪ **잘하고 싶은 것이 있어요?**
저는 한국어를 잘 못해서 한국어를 잘하고 싶어요. 한국 사람하고 한국어로 이야기를 많이 하고 싶어요. 그리고 저는 태권도를 잘하고 싶어요. 지금 배우고 있는데 잘 안 돼요.

05 ▪ **이번 주말에 뭐 할 거예요?**
이번 주말에 서점에 갈 거예요. 읽고 싶은 책이 있는데 서점에서 그 책을 직접 보고 사고 싶어요. 그리고 조용하고 시원한 커피숍에서 그 책을 읽을 거예요.

06 ▪ **졸업 후에 무엇을 할 계획이에요?**
졸업 후에 한국 회사에 취직할 계획이에요. 제가 한국말을 공부하고 있으니까 한국 회사에 취직하면 좋을 것 같아요. 그리고 제 고향에는 큰 한국 회사가 있어요. 거기에 취직하면 좋겠어요.

07 ▪ **어떤 회사에서 일하고 싶어요?**
저는 돈을 많이 주는 회사에서 일하고 싶어요. 빨리 부자가 돼서 부모님께 자동차를 사 드리고 싶기 때문이에요. 그리고 빨리 퇴근할 수 있으면 좋겠어요. 퇴근 후에 운동도 하고 외국어도 배우고 싶어요.

08 ▪ **보고 싶은 사람이 있어요?**
네, 보고 싶은 사람이 있어요. 그 사람은 중학교 때 여자친구예요. 웃는 얼굴이 너무 예쁘고 성격이 좋았어요. 제가 그 친구를 많이 좋아했는데 친구가 이사를 갔어요. 그 뒤로 못 만났어요. 꼭 한번 보고 싶어요.

09 ▪ **어떤 사람과 여행을 가고 싶어요?**
저는 저하고 비슷한 사람하고 여행을 가고 싶어요. 새로 생긴 맛집에 가는 걸 좋아해서 식당에 사람이 좀 많아도 기다릴 수 있는 사람이면 좋겠어요. 저는 여행할 때 새로운 음식 먹어보는 것을 제일 좋아하기 때문이에요.

10 ▪ **여러분 고향에 친구가 여행을 오면 어디를 추천할 거예요?**
친구가 제 고향에 오면 유명한 산을 추천할 거예요. 제 고향에는 큰 산이 있는데 아주 아름다워서 유명해요. 경치가 정말 좋아요. 친구도 그 산을 좋아할 것 같아요.

11 ▪ **어떤 직업을 가지고 싶어요?**
저는 선생님이 되고 싶어요. 어렸을 때부터 아이들을 좋아했어요. 그리고 가르치는 것도 좋아했어요. 지금도 학원에서 아이들을 가르치는 아르바이트를 하고 있어요.

12 ▪ **여름 휴가 때 뭐 할 거예요?**
친구하고 같이 '호캉스'를 하기로 했어요. 호캉스는 호텔에서 쉬면서 재미있게 보내는 거예요. 맛있는 호텔 음식도 먹고 호텔 수영장에서 수영도 할 거예요.

13 ▪ **요즘 사고 싶은 것이 있어요?**
요즘 새 휴대폰을 사고 싶어요. 지금 가지고 있는 휴대폰은 사용한 지 5년쯤 됐어요. 좀 오래돼서 자주 고장나요. 그래서 새 휴대폰으로 바꾸고 싶어요.

4-2. 소개하기 연습 *p.55*

01 ▪ **좋아하는 영화가 있어요?**
네, 있어요. 제가 좋아하는 영화는 '아바타'예요. SF 영화예요. 영화가 좀 길지만 너무 재미있어서 세 시간 동안 집중해서 볼 수 있어요. 저는 영화를 보면서 감동해서 눈물이 났어요.

02 ▪ **취미가 뭐예요?**
제 취미는 독서예요. 어렸을 때부터 책 보는 걸 좋아했어요. 그래서 친구를 기다릴 때도 휴대폰으로 책을 봐요. 저는 보통 소설을 많이 봐요.

03 ▪ **특별히 좋아하는 장소가 있어요?**
저는 특별히 좋아하는 장소가 있어요. 그 장소는 우리집 앞에 있는 커피숍이에요. 그 커피숍은 좀 작아요. 큰 커피숍은 사람이 많지만 이 커피숍은 작아서 손님이 많지 않아요. 그래서 조용하기 때문에 저는 이 커피숍을 좋아해요. 주말마다 여기에서 커피를 마시면서 책을 봐요.

04 ▪ **고향에서 유명한 음식이 뭐예요?**
우리 고향에서 유명한 음식은 만두예요. 만두 안에 고기하고 채소를 넣는데 아주 맛있어요. 그리고 만두가 커서 조금만 먹어도 배가 불러요. 관광객들이 제 고향에 오면 그 음식을 많이 먹어요.

05 ▪ **친구의 성격이 어때요?**
제 친구는 아주 친절해요. 공부할 때 제가 모르는 것이 있으면 친절하게 가르쳐 줘요. 그리고 친구는 성실해요. 한번도 지각하지 않았어요.

06 ▪ **기억에 남는 물건이 있어요?**
네, 있어요. 중학생 때 아버지께 받은 시계예요. 그때 저는 공부를 열심히 해서 시험 점수가 많이 좋아졌어요. 아버지가 시계를 선물해 주시면서 아주 기뻐하셨어요. 그래서 기억에 남아요.

07 ▪ **존경하는 사람이 있어요?**
네, 있어요. 저는 한국자동차 회사의 CEO를 존경해요. 그분은 처음 회사를 만든 분이에요. 힘든 일이 많았지만 포기하지 않고 도전했어요. 지금은 부자가 되었어요. 부자가 된 후에는 많은 사람을 도와줬어요.

08 ▪ **좋아하는 산이나 바다가 있어요?**
저는 고향에 있는 바다를 좋아해요. 그 바다는 물이 깨끗해서 수영하는 사람이 많이 있어요. 정말 아름다워요. 그리고 근처에 예쁜 커피숍도 많기 때문에 친구들하고 가기 좋아요.

09 ▪ **꿈이 뭐예요?**
제 꿈은 누구나 좋아할 수 있는 노래를 만드는 거예요. 제가 만든 노래를 사람들이 많이 들으면 좋겠어요. 그래서 요즘 음악 공부를 열심히 하고 있어요.

10 ▪ **요즘 읽고 있는 책이 뭐예요?**
요즘 읽고 있는 책은 만화책이에요. 한국 작가가 쓴 책인데 그림도 귀엽고 내용도 재미있어요. 이 이야기는 드라마도 있어요. 그런데 저는 만화책이 더 재미있어서 만화책을 보고 있어요.

11 ▪ **요즘 자주 신는 신발은 뭐예요?**
요즘 제가 자주 신는 신발은 까만색 운동화예요. 이 신발은 산 지 3년쯤 됐는데 너무 편해요. 그리고 까만색이라서 잘 더러워지지 않아요. 그래서 거의 매일 이 운동화를 신고 있어요.

12 ▪ **여러분의 직장이나 학교는 어떤 곳이에요?**
제가 다니는 회사는 한국 회사예요. 회사도 크고 월급도 많이 줘요. 그렇지만 일하는 시간이 길어요. 조금 힘들지만 같이 일하는 사람들이 저를 많이 도와줘서 괜찮아요.

13 ▪ **여러분이 사는 집 근처에 뭐가 있어요?**
우리집 근처에는 공원이 있어요. 거기에는 산책하거나 자전거를 타는 사람이 많아요. 그리고 집 앞에 편의점이 있어요. 편의점은 새벽에도 문을 열어서 이용하기가 편해요. 저는 물이나 과자를 사러 가요.

5-2. 기타 연습 *p.57*

01	▪ **걱정이 있을 때 어떻게 해요?** 저는 걱정이 있을 때 혼자 자전거를 타요. 공원에서 자전거를 타면 기분이 좀 좋아져요. 그리고 또, 친한 친구한테 걱정을 말해요. 그러면 걱정 때문에 답답한 마음이 좀 없어져요.
02	▪ **친구와 싸우면 어떻게 해요?** 친구와 싸우면 제가 먼저 친구한테 말을 해요. 기분이 좀 안 좋아도 친구하고 잘 지내고 싶기 때문이에요. 그러면 친구도 제 마음을 알고 웃어요.
03	▪ **요리를 못하는데 어떻게 해요?** 요리를 못하면 배워야 해요. 요즘은 인터넷에 쉽게 요리하는 방법이 많이 나와요. 그걸 보면서 따라 해야 해요. 요리도 연습이 필요해요.
04	▪ **친구가 없는데 어떻게 해요?** 친구를 사귀고 싶으면 먼저 인사를 하는 게 좋아요. 관심이 있어도 먼저 말하기 어려워하는 사람이 많기 때문이에요. 먼저 인사를 하면 그 친구도 반가워할 거예요. 그리고 그 친구도 좋아하고 나도 좋아하는 일을 찾아서 같이 하면 친해질 수 있어요.
05	▪ **요즘 뭐 배워요? 왜 배우게 됐어요?** 저는 요즘 한국 전통 춤을 배워요. 친구가 춤을 배우는데 재미있어 보였어요. 그리고 춤을 잘 추는 사람이 멋있어 보였어요. 그래서 저는 친구하고 같이 춤을 배우러 다니게 됐어요.
06	▪ **여행을 좋아해요? 왜 좋아해요?** 저는 여행을 좋아해요. 왜냐하면 새로운 사람을 만나고 새로운 음식을 먹을 수 있기 때문이에요. 새로운 것을 하면 새로운 생각을 할 수 있어요. 그래서 저는 여행을 정말 좋아해요.
07	▪ **버스를 자주 이용해요? 아니면 지하철을 자주 이용해요?** 저는 지하철을 더 자주 이용해요. 집에서 지하철역이 가깝기 때문에 지하철을 타기가 편해요. 그리고 길이 막힐 때나 눈이 올 때는 버스보다 지하철을 타는 게 더 빨라요.
08	▪ **공부할 때 도서관과 커피숍 중 어디가 더 좋아요?** 저는 커피숍에서 공부하는 게 더 좋아요. 커피숍에는 음악도 있고 커피도 마실 수 있어서 좋아요. 그리고 예쁜 커피숍에 가면 공부도 더 잘되는 것 같아요. 도서관은 너무 조용해서 답답할 때가 있어요.
09	▪ **집밥과 배달 음식 중 어느 것을 더 자주 먹어요?** 저는 집밥을 더 좋아해요. 배달 음식은 맛있지만 자주 먹으면 먹기 싫어져요. 그리고 건강에도 별로 안 좋을 것 같아요. 배달 음식은 가끔 먹고 집밥을 자주 먹는 게 좋아요. 집밥은 내 입에 잘 맞고 건강에 좋으니까요.
10	▪ **강아지를 키워 보고 싶어요? 고양이를 키워 보고 싶어요?** 저는 강아지를 키우고 싶어요. 어렸을 때 강아지를 키워 본 적이 있는데 너무 귀여웠어요. 강아지는 사람을 좋아해요. 사람하고 항상 같이 있고 싶어 해요. 고양이도 귀엽지만 밤에 고양이를 보면 좀 무서워요. 그래서 전 고양이보다 강아지를 키워 보고 싶어요.
11	▪ **언제 기분이 좋아요?** 저는 계획을 세울 때 기분이 좋은 것 같아요. 자기 전에 항상 계획을 세우는 편인데요. 다음 날 뭘 할지, 주말에 뭘 할지 생각할 때 즐거워져요. 계획한 일을 다 못할 때도 있지만, 계획을 세울 때는 다 할 수 있을 것 같은 기분이 들어요. 기대도 되고, 정말 좋아요.
12	▪ **오늘 기분이 어때요?** 기분이 좋아요. 어제는 늦잠 때문에 학교에 지각을 했는데 오늘은 일찍 일어나서 예습을 했어요. 그러니까 수업 시간에 선생님 설명을 더 쉽게 이해할 수 있었어요. 그리고 보통 때는 점심 먹고 낮잠을 자는데, 오늘은 낮잠을 자는 대신에 산책을 했어요. 기분이 정말 좋아요.
13	▪ **한국어 공부가 어때요?** 한국어 공부가 좀 어렵지만 재미있어요. 처음에는 잘 못했는데 지금은 많이 좋아졌어요. 연습을 더 열심히 해서 한국 사람하고 이야기를 많이 해 보고 싶어요.

다. 예상 문제 *p.58~59*

01

▪ **쇼핑을 자주 해요? 어디에서 해요? 쇼핑에 대해 이야기하세요.**

저는 쇼핑을 좋아해서 자주 해요. 주말에 보통 쇼핑하러 명동에 가요. 명동에는 옷 가게, 신발 가게, 화장품 가게가 많이 있어요. 예쁜 물건도 많아요. 백화점도 거기에 있어서 쇼핑하기 진짜 편해요.

30

02

▪ **무슨 음식을 좋아해요? 좋아하는 음식에 대해 이야기하세요.**

30

저는 한국 음식을 좋아해요. 한국 음식 중에서 불고기를 제일 좋아해요. 저는 고기를 좋아하고 매운 음식을 못 먹어요. 불고기는 맵지 않고 달아서 좋아요. 너무 맛있어요.

03

▪ **어렸을 때 무엇을 배웠어요? 이야기하세요.**

저는 어렸을 때 피아노를 배웠어요. 어머니가 피아노 선생님이라서 저는 어릴 때부터 피아노를 배웠어요. 그리고 고등학생 때까지 피아노를 연습했어요. 좀 힘들었지만 재미있었어요. 지금도 가끔 피아노를 쳐요.

30

04

▪ **지금 어떤 집에 살고 있어요? 살고 있는 집에 대해 이야기하세요.**

30

저는 지금 한국에서 원룸에 살고 있어요. 혼자 살아요. 이 집은 작아서 좀 불편하지만 학교 근처에 있어서 편해요. 지하철역도 가까워요. 방 안에는 침대, 냉장고, 세탁기, 책상, 의자가 있어요. 필요한 물건이 다 있어요.

05

▪ **보통 언제, 어떤 음악을 들어요? 이야기하세요.**

저는 보통 운동할 때 음악을 많이 들어요. 좋은 노래를 들으면서 운동을 하면 기분이 좋아요. 운동도 별로 힘들지 않아요. 요즘은 운동할 때 한국 가수 노래를 많이 들어요. 노래를 들으면서 한국어 공부도 할 수 있기 때문이에요.

30

06

▪ **최근에 물건을 바꾼 적이 있어요? 물건을 교환한 경험에 대해 이야기하세요.**

30

저는 지난달에 바지를 바꾼 적이 있어요. 인터넷으로 바지를 샀는데 입어 보니까 바지가 좀 작았어요. 작으니까 입기 불편했어요. 그래서 바지를 큰 사이즈로 교환한 적이 있어요.

07

▪ **성격이 어때요? 여러분의 성격에 대해 이야기하세요.**

제 성격은 좀 활발해요. 혼자 있는 것보다 친구 만나는 걸 좋아해요. 처음 만난 사람하고 이야기도 잘해요. 빨리 친해질 수 있어요. 이건 제 성격의 좋은 점이에요. 그런데 저는 말이 좀 많아요. 제 이야기는 많이 하는데 친구 말은 잘 안 들어요. 이건 나쁜 점이에요.

30

08

▪ **요즘 건강을 위해서 무엇을 하고 있어요? 이야기해 보세요.**

30

저는 건강을 위해서 운동하고 있어요. 아침에 일어나면 요가를 해요. 30분쯤 해요. 그리고 날마다 계란이나 사과를 먹어요. 과자나 콜라는 건강에 안 좋으니까 거의 안 먹어요.

09

▪ **잊지 못할 사람이 있어요? 그 사람에 대해 이야기해 보세요.**

저는 한국어 선생님을 잊지 못할 것 같아요. 한국에 온 후에 갑자기 배가 아픈 적이 있었어요. 그래서 병원에 갔는데 한국말을 잘 몰라서 의사 선생님 말을 이해할 수 없었어요. 그때 선생님이 의사 선생님하고 통화를 해 주셨어요. 정말 감사했어요.

30

10

▪ **새해에 무엇을 할 거예요? 새해 계획에 대해 이야기하세요.**

30

새해에는 책을 많이 읽을 계획이에요. 읽고 싶은 책이 많은데 너무 바빠서 책을 거의 못 읽었어요. 일주일에 한 권씩 읽으려고 해요. 그리고 게임을 끊을 거에요. 게임을 하면 책 읽을 시간이 없으니까요.

11 ▪ **고향이 어디에요? 날씨가 어때요? 고향 날씨에 대해 이야기하세요.**

제 고향은 베트남 하노이예요. 하노이는 한국보다 조금 더워요. 오월부터 팔월까지는 여름인데 그때 제일 더워요. 가끔 갑자기 비가 오니까 우산이 필요해요. 겨울은 십이월부터 이월까지예요. 조금 춥고 눈은 거의 안 내려요.

12 ▪ **지금 어떤 옷을 입고 있어요? 입고 있는 옷에 대해 이야기하세요.**

저는 지금 청바지를 입고 있어요. 요즘 바지를 조금 크게 입는 게 유행이라서 저도 큰 바지를 입었어요. 그리고 하얀 티셔츠를 입고 있어요. 티셔츠는 조금 짧지만 바지와 잘 어울려요.

13 ▪ **요즘 걱정이 있어요? 무슨 걱정이 있어요? 걱정에 대해 이야기하세요.**

요즘 저는 걱정이 있어요. 올해 대학교에 입학하고 싶은데 토픽 점수가 안 좋아요. 토픽 4급이 필요해요. 그래서 토픽 생각을 하면 걱정이 돼서 잠을 잘 못 자요. 한국어를 열심히 공부하지만 시험이 너무 어려워서 정말 걱정이에요.

14 ▪ **최근에 본 영화가 뭐예요? 그 영화에 대해 이야기하세요.**

최근에 한국 영화를 봤어요. 한국말 제목은 잘 모르겠는데 영어로 '패러사이트(parasite)'예요. 그 영화는 진짜 유명해요. 저는 그 영화를 어제 집에서 봤어요. 혼자 봤는데 생각보다 좀 무섭고 슬펐어요. 그렇지만 재미있었어요. 나중에 한 번 더 볼 거예요.

15 ▪ **미래에 어떤 일을 하고 싶어요? 하고 싶은 일에 대해 이야기하세요.**

저는 영화를 만들고 싶어요. 영화감독이 될 거예요. 어렸을 때부터 영화를 너무 좋아했어요. 그래서 지금 대학교에서 영화 공부도 하고 있어요. 영화 동아리 활동도 하고 있고요. 거기에서 짧은 영화도 찍어 봤는데 힘들지만 재미있었어요. 졸업 후에 이 일을 꼭 하고 싶어요.

16 ▪ **국내 여행을 갈 때 꼭 가지고 가는 물건이 뭐예요? 두 가지 이상 이야기하세요.**

국내 여행을 갈 때 꼭 가지고 가는 물건은 옷하고 운동화예요. 긴 바지, 짧은 바지, 원피스, 치마 이런 것을 다 준비해요. 여행지에서 사진을 많이 찍기 때문에 예쁜 옷을 많이 준비해야 해요. 그리고 많이 걸어야 하니까 운동화가 필요해요.

17 ▪ **한국어 공부할 때 말하기와 쓰기 중에서 뭐가 더 어려워요? 이야기하세요.**

말하기와 쓰기 모두 어려워요. 그런데 제일 어려운 건 말하기예요. 한국 사람하고 말할 때 좀 긴장돼요. 그래서 쉬운 단어만 사용하고 길게 말하지 않아요. 한국어 발음도 어려워요. 요즘은 연습을 많이 해서 좀 좋아졌지만 아직 연습이 더 필요해요.

18 ▪ **무엇을 잘해요? 잘하는 것에 대해 이야기하세요.**

저는 사진을 잘 찍어요. 예전에 사진을 잘 찍는 방법을 배웠어요. 그래서 어떻게 하면 멋있게 찍을 수 있는지 잘 알아요. 제 친구들은 제가 사진을 찍어 주면 너무 좋아해요. 저는 사진 블로그도 하고 있는데 사람들이 많이 구경하러 와요.

19 ▪ **어떤 습관이 있어요? 습관에 대해 이야기하세요.**

저는 좋은 습관이 있어요. 어렸을 때부터 항상 아침에 일찍 일어났어요. 하루를 일찍 시작하면 아침에 하고 싶은 일을 할 수 있어요. 운동도 하고 책도 읽어요. 그렇지만 성격이 급해서 물건을 자주 잊어버려요. 이건 나쁜 습관이에요.

초급

말하기 유형 2

그림 보고 역할 수행하기

PART 2

가 문제 정보 확인

일상생활에서 자주 만나게 되는 상황을 그림으로 보여줍니다. 그 그림을 보고 질문에 맞는 대답을 하면 됩니다. 질문은 공공시설, 회사, 학교, 백화점 등의 장소에서 다양하게 나올 수 있습니다.

1. 개요

수준	문제 유형	준비시간	답변 시간	평가 기준
초급	그림 보고 역할 수행하기	30초	40초	내용, 언어, 발음

2. 진행 과정

1

연습 > 1 > 2 > 3 > 4 > 5 > 6 음량조절

2번. 그림을 보고 질문에 대답하십시오.
30초 동안 준비하십시오. '삐' 소리가 끝나면 40초 동안 말하십시오.

문제에 대한 안내가 나옵니다.

2

연습 > 1 > 2 > 3 > 4 > 5 > 6 음량조절

2번. 그림을 보고 질문에 대답하십시오.
30초 동안 준비하십시오. '삐' 소리가 끝나면 40초 동안 말하십시오.

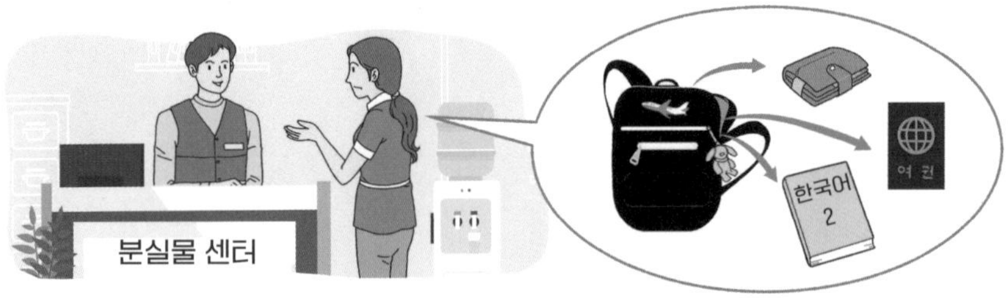

그림이 보입니다.

문제: 잃어버린 물건을 찾으려고 분실물센터에 왔습니다. 버스에 두고 내린 물건에 대해 이야기하세요.
직원: (남자) 어떤 물건을 잃어버리셨어요?

문제 내용은 안 보이고 소리만 들립니다.

문제를 들으면서 중요한 것을 메모합니다.

3	화면 보면서 준비하기 / 메모하기	30초	답변 내용을 메모합니다.
4	말하기	40초	메모한 내용을 보면서 말합니다.

3. 평가 항목 및 주의 사항

항목	주의 사항
내용	☐ 어디에서 누구와, 왜 대화하는지 생각하면서 말해야 한다.
	☐ 문제에서 어떤 말을 요구하는지 잘 듣고 거기에 맞는 답변을 해야 한다.
	☐ 말하는 사람의 말풍선 안에 있는 그림을 잘 보고 그 내용을 중심으로 답변해야 한다.
언어	☐ '-아/어요', 'ㅂ/습니다' 중 하나를 선택해서 말하는 것이 좋지만 1개 정도는 섞어서 말해도 된다.
	☐ 상황(문의, 조언, 설명 등)에 맞는 표현을 사용해야 한다.
	☐ 1급 수준의 단순한 표현을 반복해서 사용하는 것은 좋지 않다.
발음 속도	☐ 내용을 알아들을 수 있어야 한다. 정확하게 발음하는 것이 좋다.
	☐ 말이 자연스럽게 이어져야 한다. 말이 자주 끊기면 안 된다.
	☐ 필요없는 말(음... 그러니까... 등)을 오래 하면 안 된다.

4. 점수 잘 받는 방법

먼저 문제를 잘 듣고 메모해야 합니다.

- 점수를 잘 받기 위해서는 문제를 잘 듣는 것이 200% 중요합니다.
- 문제가 나올 때 집중해야 합니다. 그리고 중요한 것을 꼭 메모해야 합니다.

문제 다음에 그림이 나오고, 그림 속 사람의 말이 나옵니다. 그 사람의 말을 잘 듣고 그림을 보면서 답변을 준비해야 합니다.

- 문제 다음에 그림과 함께 남자(여자)의 말이 나오면 잘 들어야 합니다.
- 어떤 장소에서 무엇에 대해, 어떤 방식(문의, 조언 등)으로 말해야 하는지를 잘 알고 답변해야 합니다.
- 30초 준비 시간 동안 말풍선의 그림을 보면서 답변 내용을 간단하게 메모해야 합니다.

말풍선 안에 있는 그림을 보고 말해야 합니다.

- 말해야 하는 사람 머리 위에 말풍선이 있습니다. 그 안의 그림을 잘 보세요.
- 말풍선 안에 있는 그림 또는 글자가 의미하는 것을 모두 말해야 합니다. 이것이 정말 중요합니다.
- 답변 내용 메모를 보면서 40초 안에 다 말하세요. 남은 시간을 보고 속도를 조절하세요.
- 그림이 2-3개 있을 때는 모두 말해야 하니까 1개를 너무 오래 말하지 마세요.

자주 쓰는 표현을 반드시 외워야 합니다.

- 알고 있는 표현이라도 자동으로 말이 나올 때까지 많이 연습해야 합니다.
- 특히, 이 책에서 제시하는 표현은 꼭 외워야 합니다.
- 혼자 연습해도 좋고 친구와 같이 해도 좋습니다. 연습이 중요합니다.

나 / 기능별 연습

1. 문의하기 _ 어떤 장소에 가거나 전화를 해서 궁금한 것을 물어보는 문제입니다.

1-1. 문제 확인

■ 예시

2번. 그림을 보고 질문에 대답하십시오. 30초 동안 준비하십시오. '삐' 소리가 끝나면 40초 동안 말하십시오.

문제: 한국어를 배우고 싶어서 왔습니다. 한국어 수업에 대해 문의하는 말을 해 보세요.
직원: (남자) 안녕하세요? 한국어를 배우러 오셨어요?

■ 메모 〈30초〉

문제 메모
- 한국어 배우고 싶다
- 수업
- 문의

답변 메모
- TOPIK 2급 있다
- 수업 시간 - 일주일에 며칠? 하루에 몇 시간?
- 교재는?
- 문화체험 수업은?

■ 답변 〈40초〉

안녕하세요? 문의 좀 드리겠습니다. 저는 외국 학생인데요. 토픽 2급이 있습니다. 계속 한국어를 배우고 싶어서 왔습니다. 여기 한국어학당에서는 일주일에 며칠 수업을 하고 하루에 몇 시간 수업을 하는지 궁금합니다. 그리고 교재는 어떤 것을 사용합니까? 또 저는 문화체험 수업에 관심이 많은데 어떤 문화 체험을 할 수 있을까요?

내용 · 과제- '토픽 2급, 수업 시간, 교재, 문화 체험 수업'에 대한 내용이 모두 있다.

언어 · '-아/어서 왔습니다 / 일주일에 며칠 ~ / 하루에 몇 시간 ~ 어떤 교재로 ~ / 할 수 있을까요?'와 같은 표현들을 잘 사용해서 말했다.

발음 **발음 주의!** · 왔습니다 [와씀니다] · 몇 시간 [멷씨간] · 많은데 [마는데] · 할 수 있을까요? [할쑤이쓸까요?]

1-2. 연습하기

■ 표현 정리

시작 말	V-(으)려고 하는데 문의 좀 드려도[해도] 될까요? / 문의 좀 드릴게요[드리겠습니다] / 여쭤 볼 게 있어요
중심 말	N을/를 좀 -(으)려고 해요 / N을/를 -고 싶어서 왔어요 / V-(으)ㄹ 수 있을까요? V-아/어도 될까요[괜찮을까요]? A/V-(으)ㄴ/는데 -아/어요? N은/는 어떻게 돼요? A/V-(으)ㄴ지/는지/N인지 알고 싶어요[궁금해요] / N은/는 어떻게 해야 해요?

■ 말하기 연습

※ 그림을 보면서 문의하는 말을 해 보세요. 시간 확인 꼭! 잘 안 되면 답지를 보면서 계속 연습!

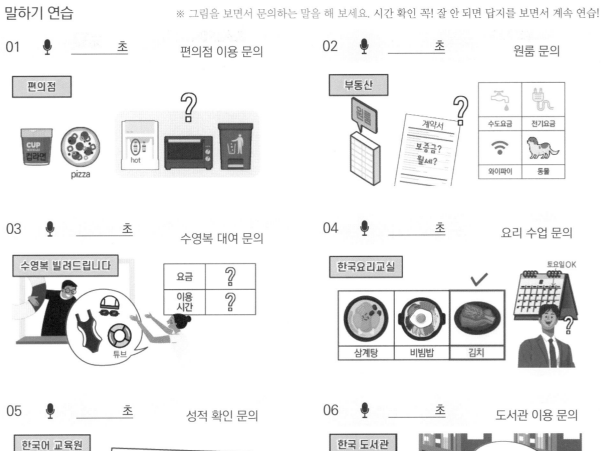

01 🎤 ________초 편의점 이용 문의

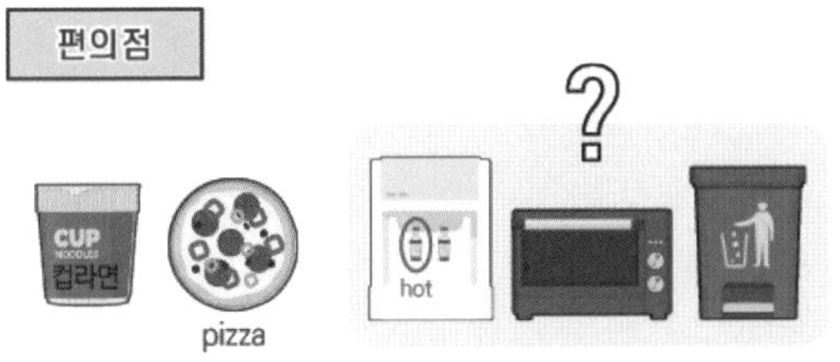

02 🎤 ________초 원룸 문의

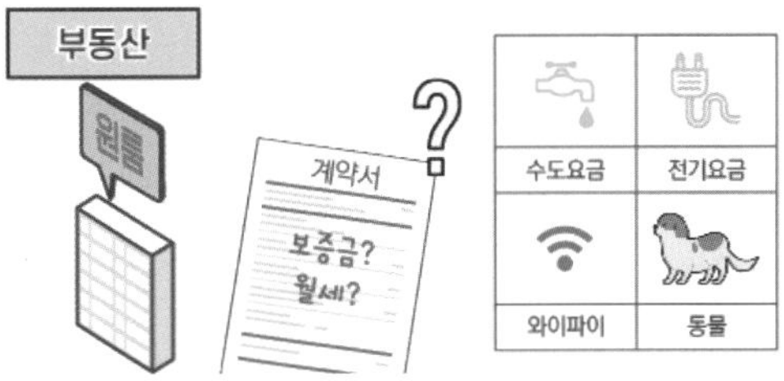

03 🎤 ________초 수영복 대여 문의

04 🎤 ________초 요리 수업 문의

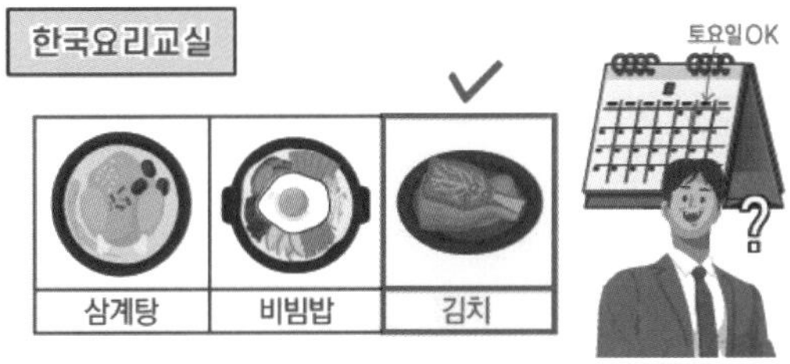

05 🎤 ________초 성적 확인 문의

06 🎤 ________초 도서관 이용 문의

더 연습하기

혼자 또는 친구와 같이!

- 자주 가는 장소(식당, 카페, 놀이공원, PC방 등)를 생각해 보고 궁금한 점을 문의해 보세요.
- 여행사에서 여행 일정에 대해 문의해 보세요.
- 헬스장에서 궁금한 점을 문의해 보세요.

2. 묘사하기 _ 외모, 물건, 장소 등에 대해 자세히 설명하는 문제입니다.

2-1. 문제 확인

■ 예시

2번. 그림을 보고 질문에 대답하십시오. 30초 동안 준비하십시오. '삐' 소리가 끝나면 40초 동안 말하십시오.

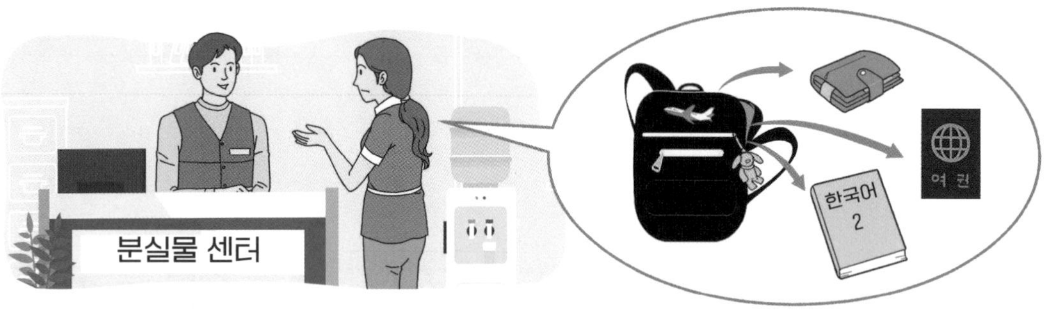

문제: 잃어버린 물건을 찾으려고 분실물센터에 왔습니다. 버스에 두고 내린 물건에 대해 이야기하세요.
직원: (남자) 어떤 물건을 잃어버리셨어요?

■ 메모 〈30초〉

▼ 문제 메모
- 분실물 센터
- 버스 두고 내리다
- 잃어버린 물건 뭐?

▼ 답변 메모
- 검은색 가방, 비행기 그림
- 인형 달려 있다.
- 가방 안에 뭐?
- 지갑, 책, 여권 들어 있다

■ 답변 〈40초〉

안녕하세요? 어제 버스에 가방을 두고 내렸습니다. 혹시 찾을 수 있을까요? 가방은 검은색이고 비행기 그림이 있습니다. 가방에 인형이 달려 있습니다. 가방 안에는 지갑하고 책이 한 권 있습니다. 그리고 여권도 들어 있습니다. 찾을 수 있는지 알아 봐 주시면 감사하겠습니다.

내용 · 과제 2개 -가방을 잃어버린 장소와 찾고 있는 가방에 대해 자세하게 설명했다.

언어 · '두고 내리다 / 가방에 인형이 달려 있다 / 들어 있다 / 찾을 수 있는지 알아 봐 주시면 감사하겠다' 와 같은 표현들을 잘 사용했다.

발음 **발음 주의!** · 혹시 [혹씨] · 지갑하고 [지가파고] · 여권 [여꿘] · 찾을 수 있는지 [차즐 쑤 인는지]

2-2. 연습하기

■ 표현 정리

1. 외모	키가 크다[작다] / 머리가 길다[짧다] / 눈이 크다 / 안경을 쓰고[끼고] 있다
2. 옷차림	티셔츠, (청)바지, 치마, 블라우스, 셔츠, 원피스, 코트, 양복을 입고 있다 N에 N을 입고 있다 / 구두[운동화]를 신고 있다 / 가방을 메고 있다 / 가방을 들고 있다 / 모자를 쓰고 있다
3. 물건	검은색[파란색, 빨간색, 노란색]이다 / N에 N이 달려 있다 / 그림이 있다 / 안에 N이 들어 있다
4. 장소	N 옆[뒤, 앞, 위, 아래]에 N이 있다 / N에 N이 걸려 있다 / N이 N에 놓여 있다
5. 상황	V-는 사람이 있다 / V-고 있다

■ 말하기 연습

※ 그림을 보면서 묘사하는 말을 해 보세요. 시간 확인 꼭! 잘 안 되면 답지를 보면서 계속 연습!

01 ______초 외모 + 옷

02 ______초 외모 + 옷

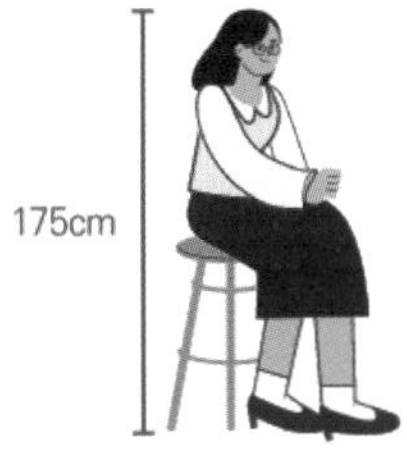

03 ______초 잃어버린 물건

04 ______초 잃어버린 물건

05 ______초 장소 + 상황

06 ______초 장소

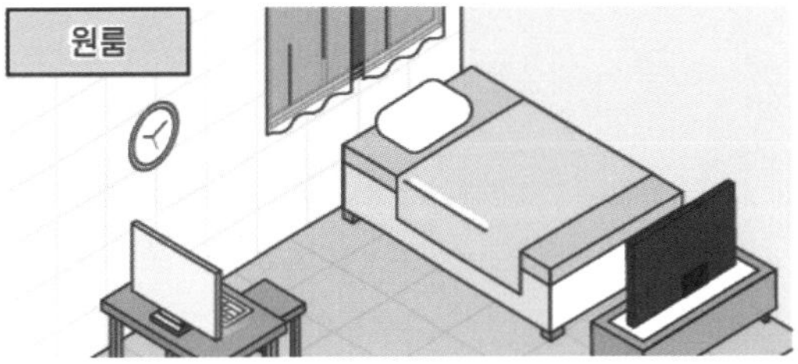

더 연습하기

혼자 또는 친구와 같이!

- 여러분은 부모님, 형제들과 어디가 닮았는지 성격은 어떤지 자세히 말해 보세요.
- 교실(쉬는 시간), 공항, 기차역, 버스터미널 등에 있는 사람들의 모습을 상상해서 말해 보세요.
- 선물 받은 물건이나 중고로 팔고 싶은 물건에 대해 말해 보세요.

3. 조언하기 _ 다른 사람의 고민을 듣고 자기의 생각을 말하는 문제입니다.

3-1. 문제 확인

■ 예시

2번. 그림을 보고 질문에 대답하십시오. 30초 동안 준비하십시오. '삐' 소리가 끝나면 40초 동안 말하십시오.

문제: 기숙사 방에서 두 사람이 이야기하고 있습니다. 새 룸메이트에게 조언하는 말을 해 보세요.
새 룸메이트: (여자) 저는 기숙사 생활이 처음인데요, 어떻게 하면 기숙사 생활을 잘할 수 있을까요?

■ 메모 〈30초〉

▼ 문제 메모
- 기숙사 방
- 새 룸메이트 → 조언
- 기숙사 처음
- 어떻게 생활 잘해?

▼ 답변 메모
★ 기숙사 규칙 3가지 중요!!
- 청소 깨끗하게
- 친구들하고 파티하다 X - 시끄럽다
- 방에서 요리하다 X

■ 답변 〈40초〉

그렇게 어렵지 않아요. 기숙사 생활 규칙을 잘 지키면 돼요. 규칙이 많지만 그 중에서 세 가지가 가장 중요해요. 우선 방을 깨끗하게 청소해야 해요. 그리고 친구들과 같이 파티를 하면 안 돼요. 너무 시끄러우면 사람들이 싫어해요. 또, 기숙사 방 안에서 요리를 하면 안 돼요. 이것만 잘 지키면 기숙사 생활을 잘 할 수 있을 것 같아요.

내용	• 과제 - '청소를 해야 한다, 파티를 하면 안 된다, 요리하면 안 된다'를 모두 말했다.
언어	• '-(으)면 돼요 / -(으)면 안 돼요 / -아/어야 해요 / -(으)ㄹ 것 같아요' 와 같은 표현들을 적절하게 사용했다.
발음	**발음 주의!** • 많지만[만치만] • 깨끗하게[깨끄타게] • 같이[가치] • 싫어해요[시러해요]

3-2. 연습하기

■ 표현 정리

시작 말	A/V-(는)군요 / A/V-아요? / -았어요? / 그래요? / 몇 가지만 주의하면 될 것 같아요.
중심 말	V-(으)면 돼요 / V-(으)면 안 돼요 / V-아/어야 돼요[해요] / -지 마세요 V-는 게 어때요? / V-는 게 좋을 것 같아요 / V-지 않는 게 좋아요. V-는 게 중요한 것 같아요 / V-는 것도 도움이 되지 않을까요?

■ 말하기 연습

※ 그림을 보면서 조언하는 말을 해 보세요. 시간 확인 꼭! 잘 안 되면 답지를 보면서 계속 연습!

01 🎙 ________초 한국어 공부 조언

02 🎙 ________초 스트레스 조언

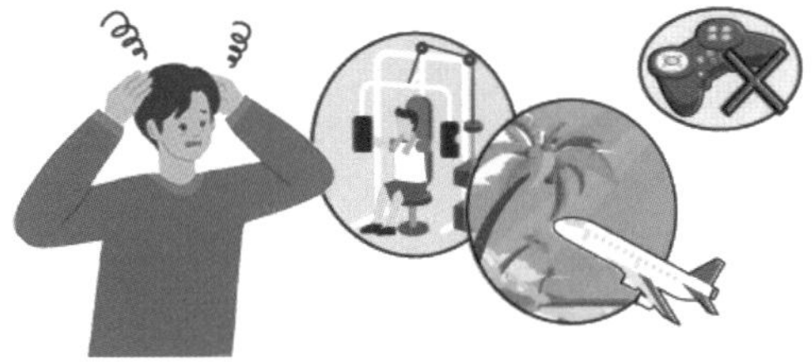

03 🎙 ________초 감기 조언

04 🎙 ________초 공연장 예절 조언

05 🎙 ________초 반려견 조언

06 🎙 ________초 등산 조언

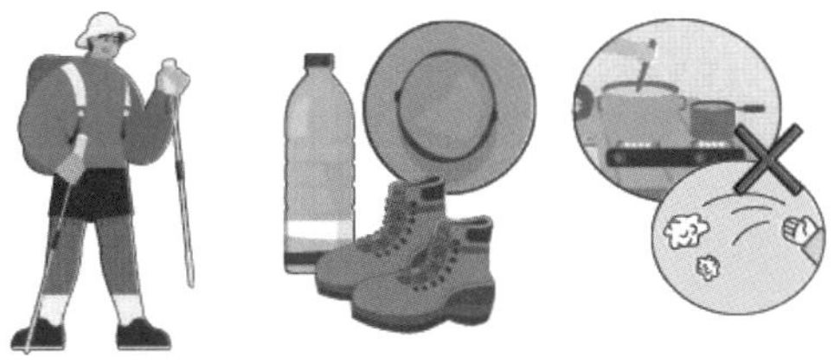

더 연습하기

혼자 또는 친구와 같이!

- ■ 나쁜 습관을 고치려면 어떻게 해야 하는지 조언해 보세요.
- ■ 잠을 잘 못 자거나 건강에 문제가 있는 사람에게 조언해 보세요.
- ■ 부모님과 함께 여행을 잘하는 방법에 대해 조언해 보세요.

4. 길 안내하기 __ 내릴 곳을 말하거나 길을 안내하는 문제입니다.

4-1. 문제 확인

■ 예시

2번. 그림을 보고 질문에 대답하십시오. 30초 동안 준비하십시오. '삐' 소리가 끝나면 40초 동안 말하십시오.

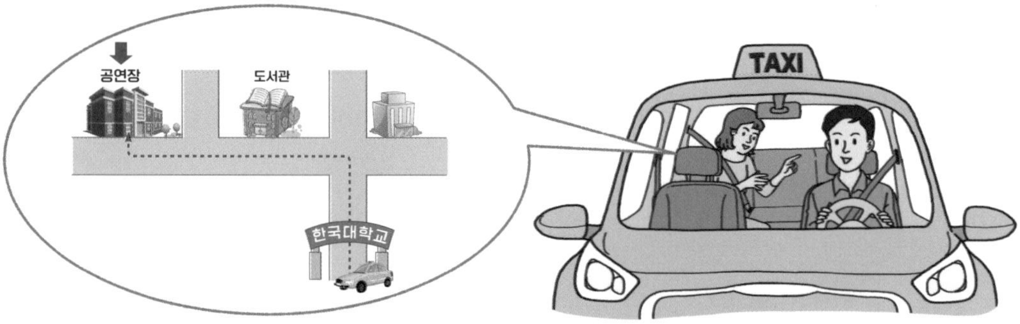

문제: 택시 안에 있습니다. 택시 기사에게 내려야 하는 곳을 이야기하세요.
택시기사: (남자) 손님, 여기가 한국 대학교 앞인데요. 여기서 내려 드릴까요?

■ 메모 〈30초〉

▼ 문제 메모

- 택시 안
- 택시 기사님
- 한국 대학교 앞
- 여기서 내리다 ?

▼ 답변 메모

- 공연장 까지 가 주세요
- 사거리 나오다 / 왼쪽으로 가다
- 가다 보면 / 나오다 / 지나다 / 보이다
- 그 앞에서 내려 주세요

■ 답변 〈40초〉

아니요, 기사님. 학교 안에 있는 공연장까지 가 주세요. 여기 정문 맞죠? 정문에서 쭉 가면 사거리가 나와요. 거기에서 왼쪽으로 가시면 돼요. 가다 보면 도서관이 나와요. 도서관을 지나서 조금 더 가면 오른쪽에 큰 건물이 보여요. 그 건물이 공연장이에요. 그 앞에서 내려 주세요.

내용 · '여기서 내려 드릴까요?'에 대한 대답(아니요)이 있다. 택시가 가야 할 길을 잘 설명했다.

언어 · '-아/어 주세요' / '-(으)면 돼요' / '-(으)면 N이/가 나와요[보여요]' 와 같은 표현들을 적절하게 사용했다.

발음 **발음 주의!** · 왼쪽으로 [왼쪼그로] · 오른쪽에 [오른쪼게] · 그 앞에서 [그 아페서]

4-2 연습하기

■ 표현 정리

시작 말	N까지 가 주세요 / 우선 N에서 N을 타세요 / 아~ N을 찾으시는군요 / N 말씀이시죠?
중심 말	V-(으)면 N이 나와요 / N(으)로 가다 보면 ~ / -(으)면 왼쪽[오른쪽]에 N이 있어요 / N을 지나서 N에서 내려 주세요 / ■번 출구로 나오세요 / N에서 앞[왼쪽, 오른쪽]으로 쭉 가세요 횡단보도를 건너세요 / N이 보여요 / 거기가 바로 N이에요[예요]

■ 말하기 연습

※ 그림을 보면서 길 안내하는 말을 해 보세요. 시간 확인 꼭! 잘 안 되면 답지를 보면서 계속 연습!

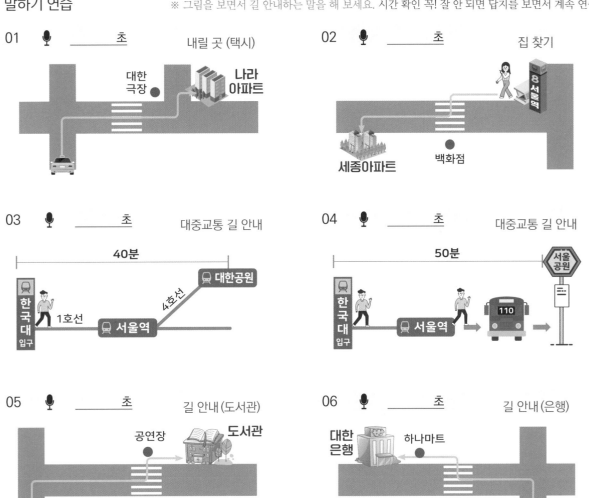

01 🎙 ______초 내릴 곳 (택시)

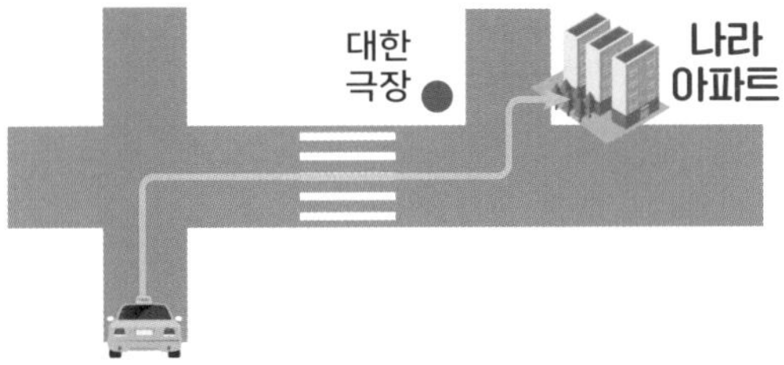

02 🎙 ______초 집 찾기

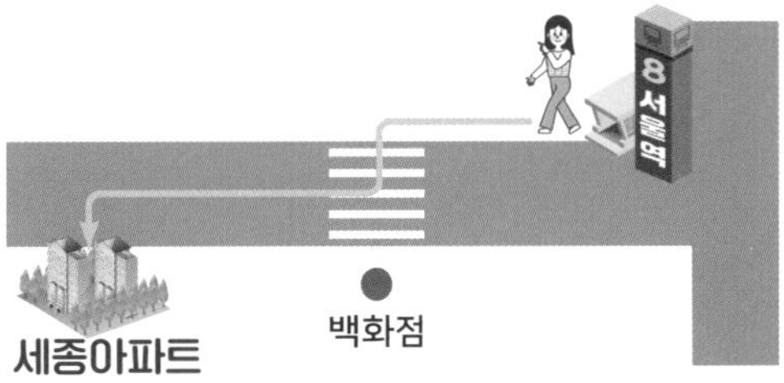

03 🎙 ______초 대중교통 길 안내

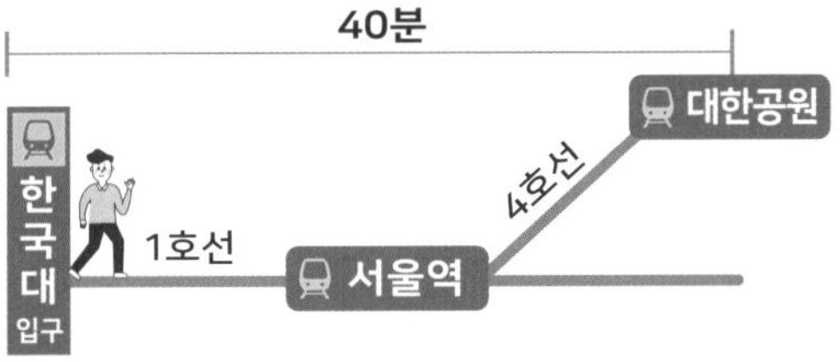

04 🎙 ______초 대중교통 길 안내

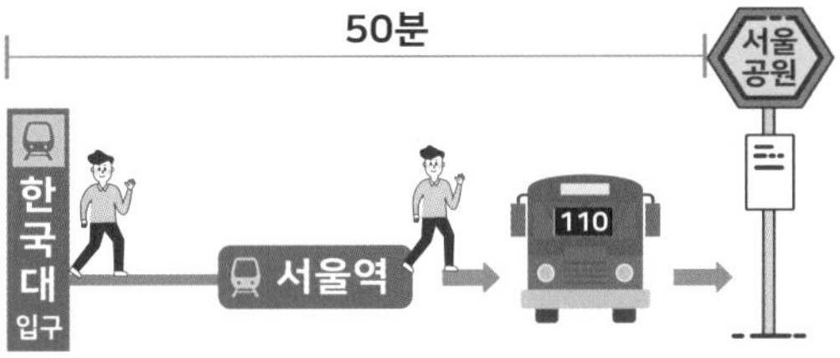

05 🎙 ______초 길 안내(도서관)

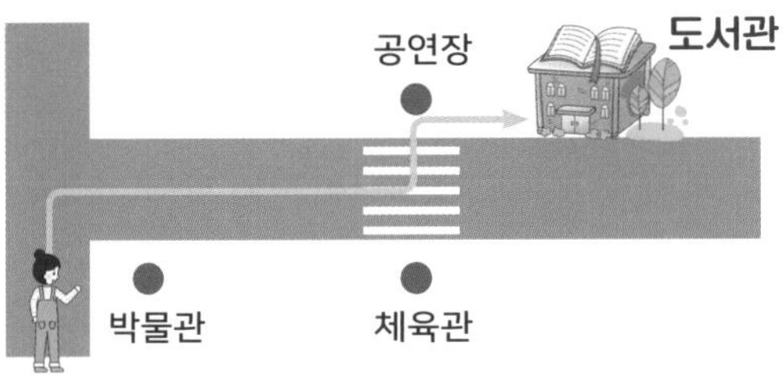

06 🎙 ______초 길 안내(은행)

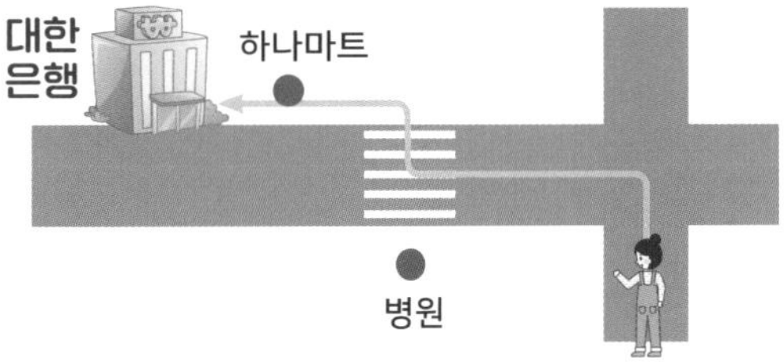

더 연습하기

혼자 또는 친구와 같이!

- ■ 지금 살고 있는 집에 어떻게 가는지 설명해 보세요.
- ■ 주변의 건물(도서관, 박물관, 은행, 식당 등)을 찾고 있는 사람에게 길을 안내해 보세요.
- ■ 지하철과 버스를 이용해서 목적지까지 가는 방법을 설명해 보세요.

5. 요청, 부탁하기 _ 어떤 것을 요청하거나 부탁하는 문제입니다.

5-1. 문제 확인

■ 예시

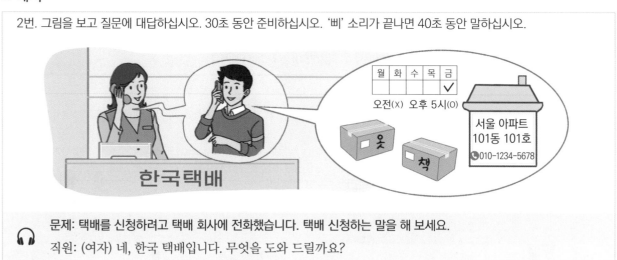

2번. 그림을 보고 질문에 대답하십시오. 30초 동안 준비하십시오. '삐' 소리가 끝나면 40초 동안 말하십시오.

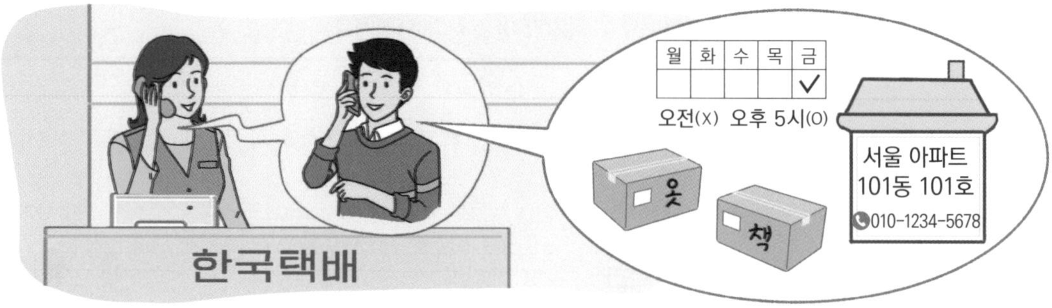

문제: 택배를 신청하려고 택배 회사에 전화했습니다. 택배 신청하는 말을 해 보세요.

직원: (여자) 네, 한국 택배입니다. 무엇을 도와 드릴까요?

■ 메모 〈30초〉

▼ 문제 메모

- 택배 회사 / 전화
- 택배 신청
- 한국 택배

▼ 답변 메모

- 택배 신청하려고 하다
- 금요일 가능, 오전 X, 오후 5시 ◯
- 상자 두 개 - 옷 + 책
- 주소 / 전화번호

■ 답변 〈40초〉

안녕하세요? 한국 택배지요? 택배를 신청하려고 합니다. 금요일에 올 수 있어요? 오전은 안 되고 오후 5시쯤 가능합니다. 택배 보낼 물건은 상자 두 개인데 하나는 옷이고 하나는 책입니다. 주소는 서울 아파트 백일동(101동) 백일호(101호)입니다. 전화번호는 공일공 일이삼사에 오륙칠 팔(010-1234-5678)입니다. 오시기 전에 연락 주세요. 감사합니다.

내용
- 택배 신청할 때 필요한 내용을 잘 말했다. 말풍선 안에 있는 과제를 모두 말했다.
  요일, 시간, 물건 종류, 주소, 전화번호를 모두 말하는 것이 중요하다.

언어
- '-지요? / -(으)려고 하다 / -(으)ㄹ 수 있어요? / 가능하다'와 같은 표현을 적절하게 사용했다.
  주소와 전화번호에 있는 숫자를 잘 말했다.

발음 **발음 주의!** · 택배 [택빼] · 올 수 있어요? [올쑤이써요?] · 전화번호 [저놔버노]

5-2. 연습하기

■ 표현 정리

시작 말	안녕하세요? N(이)지요? / V-(으)려고 해요 / V-(으)ㄹ게요 / V-(으)러[-(으)려고] 왔어요
중심 말	N 주세요 / V-아/어 주세요 / N(으)로 -아/어 주세요 / N보다 N이 좋을 것 같아요 V-았/었으면 좋겠어요 / A/V-(으)면 좋을 것 같아요 / V-아/어야 해요 / V-(으)ㄹ 거예요 N은 안 돼요 / N은 가능해요 / A/V-(으)니까 -아/어 주세요

■ 말하기 연습

※ 그림을 보면서 요청[부탁]하는 말을 해 보세요. 시간 확인 꼭! 잘 안 되면 답지를 보면서 계속 연습!

01 ______ 초 머리 모양

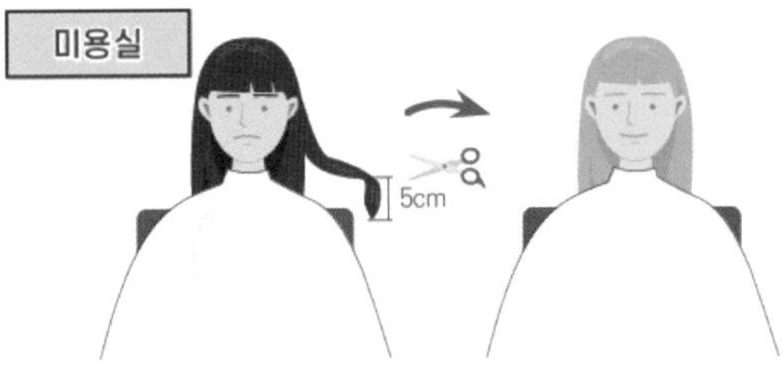

02 ______ 초 음식 주문

03 ______ 초 여행 계획

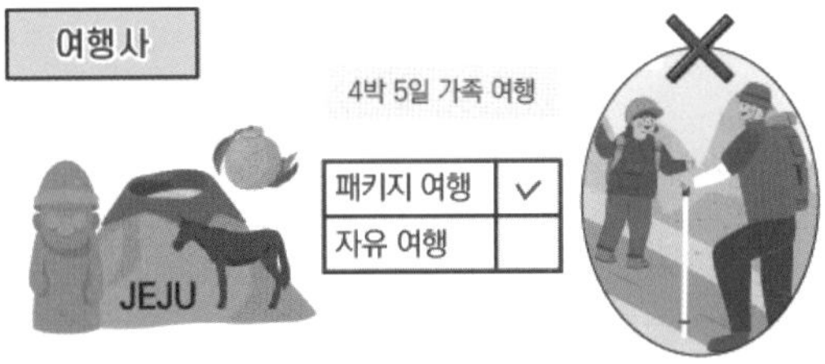

04 ______ 초 선물 구입

05 ______ 초 집 구하기

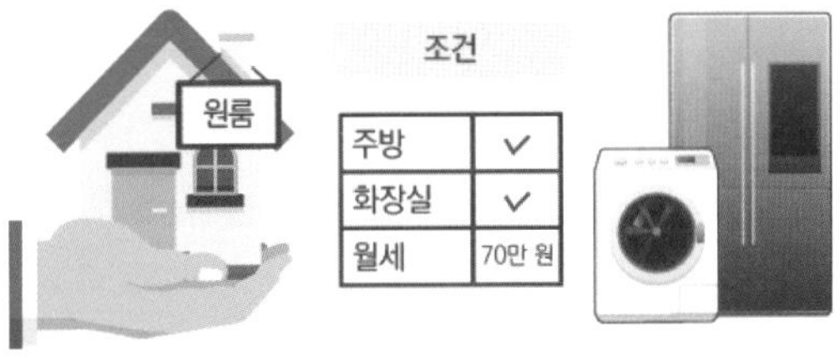

06 ______ 초 소포 보내기

더 연습하기

혼자 또는 친구와 같이!

- ■ 아르바이트로 과외를 하려고 합니다. 과외 조건에 대해 이야기해 보세요.
- ■ 함께 운동하거나 공부할 사람을 찾고 있습니다. 조건을 두 가지 이상 이야기해 보세요.
- ■ 언어 교환할 사람을 찾고 있습니다. 조건을 두 가지 이상 이야기해 보세요.

6. 문제 상황 설명하기 _ 문제 상황을 다른 사람에게 설명하는 문제입니다.

6-1. 문제 확인

■ 예시

2번. 그림을 보고 질문에 대답하십시오. 30초 동안 준비하십시오. '삐' 소리가 끝나면 40초 동안 말하십시오.

문제: 에어컨이 고장 났습니다. 어디가 고장 났는지 이야기하세요.
수리 기사: (남자) 에어컨 수리 신청하셨죠? 에어컨이 어떻게 안 되나요?

■ 메모 〈30초〉

문제 메모
- 에어컨 고장
- 어디 고장?
- 수리 신청
- 어떻게 안 돼?

답변 메모
- 월요일부터 안 돼
- 에어컨 켜다 → 시원하지 않다
- 큰 소리 나다 → 시끄럽다
- 에어컨에서 물 떨어지다

■ 답변 〈40초〉

어제 신청했는데 빨리 와 주셔서 감사합니다. 월요일부터 에어컨이 안 됩니다. 에어컨을 켰는데 시원한 바람이 나오지 않습니다. 그리고 에어컨을 켤 때 소리도 많이 나서 아주 시끄럽습니다. 또 물도 조금씩 떨어집니다. 요즘 날씨도 더운데 에어컨이 고장나서 너무 불편합니다. 바로 수리할 수 있을까요?

내용 • 과제 3개 - '시원한 바람이 안 나온다, 소리가 많이 난다, 물이 떨어진다'에 대해 모두 설명했다.

언어 • '월요일부터 / -았/었는데 / -아/어서 불편하다 / 시원한 바람이 나오지 않다 / 소리가 많이 나다 / 물이 떨어지다' 와 같은 표현을 적절하게 사용했다.

발음 **발음 주의!** • 켰는데[켠는데] • 않습니다[안씀니다] • 많이[마니] • 떨어집니다[떠러짐니다]

6-2. 연습하기

표현 정리

1. 고장	N이 안 되다[고장 나다] / N에 문제가 생기다 / 안 나오다 / 소리가 나다 / 시끄럽다 / N이 떨어지다 ...
2. 사고	V-다가 N을 다치다[길을 잃다] / -아/어서 -(으)ㄹ 수가 없다 / 빨리 와 줄 수 있나요?
3. 분실	V-다가 N에서 N을 잃어버리다 / N 안에 N이 들어 있다 / 찾을 수 있을까요?
4. 병/증상	(언제)부터 아팠다 / 콧물이 나다 / 기침을 하다 / 열이 나다 / 목이 아프다 / 입원하다 / 약을 먹다
5. 늦음	많이 기다렸지요? / A/V-아/어서 길이 막히다 / 시간이 많이 걸리다 / 정말 죄송하다
6. 불만	N 때문에 너무 힘들다 / -아/어서 힘들다 / 속상하다 / 어떻게 하면 좋을까요?

말하기 연습

※ 그림을 보면서 문제 상황을 설명하는 말을 해 보세요. 시간 확인 꼭! 잘 안 되면 답지를 보면서 계속 연습!

01 🎙 _______초 집 수리

02 🎙 _______초 TV 고장

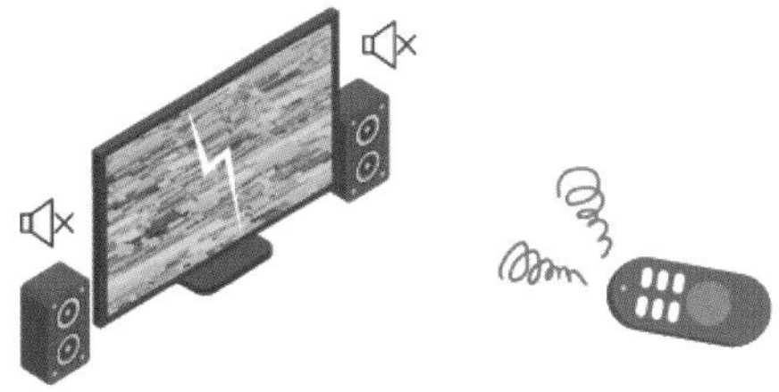

03 🎙 _______초 가방 분실

04 🎙 _______초 늦는 이유

05 🎙 _______초 옆집 불만

06 🎙 _______초 운동 중 사고

7. 변경, 교환, 취소하기 — 변경이나 교환, 취소를 요청하는 문제입니다.

7-1. 문제 확인

■ 예시

2번. 그림을 보고 질문에 대답하십시오. 30초 동안 준비하십시오. '삐' 소리가 끝나면 40초 동안 말하십시오.

문제: 신발 가게에 와 있습니다. 점원에게 구두 교환에 대해 말해 보세요.
점원: (여자) 어서 오세요. 어떻게 오셨어요?

■ 메모 〈30초〉

▼ 문제 메모
- 신발 가게
- 구두 교환

▼ 답변 메모
- 사이즈 작다
- 240으로 바꿔 주세요
- 굽이 높다 → 불편하다
- 굽이 낮은 구두로 교환하고 싶다

■ 답변 〈40초〉

안녕하세요? 죄송하지만 구두를 교환해야 할 것 같습니다. 어제 여기에서 이 구두를 구입했습니다. 그런데 집에 가서 신어 보니 사이즈가 작은 것 같습니다. 한 사이즈 큰 것으로 교환하고 싶습니다. 240 사이즈 있나요? 그리고 굽도 너무 높아서 좀 불편합니다. 굽이 낮은 구두로 교환하려고 하는데 괜찮을까요?

내용 • 과제 2개- '구두를 교환하고 싶다'는 것과 교환해야 할 내용을 구체적으로 잘 설명했다.

언어 • '구입하다', ' -(으)ㄴ 것 같다', '-(으)로 교환하다', '-아/어서 불편하다'와 같은 표현들을 적절하게 사용했다.

발음 **발음 주의!** • 같습니다 [갇씀니다] • 사이즈가 [싸이즈가] • 괜찮을까요? [괜차늘까요?]

7-2 연습하기

■ 표현 정리

시작 말	안녕하세요? 죄송하지만 N을 변경[교환, 취소]해야 할 것 같아요.
변경	-(으)ㄴ/는 것 같습니다 / N을 N(으)로 변경하려고 하는데 될까요[괜찮을까요/가능할까요]?
교환	(언제) 여기에서 N을 구입했는데 -아/어서 N(으)로 교환하려고 해요[교환하고 싶어요] N을 교환하려고 하는데 괜찮을까요?
취소/환불	(언제) -았/었어요. 그런데 -아/어서 취소해야 할 것 같아요 / 혹시 -(으)면 ~ / 환불 받을 수 있어요?

■ 말하기 연습

※ 그림을 보면서 변경[교환, 취소]하는 말을 해 보세요. 시간 확인 꼭! 잘 안 되면 답지를 보면서 계속 연습!

01 🎙 ________초 신발 교환

02 🎙 ________초 옷 교환

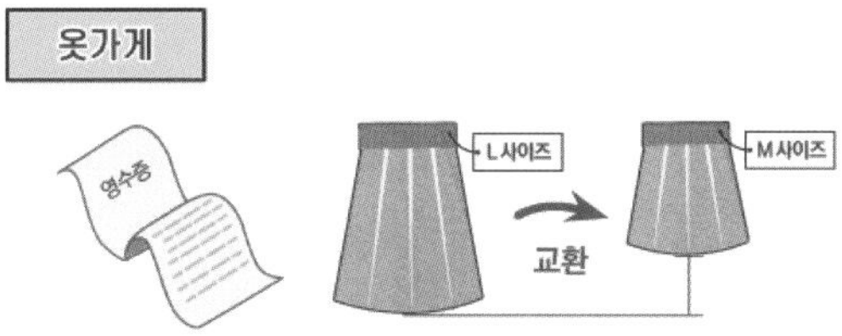

03 🎙 ________초 모임 일정 변경

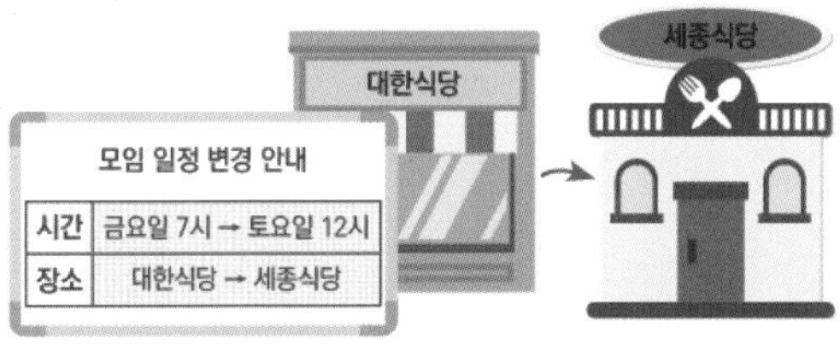

04 🎙 ________초 주문 변경

05 🎙 ________초 계약 취소

06 🎙 ________초 강의 신청 취소

더 연습하기

혼자 또는 친구와 같이!

- ■ 약속 시간, 약속 장소를 바꿀 때 어떻게 말해야 하는지 연습해 보세요.
- ■ 구입한 물건 중에서 교환하고 싶은 물건이 있어요? 교환할 때 어떻게 해야 하는지 말해 보세요.
- ■ 신청을 했는데 사정이 생겨서 취소해야 합니다. 어떻게 말해야 하는지 연습해 보세요.

다 예상 문제

문제 듣기 → 30초 준비 → 40초 말하기

※ 메모하세요　　※ 메모하세요

※ 녹음기를 켜고 휴대폰으로 QR코드를 찍은 후, 메모하고 답변해 보세요.

01 2번. 그림을 보고 질문에 대답하십시오.
30초 동안 준비하십시오. '삐' 소리가 끝나면 40초 동안 말하십시오.

_______ 초

02 2번. 그림을 보고 질문에 대답하십시오.
30초 동안 준비하십시오. '삐' 소리가 끝나면 40초 동안 말하십시오.

_______ 초

03 2번. 그림을 보고 질문에 대답하십시오.
30초 동안 준비하십시오. '삐' 소리가 끝나면 40초 동안 말하십시오.

_______ 초

MEMO

문제 듣기 → 30초 준비 → 40초 말하기

※ 메모하세요 ※ 메모하세요

※ 녹음기를 켜고 휴대폰으로 QR코드를 찍은 후, 메모하고 답변해 보세요.

01 2번. 그림을 보고 질문에 대답하십시오.
30초 동안 준비하십시오. '삐' 소리가 끝나면 40초 동안 말하십시오.

04 2번. 그림을 보고 질문에 대답하십시오.
30초 동안 준비하십시오. '삐' 소리가 끝나면 40초 동안 말하십시오.

________ 초

05 2번. 그림을 보고 질문에 대답하십시오.
30초 동안 준비하십시오. '삐' 소리가 끝나면 40초 동안 말하십시오.

________ 초

06 2번. 그림을 보고 질문에 대답하십시오.
30초 동안 준비하십시오. '삐' 소리가 끝나면 40초 동안 말하십시오.

________ 초

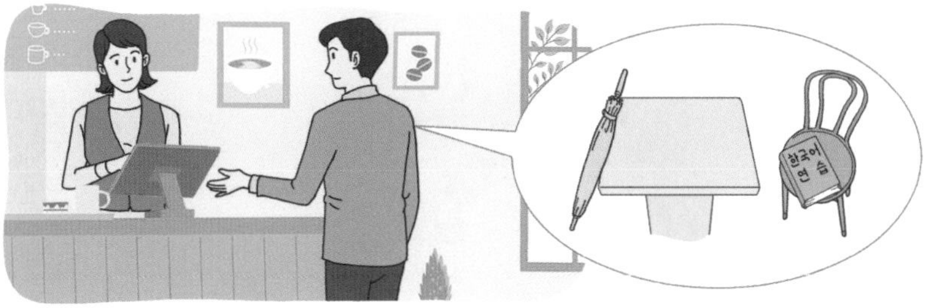

문제 듣기 → 30초 준비 → 40초 말하기

※ 메모하세요 ※ 메모하세요

※ 녹음기를 켜고 휴대폰으로 QR코드를 찍은 후, 메모하고 답변해 보세요.

08 2번. 그림을 보고 질문에 대답하십시오.
30초 동안 준비하십시오. '삐' 소리가 끝나면 40초 동안 말하십시오.

_______ 초

09 2번. 그림을 보고 질문에 대답하십시오.
30초 동안 준비하십시오. '삐' 소리가 끝나면 40초 동안 말하십시오.

_______ 초

10 2번. 그림을 보고 질문에 대답하십시오.
30초 동안 준비하십시오. '삐' 소리가 끝나면 40초 동안 말하십시오.

_______ 초

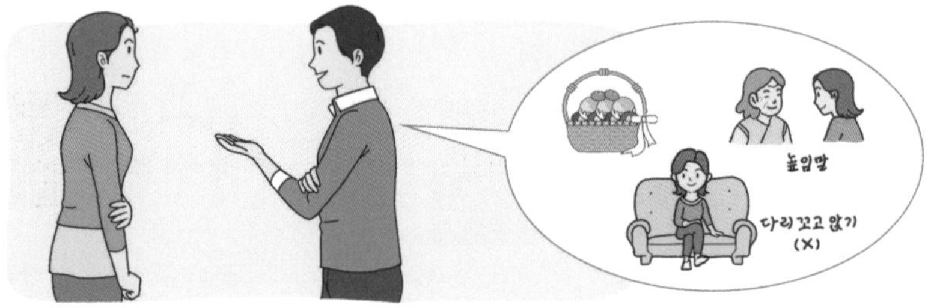

11 2번. 그림을 보고 질문에 대답하십시오.
30초 동안 준비하십시오. '삐' 소리가 끝나면 40초 동안 말하십시오.

_______ 초

예시 답변
사용 설명서

▶ 자신의 답변을 녹음한 후 들어 봅니다.

▶ 자신의 답변과 예시 답변을 비교해 봅니다.

▶ 예시 답변을 여러 번 읽어 봅니다.

▶ 자주 쓰는 표현과 단어를 외웁니다.

▶ 40초 안에 답변할 수 있도록 연습합니다.

▶ 다시 앞으로 돌아가 문제를 듣고 답변해 봅니다.

※ 유형 2 답변은 '-아/어요'로 제시했습니다. 'ㅂ/습니다'로 바꿔서 말해도 됩니다. 기본적으로 한 가지를 정해서 말하는 것이 좋습니다. 하지만 1개 정도는 섞어서 말해도 됩니다.

1-2. 문의하기 연습 *p.73*

01	저기요, 여쭤볼 게 있어요. 컵라면과 피자를 샀는데요. 뜨거운 물은 어디에 있어요? 피자도 따뜻하게 먹으려고 하는데 전자레인지를 사용할 수 있을까요? 그리고 음식을 다 먹고 나서 쓰레기는 어떻게 하면 돼요?
02	안녕하세요? 원룸을 하나 구하려고 하는데 문의 좀 드려도 될까요? 먼저 보증금과 월세는 얼마인지 알고 싶어요. 그리고 수도 요금, 전기요금은 어떻게 돼요? 방에서 와이파이도 이용할 수 있어요? 또, 저는 강아지가 한 마리 있는데 같이 지내도 괜찮아요?
03	안녕하세요? 문의 좀 드릴게요. 수영장을 이용하고 싶은데 수영복하고 수영 모자, 수영 안경을 안 가지고 왔어요. 세 가지를 다 빌리려고 해요. 아, 튜브도 하나 필요해요. 그런데 요금은 얼마예요? 그리고 이용 시간은 어떻게 돼요?
04	안녕하세요? 문의 좀 해도 될까요? 저는 한국 요리를 배우고 싶어서 왔어요. 그런데 저는 직장인이라서 토요일에만 시간이 있어요. 제가 배우고 싶은 한국 음식은 김치예요. 저는 김치를 아주 좋아하는데 만들어 본 적은 없어요. 제가 직접 만들어서 먹어 보고 싶어요.
05	안녕하세요? 여쭤볼 게 있어요. 지난 토요일에 시험을 보고 성적표를 받았어요. 그런데 듣기, 읽기 점수는 괜찮은데 말하기, 쓰기 점수가 생각한 것보다 안 좋았어요. 저는 시험을 잘 본 것 같은데 점수가 왜 이렇게 나쁜지 좀 확인해 볼 수 있을까요?
06	안녕하세요? 도서관을 이용하려고 하는데 문의 좀 드려도 될까요? 도서관 이용증을 만들려면 어떻게 해야 돼요? 또 알고 싶은 게 있는데요. 도서관에서 노트북을 이용할 수 있어요? 그리고 도서관 안에서 커피나 주스를 마셔도 돼요?

2-2. 묘사하기 연습 *p.75*

01	그 남자 아이는 하얀색 티셔츠에 검은색 바지를 입고 있어요. 그리고 파란색 모자를 쓰고 있어요. 또 초록색 운동화를 신고 노란색 가방을 메고 있어요.
02	그 여자는 키가 크고 머리가 길어요. 안경을 쓰고 있어요. 하얀색 블라우스에 검은색 치마를 입고 있어요. 그리고 검은색 구두를 신고 있어요.
03	검은색 지갑을 잃어버렸어요. 지갑 안에는 외국인등록증과 가족사진이 있어요. 그리고 카드하고 돈도 들어 있어요. 빨리 찾고 싶어요.
04	여행 가방 두 개를 잃어버렸어요. 하나는 큰 여행 가방인데 빨간색이에요. 사과 그림이 있어요. 그리고 다른 하나는 작은 가방인데 노란색이고 줄무늬가 있어요. 가방에 작은 인형이 달려 있어요.
05	공원에는 나무가 많아요. 사람들도 많아요. 자전거를 타는 사람도 있고 운동하는 사람도 있어요. 개하고 같이 산책하는 사람도 있어요. 사진을 찍고 있는 사람도 있어요. ※ 찍고 있는 → 찍는
06	그 원룸에는 책상과 의자가 있어요. 책상 위에는 컴퓨터가 놓여 있어요. 그리고 책상 앞에는 침대가 있어요. 침대 앞에는 TV가 있어요. 창문 옆에는 시계가 걸려 있어요.

※ 01, 02, 05의 경우, 과거에 본 상황을 말하는 경우, '-았/었어요'를 써서 말할 수 있습니다.

3-2. 조언하기 연습 *p.77*

01 한국어를 잘하려면 우선 한국 사람하고 이야기를 많이 하는 게 중요해요. 그리고 한국 드라마를 보는 것도 좋아요. 한국 드라마를 많이 보면 한국문화를 알 수 있어요. 또, 한국어 책을 많이 읽어야 해요.

02 요즘 스트레스가 많아요? 스트레스가 많으면 건강에 안 좋아요. 스트레스를 풀려면 운동하는 게 가장 좋은 것 같아요. 그리고 여행을 가는 것도 도움이 되지 않을까요? 그런데 어떤 사람은 스트레스를 풀려고 게임을 하는데, 게임을 너무 많이 하면 안 돼요.

03 감기에 걸렸어요? 그러면 따뜻한 물이나 차를 마시고 푹 쉬는 게 좋아요. 그리고 감기에 걸렸을 때는 운동하지 마세요. 또 차가운 음식을 먹으면 안 돼요. 아이스크림은 먹지 않는 게 좋아요.

04 공연장에 가요? 공연장에서는 사진을 찍으면 안 돼요. 다른 사람들이 공연에 집중할 수 없어요. 그래서 휴대폰은 꺼 놓아야 돼요. 그리고 절대 음료수나 먹을 걸 가지고 들어가면 안 돼요. 꽃도 안 돼요. ※ 놓아야 → 놔야

05 개를 키우려고 하는군요! 저도 개를 키우고 있는데 몇 가지만 주의하면 될 것 같아요. 개가 집에만 있으면 힘들어 하니까 자주 산책을 하는 게 좋아요. 그리고 절대 초콜릿을 주면 안 돼요. 포도도 주면 안 돼요. 위험할 수 있어요.

06 등산을 할 때는 꼭 물을 가지고 가야 돼요. 등산할 때 자주 물을 마셔야 해요. 그리고 모자를 쓰고 등산화를 신어야 돼요. 등산화를 신지 않으면 발이 아파요. 또 산에서 요리를 하거나 쓰레기를 버리면 안 돼요.

4-2. 길 안내하기 연습 *p.79*

01 사거리에서 오른쪽으로 돌아가세요. 그러면 횡단보도가 보여요. 횡단보도를 지나서 다시 왼쪽으로 돌아가면 대한 극장 맞은편에 나라 아파트가 있어요. 거기에서 세워 주세요.

02 서울역에서 내리세요. 8번 출구로 나와서 횡단보도를 건너세요. 횡단보도 앞에 백화점이 하나 있어요. 거기에서 조금만 더 걸어가면 세종 아파트가 나와요.

03 한국대 입구역에서 지하철을 타세요. 1호선을 타고 가다가 서울역에서 4호선으로 갈아타세요. 그리고 대한공원 역에서 내리세요. 시간은 40분쯤 걸려요.

04 한국대 입구 역에서 지하철을 타세요. 그리고 서울역에서 내리세요. 그다음에 서울역 앞에서 110번 버스를 타세요. 그리고 서울 공원 정류장에서 내리면 돼요. 시간은 50분쯤 걸려요.

05 쭉 가다가 박물관이 보이면 오른쪽으로 돌아가세요. 가다 보면 횡단보도가 있어요. 횡단보도를 건너면 바로 앞에 공연장이 나와요. 그 옆에 도서관이 있어요.

06 쭉 가면 사거리가 나오는데 거기에서 왼쪽으로 돌아가세요. 가다 보면 병원이 나와요. 병원 앞에 횡단보도가 있어요. 횡단보도를 건너서 왼쪽으로 가면 하나 마트가 보여요. 그 옆에 대한은행이 있어요.

5-2. 요청, 부탁하기 연습 *p.81*

01 안녕하세요? 머리가 좀 길죠? 조금 자르려고 해요. 그런데 짧은 머리는 저한테 안 어울리니까 많이 자르지 말고 조금만 잘라 주세요. 음... 5cm 정도만 자르면 좋을 것 같아요. 그리고 염색도 할 거예요. 지금 까만색인데 노란색으로 해 주세요. 예쁘게 해 주세요.

02 여기요! 주문 좀 할게요. 비빔밥 하나 하고 떡볶이 주세요. 그런데 비빔밥에는 고추장을 빼 주세요. 아! 고기도 안 먹으니까 혹시 고기가 있으면 그것도 빼 주세요. 그리고 떡볶이는 안 맵게 해 주세요. 조금 매운 건 괜찮아요.

03 안녕하세요? 4박 5일로 가족 여행을 하려고 하는데요. 제주도로 갈까 생각하고 있어요. 가족이 같이 가니까 자유여행보다 패키지여행이 좋을 것 같아요. 그리고 등산은 안 했으면 좋겠어요. 아이들과 노인이 있거든요. ※ 있거든요 → 있어서요

04 예쁜 옷이 많네요! 어머니 생일 선물을 사려고 하는데요. 예쁜 게 있으면 좀 추천해 주세요. 우리 어머니는 원피스를 좋아하세요. 그런데 짧은 원피스보다 긴 원피스가 좋을 것 같아요. 또, 꽃무늬를 좋아하시니까 꽃무늬 원피스 좀 보여 주세요.

05 안녕하세요? 이 근처에 원룸 많아요? 원룸을 구하려고 하는데요. 주방하고 화장실이 있었으면 좋겠어요. 월세는 70만 원 정도면 좋을 것 같아요. 그리고 냉장고와 세탁기가 있어야 해요. 이런 원룸이 있으면 좀 소개해 주세요.

06 안녕하세요? 소포 좀 보내러 왔어요. 베트남으로 보내려고 하는데 빨리 보내야 해서 비행기로 보낼 거예요. 보낼 물건은 옷과 커피잔이에요. 그런데 커피잔이 좀 걱정돼요. 깨지면 안 되니까 포장 좀 잘해 주세요. 감사합니다. ※ 깨지면 → 문제가 생기면

6-2. 문제 상황 설명하기 연습 *p.83*

01 지금 사는 집에 문제가 좀 생겼어요. 우선 난방이 안 돼서 너무 추워요. 그리고 비가 오면 빗물이 집안으로 떨어져요. 그리고 화장실 변기도 고장 나서 사용할 수 없어요. 너무 불편하고 힘들어요. 빨리 수리했으면 좋겠어요.

02 텔레비전이 고장 난 것 같아요. 갑자기 텔레비전 화면이 안 나와요. 그리고 소리도 잘 안 나와요. 게다가 리모컨도 고장 났어요. 너무 불편한데 빨리 고칠 수 있을까요?

03 어제 여행하다가 가방을 잃어버렸어요. 사진을 찍으려고 잠깐 가방을 옆에 두었어요. 그런데 사진을 다 찍고 나서 가방을 잊어버리고 그냥 왔어요. 제가 정말 좋아하는 가방인데 찾을 수 있을까요?

04 정말 죄송해요. 저는 조금 늦을 것 같아요. 100번 버스를 탔는데 비가 와서 평소보다 시간이 더 걸렸어요. 게다가 버스 앞에서 교통사고가 나서 길이 너무 막히네요. 어떡하죠? 죄송하지만 조금만 더 기다려 주세요.

05 요즘 옆집에 사는 사람 때문에 너무 힘들어요. 옆집에서 밤에 자주 파티를 하는 것 같아요. 저는 일찍 자야 하는데 너무 시끄러워서 잠을 잘 수 없어요. 가끔 담배 냄새도 나서 너무 괴로워요. 정말 이사가고 싶어요. ※ 옆집 → 윗집

06 여보세요? 119지요? 지금 여기 다친 사람이 있어요. 축구를 하다가 다친 것 같아요. 다리하고 팔이 아프다고 해요. 걸을 수 없어요. 병원에 가야 하는데 빨리 와 줄 수 있나요?

※ '-아/어요,-ㅂ니다/습니다' 모두 쓸 수 있습니다. 그리고 알맞은 시제(현재, 과거, 미래)를 써야 합니다.

7-2. 변경, 교환, 취소하기 연습 *p.85*

01 안녕하세요? 어제 운동화를 샀는데 죄송하지만 교환을 해야 할 것 같아요. 영수증 여기 있어요. 집에 가서 신어 보니까 사이즈가 좀 작은 것 같아요. 235를 240으로 바꿔도 될까요? 그리고 색깔도 파란색으로 교환하고 싶어요.

02 안녕하세요? 어제 이 치마를 샀는데 죄송하지만 교환해야 할 것 같아요. 입어 보니까 사이즈가 좀 큰 것 같아요. 그래서 L 사이즈를 M 사이즈로 교환하려고 하는데 괜찮을까요? 그리고 치마 길이도 좀 길어요. 조금 더 짧은 치마로 바꾸고 싶어요.

03 안녕하세요? 죄송하지만 다음 모임 일정을 변경해야 할 것 같아요. 처음에 금요일 7시로 정했는데 일이 생겨서 토요일 12시로 변경하려고 해요. 괜찮을까요? 그리고 모임 장소도 '대한식당'에서 '세종식당'으로 바꾸려고 하는데 혹시 안 되는 분은 말씀해 주세요.

04 여기요! 조금 전에 주문했는데 다른 걸로 바꿔도 될까요? 삼겹살을 주문했는데 불고기로 바꾸고 싶어요. 그리고 2인분이 아니고 3인분으로 주세요. 감사합니다.

05 안녕하세요? 지난주에 원룸을 계약한 사람이에요. 죄송하지만 계약을 취소해야 할 것 같아요. 혼자 살면 생활비가 너무 많이 들어서 친구 집에서 같이 살기로 했어요. 그런데 계약할 때 돈을 냈는데 취소하면 어떻게 돼요? 환불받을 수 있어요?

06 안녕하세요? 지난주에 한국어 중급반 오전 수업을 신청했어요. 그런데 제가 갑자기 오전에 사정이 생겨서 취소해야 할 것 같아요. 벌써 수업료를 냈는데 취소하면 환불받을 수 있어요?

다. 예상 문제 *p.86~88*

01

▪ **옷 가게에 있습니다. 점원에게 옷 교환에 대해 이야기하세요.**

안녕하세요? 어제 S 사이즈, 아이 원피스를 하나 샀는데요. 입어 보니까 좀 작은 것 같아요. 이것보다 큰 M 사이즈로 교환하고 싶은데, 있어요? 그리고 색깔도 좀 바꿨으면 좋겠어요. 노란색이 아이한테 잘 어울리지 않는 것 같아서 빨간색으로 바꾸려고 해요. 빨간색도 있어요?

40

02

▪ **친구가 면접을 보러 가려고 합니다. 친구에게 면접 볼 때 입고 갈 옷에 대해 이야기하세요.**

면접 보러 갈 때는 옷차림에 신경을 써야 해요. 치마나 바지 다 괜찮은데 아주 짧은 치마나 반바지는 입지 않는 게 좋아요. 그리고 옷 색깔은 하얀색이나 까만색이 좋을 것 같아요. 큰 꽃무늬가 있는 옷은 입지 마세요. 신발도 운동화보다 구두가 좋을 것 같네요. 처음 봤을 때 깔끔해 보이는 게 중요해요.

40

03

▪ **여행사에 와 있습니다. 여행 가고 싶은 곳과 거기에서 하고 싶은 일에 대해 이야기하세요.**

저는 겨울을 좋아해요. 그래서 눈이 많이 내리는 곳으로 여행을 가고 싶어요. 눈이 내리면 눈사람도 만들어 보고 싶어요. 그리고 스키장에 가서 스키를 탈 수 있었으면 좋겠어요. 한 번도 스키를 타 본 적이 없어서 여행 가서 한번 타 보고 싶어요. 또 근처에 온천이 있었으면 좋겠어요. 스키를 탄 후에 온천을 하면 정말 좋을 것 같아요.

40

04

▪ **한국어 학원에 와 있습니다. 한국어 수업을 바꾸는 것에 대해 이야기하세요.**

안녕하세요? 지난주에 한국어 수업을 신청했는데요. 죄송하지만 사정이 생겨서 수업 시간하고 반을 바꿔야 할 것 같아요. 수업 시간은 오전에서 오후로 바꾸려고 하는데 될까요? 그리고 제가 말하기 3급 반을 신청했는데, 좀 어려울 것 같아서 2급 반으로 바꾸고 싶어요. 어렵겠지만 좀 바꿔 주시면 감사하겠습니다.

40

05

▪ **은행에 와 있습니다. 통장을 만드는 것에 대해 물어 보세요.**

안녕하세요? 저는 한국대학교에서 공부하는 외국 학생인데 이 은행에서 통장을 만들려고 해요. 한국에서는 처음 통장을 만드는 거라서 어떻게 해야 할지 잘 모르겠어요. 좀 도와주시면 감사하겠습니다. 신분증은 가지고 왔어요. 그런데 여권은 없고 외국인등록증하고 학생증만 있는데 괜찮을까요? 그리고 통장을 만들 때 현금카드도 같이 만들고 싶은데 되나요?

40

06

▪ **관광안내소에 와 있습니다. 관광에 필요한 것에 대해 물어 보세요.**

안녕하세요? 저는 여기가 처음인데요. 인터넷으로 유명한 곳을 찾아 봤지만 어디로 가야 할지 잘 모르겠어요. 관광지도를 하나 주실 수 있어요? 그리고 싸고 깨끗한 호텔이 있으면, 추천 좀 해 주세요. 또, 여기에서만 먹을 수 있는 특별한 음식이 있어요? 있으면 먹어 보고 싶어요. 좋은 식당 좀 추천해 주세요. 여기에 사는 분에게 직접 추천을 받으면 더 좋을 것 같아요.

40

07

▪ **카페에 와 있습니다. 조금 전에 두고 간 물건에 대해 이야기하세요.**

조금 전에 여기서 커피를 마셨는데요. 물건을 두고 가서 다시 왔어요. 우산하고 책인데 혹시 못 보셨어요? 우산은 노란색이고 테이블 옆에 세워 뒀어요. 그리고 책은 의자 위에 뒀는데 파란색 책이에요. 책 제목은 '한국어 연습'이고요. 급하게 나가야 해서 잊어버렸어요. 한번 찾아 봐 주세요.

40

08

▪ **서비스센터에 와 있습니다. 고장 난 노트북에 대해 설명해 보세요.**

안녕하세요? 노트북이 고장 나서 왔어요. 어제 제가 실수해서 이 노트북이 책상에서 떨어졌어요. 그리고 바로 노트북을 켰는데 화면이 나오지 않았어요. 그래서 설명서를 다시 읽어 봤어요. 그 다음에 다시 껐다가 켰는데 안 돼요. 그냥 보기에는 아무 문제도 없어 보이는데 왜 그럴까요? 고칠 수 있을까요? 이 노트북으로 일을 해야 하는데 빨리 고쳤으면 좋겠어요.

09

▪ **병원에 있습니다. 의사 선생님에게 아픈 곳을 설명해 보세요.**

안녕하세요? 선생님, 요즘 목도 아프고 어깨도 아파요. 저는 휴대폰을 좀 많이 사용해요. 휴대폰으로 쇼핑도 하고 게임도 해요. 하루에 6시간 정도 하는 것 같아요. 전에는 괜찮았는데 며칠 전부터 갑자기 목이 아프기 시작했어요. 그리고 어깨도 불편해요. 목과 어깨가 불편하니까 일을 할 수 없어요. 너무 힘들어요. 어떻게 하면 나을 수 있을까요?

10

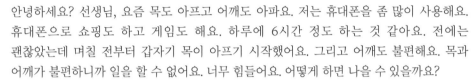

▪ **친구와 이야기하고 있습니다. 한국에서 집으로 초대받았을 때 어떻게 해야 하는지 이야기하세요.**

친구 집에 초대받았군요! 한국에서는 친구 집에 처음 갈 때 과일을 사 가는 사람들이 많아요. 무슨 과일을 사 가야 될지 모르면 친구에게 물어보면 돼요. 그리고 혹시 집에 어른이 계시면 조심할 게 있어요. 어른들과 이야기할 때는 높임말을 써야 돼요. 소파에 앉을 때도 다리를 꼬고 앉는 것은 좋지 않아요.

11

▪ **부동산 사무실에 와 있습니다. 구하고 싶은 집에 대해 이야기하세요.**

안녕하세요? 이사할 집을 구하려고 하는데 이 근처에 싸고 괜찮은 집이 있어요? 저는 방 두 개와 부엌, 화장실이 있는 집을 구하고 있어요. 그런데 제일 중요한 게 교통이에요. 걸어서 10분 거리에 지하철역이 있으면 좋겠어요. 월세는 100만 원이 딱 좋을 것 같아요. 더 비싼 집은 안 되니까 그 가격으로 알아 봐 주세요.

중급

말하기 유형 3

그림 보고 이야기하기

PART 2

가 / 문제 정보 확인

4개의 연속된 그림을 보고 하나의 이야기를 완성하는 문제입니다. 주로 일상생활에서 일어날 만한 일들이 그림으로 제시됩니다. 이야기는 크게 시간 순서 구조, 문제 해결 구조, 원인 결과 구조로 나눌 수 있습니다.

1. 개요

수준	문제 유형	준비시간	답변 시간	평가 기준
중급	그림 보고 이야기하기	40초	60초	내용, 언어, 발음

2. 진행 과정

1

연습 > 1 > 2 > 3 > 4 > 5 > 6　　음량조절

3번. 그림을 보고 순서대로 이야기하십시오.
40초 동안 준비하십시오. '삐' 소리가 끝나면 60초 동안 말하십시오.

문제에 대한 안내가 나옵니다.

2

연습 > 1 > 2 > 3 > 4 > 5 > 6　　음량조절

3번. 그림을 보고 순서대로 이야기하십시오.
40초 동안 준비하십시오. '삐' 소리가 끝나면 60초 동안 말하십시오.

그림이 보입니다.

(문제) 민수 씨가 친구 제임스 씨를 만났습니다. 민수 씨에게 무슨 일이 있었는지 이야기하세요.

문제 내용은 안 보이고 소리만 들립니다.

문제를 들으면서 중요한 것을 메모합니다.

3

화면 보면서 준비하기 / 메모하기　　40초

답변 내용을 메모합니다.

4

말하기　　60초

메모한 내용을 보면서 말합니다.

3. 평가 항목 및 주의 사항

항목	주의 사항
내용	□ 4개의 그림을 모두 설명해야 한다. 한 개라도 그림을 설명하지 않고 끝내면 안 된다.
	□ 4개의 그림을 연결해서 하나의 이야기로 만들어야 한다. 사건과 행동을 나열만 하면 안 된다.
	□ 주인공에게 어떤 일이 있었는지 사건을 중심으로 설명해야 한다.
	□ 중심 사건으로 인해 변화되는 인물의 감정을 함께 표현하는 것이 좋다.
언어	□ '-아/어요', '-ㅂ니다/습니다' 중 하나를 선택해서 말하면 된다.
	□ 중급 수준의 어휘와 표현을 사용하는 것이 좋다.
발음 속도	□ 정확하게 발음해야 한다.
	□ 말이 자연스럽게 이어져야 한다. 말이 자주 끊기면 안 된다.
	□ 필요없는 말(음... 그러니까... 등)을 오래 하면 안 된다.

4. 점수 잘 받는 방법

문제가 나올 때 '사람 이름, 상황, 시제'를 잘 들으세요.

- 사람 이름을 잘 들으세요. 그림을 보고 말할 때 활용해야 합니다.
- 문제에서 그림에 대한 배경 설명이 짧게 나옵니다. 잘 들으면 그림을 이해하기가 더 쉬워집니다.
- 문제에 나오는 시제를 잘 들어야 합니다.
  예 민수 씨에게 무슨 일이 있었는지 이야기하세요. → 과거 시제로 이야기하기

4개의 그림을 빠르게 보고 어떤 이야기 구조를 가지고 있는지 생각해 보세요.

- 모든 이야기는 시간의 흐름에 따라 '처음 - 중간 - 끝'으로 구성됩니다.
- 첫 번째 그림을 보고 '인물의 행동, 장소, 주요 물건'에 대한 단어를 메모하세요.
- 그다음에 첫 번째 그림과 마지막 그림을 보고 인물의 상황과 감정이 어떻게, 무슨 일 때문에 바뀌었는지 이해해 보세요.
- 4개의 그림을 보고 이야기 구조를 이해하면, 그림의 앞뒤 관계를 연결해서 말하는 데 도움이 됩니다.
- 이야기 구조에는 '시간 순서 구조', '문제 해결 구조', '원인 결과 구조'가 있습니다.

4개의 그림을 '모두' 설명해야 합니다. 그리고 각 그림을 설명하는 시간을 비슷하게 하세요.

- 한 개의 그림을 너무 자세히 설명하면 시간이 부족해집니다. 그래서 다른 그림을 설명하지 못하거나 아주 짧게 말하게 됩니다. 4개의 그림을 다 설명하려면 시간 배분을 잘해야 합니다.
- 그림마다 1-2문장 정도로 설명하세요. 그림 한 개에 10-15초 정도로 말하면 좋습니다.

인물의 감정을 추측해서 말하세요.

- 그림 속 인물의 상황과 표정을 잘 보세요. 그러면 감정을 추측할 수 있습니다.
- 만약 주인공이 화가 났다면, 무슨 일 때문에 화가 났는지 찾아보고 말해야 합니다.
- 특히 마지막 그림에는 해결/미해결, 성공/실패 등 결과가 나옵니다. 결과에 대한 주인공의 반응과 감정을 꼭 말하세요.

나 이야기 구조별 연습

1. 시간 순서 구조 __ 인물의 행동이나 사건이 시간의 흐름에 따라 진행됩니다. 갈등, 문제가 발생하지 않습니다.

1-1. 문제 확인

■ 예시

3번. 그림을 보고 순서대로 이야기하십시오. 40초 동안 준비하십시오. '삐' 소리가 끝나면 60초 동안 말하십시오.

(1) (2) (3) (4)

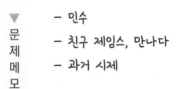

민수 씨가 친구 제임스 씨를 만났습니다. 민수 씨에게 무슨 일이 있었는지 이야기하세요.

■ 메모 〈40초〉

문제 메모

- 민수
- 친구 제임스, 만나다
- 과거 시제

답변 메모

(1) 공항. 제임스 만나다 → 반갑다
(2) 한식집. 민수- 비빔밥, 제임스- 김치찌개 / 매워서 물 마시다
그러고 나서
(3) 경복궁. 한복 입다 + 사진 찍다 → 즐겁다
(4) 일주일 후- 공항, 배웅하다 → 아쉽다

■ 답변 〈60초〉

민수 씨는 오늘 제임스 씨를 만나러 공항에 갔어요. 너무 반가웠어요. 두 사람은 만나자마자 한식집으로 갔어요. 민수 씨는 비빔밥을 먹고 제임스 씨는 김치찌개를 먹었는데 김치찌개가 너무 매워서 물을 많이 마셨어요. 그러고 나서 두 사람은 경복궁에 가서 한복을 입고 같이 사진을 찍었어요. 정말 즐거웠어요. 일주일 후에 민수 씨는 공항에서 친구를 배웅해 줬어요. 친구와 헤어져서 너무 아쉬웠어요.

내용
- 4개의 그림을 모두 충분히 설명했다.
- 처음 상황(만나다) - 사건1(밥 먹다) - 사건2(한복 입고 사진을 찍다) - 끝 상황(헤어지다)을 자연스럽게 연결해서 말했다.
- 민수의 감정 변화를 잘 표현했다. 예 반갑다 → 즐겁다 → 아쉽다

언어
- 중급 수준의 표현을 잘 사용했다. 예 친구를 만나자마자~, 친구를 배웅하다

발음
발음 주의! • 한식집으로 [한식찌브로] • 경복궁에 [경복꿍에]

1-2. 문제 확인

■ 예시

3번. 그림을 보고 순서대로 이야기하십시오. 40초 동안 준비하십시오. '삐' 소리가 끝나면 60초 동안 말하십시오.

(1) (2) (3) (4)

수진 씨가 어머니를 위해 미역국을 만들었습니다. 수진 씨가 어떻게 만들었는지 이야기하세요.

■ 메모 〈40초〉

▼ 문제 메모

- 수진
- 어머니
- 미역국

▼ 답변 메모

(1) 생신 미역국 만들다 → 먼저 재료 준비 → 미역, 자르다
그다음에
(2) 고기 + 미역, 냄비에 넣다 → 물 붓다
(3) 미역국 끓이다, 20분
(4) 어머니 → 드시다, 행복해하시다 / 수진 → 기분이 좋다

■ 답변 〈60초〉

수진 씨 어머니의 생신이에요. 그래서 수진 씨는 미역국을 만들었어요. 먼저 재료를 준비하고 미역을 잘랐어요. 그다음에 고기하고 미역을 냄비에 넣었어요. 냄비에 넣은 후에 물을 부었어요. 마지막으로 20분쯤 끓였어요. 드디어 미역국이 다 됐어요. 어머니는 미역국을 맛있게 드셨어요. 어머니가 행복해하셔서 수진 씨는 기분이 좋았어요.

내용	• 4개의 그림을 모두 잘 설명했다. • '처음 상황/방법1(재료 준비, 미역 자르다) - 방법2(재료를 넣고 물을 붓다) - 방법3(끓이다) - 끝 상황(미역국을 먹다)'을 자세히 설명했다. • 어머니와 수진 씨의 감정을 잘 설명했다. 예 행복하다, 기분이 좋다
언어	• 중급 수준의 표현을 잘 사용했다. 예 드디어 ~ 다 되다
발음	**발음 주의!** • 미역을 [미여글] • 넣었어요 [너어써요] • 끓였어요 [끄려써요]

1-3. 더 알아보기

■ 구조1

처음		사건1		사건2		끝
누가? 언제? 어디? 무엇?		무엇을 했습니까?		무엇을 했습니까?		어떻게 끝났습니까?
민수, 친구 제임스, 공항, 만나다	>	한식집 민수-비빔밥 제임스-김치찌개	>	경복궁, 한복, 사진	>	공항, 배웅, 헤어지다
추측 반갑다		매워서 얼굴이 빨개지다		즐겁다		아쉽다

* 추측 내용: 인물의 감정, 앞뒤 관계(이유, 결과…)

■ 구조2

처음 - 방법1		방법2		방법3		끝
누가? 언제? 어디? 무엇?		무엇을 했습니까?		무엇을 했습니까?		어떻게 끝났습니까?
수진, 어머니 생신, 집, 재료 준비, 미역 썰다	>	냄비, 넣다, 물 붓다	>	20분, 끓이다	>	어머니, 미역국, 드시다
추측 -		-		-		행복하다, 기분이 좋다

■ 어휘 및 표현

그리고	예 수업이 끝났어요. 그리고 친구를 만났어요.	먼저	예 통장을 만들려면 먼저 은행에 가야 해요.
그러고 나서	예 요리했어요. 그러고 나서 친구와 먹었어요.	그다음에	예 그다음에 신분증을 직원에게 보여줘야 해요.
드디어	예 1년을 공부해서 드디어 시험에 합격했어요.	마지막으로	예 마지막으로 통장에 서명을 하면 돼요.

■ 감정 표현

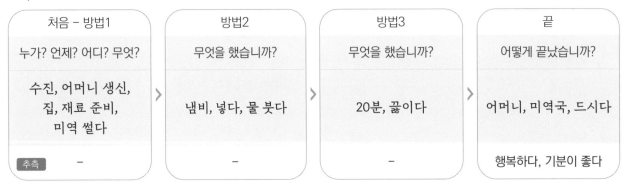

	· 반갑다 · 즐겁다 · 기쁘다 · 신나다 · 행복하다 · 기분이 좋다	· 기쁨의 눈물을 흘리다 · 기뻐서 눈물을 흘리다 눈물이 나다 · 눈물이 날 정도로 기쁘다	예 가족들하고 캠핑을 갔다 왔어요. 즐거운 하루였어요. 예 생일 선물을 받았어요. 정말 기뻤어요. 예 좋아하는 사람과 같이 있으니까 아주 행복했어요. 예 오늘은 일찍 일어나서 기분 좋게 하루를 시작했어요.
	· 아쉽다 · 섭섭하다		예 콘서트가 갑자기 취소돼서 너무 아쉬웠어요. 예 오랫동안 좋아했던 드라마가 끝났어요. 섭섭했어요.

1-4. 연습하기

01. 그림을 보고 민수 씨가 느낄 감정을 [보기]에서 골라 알맞게 쓰세요.

[보기] 아쉽다 즐겁다 무섭다 외롭다 심심하다

오늘 체육 대회에서 2등을 했어요. 너무 (   ).

오랜만에 친한 친구와 노래방에서 노래를 하니까 정말 (   ).

02. 다음 지시에 따라 그림을 보고 이야기를 완성해 보세요.

Step 1	4개의 그림을 순서대로 빠르게 보면서 '누가? 언제? 어디? 무엇?' 정보를 쓰세요. * 특별히 중요하지 않거나 그림에 나타나지 않은 정보는 쓰지 않아도 됩니다.
Step 2	처음과 끝 상황을 보고 인물의 감정을 추측해 보세요. 그리고 무슨 일 때문에 인물이 그런 감정을 가지게 되었는지 중심 사건을 찾아보세요.
Step 3	각각의 그림을 보고 설명할 때 필요한 단어들을 아래의 빈칸에 차례대로 메모하세요. * 모르는 단어는 쉬운 말로 바꾸거나 풀어 쓰세요. 예 부케 → 신부가 들고 있는 꽃, 신부 → 하얀 드레스를 입은 여자
Step 4	메모를 보면서 말하세요. 이때 인물의 감정을 말하면서 이야기를 마무리하세요.

■ 수진 씨가 결혼식에 참석했습니다. 수진 씨에게 무슨 일이 있었는지 이야기하세요.

처음	사건1	사건2	끝
누가? 언제? 어디? 무엇?	무엇을 했습니까?	무엇을 했습니까?	어떻게 끝났습니까?
추측 -	-	행복하다	기분이 좋다

03. 제시된 단어를 이용해 말해 보세요. 그리고 녹음파일을 듣고 다시 말해 보세요.

■ 수진 씨가 고향에 계신 아버지께 선물을 보냈습니다. 수진 씨가 어떻게 했는지 이야기하세요.

	처음	방법1	방법2	끝
	누가? 언제? 어디? 무엇?	무엇을, 어떻게 했습니까?	무엇을, 어떻게 했습니까?	어떻게 끝났습니까?
	수진, 옷 가게, 아버지 파란색 셔츠, 사다	?	저울, 상자, 올리다, 무게, 재다, 요금, 내다	이틀 후, 아버지, 통화하다
추측	-	-	-	기뻐하다, 기분이 좋다

04. 다음을 보고 미션(Mission)을 수행하세요.

미션 1	미션 2	미션 3	미션 4
예시문을 읽고 알맞은 그림을 그려 보세요.	큰 소리로 읽으세요.	그림만 보고 말하세요.	그림 ③-④ 내용을 자유롭게 바꿔서 말하세요.
	횟수: ☑□□□□	횟수: □□□□□	

일주일 후

답변 예시문

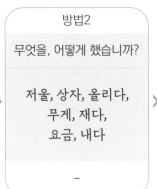

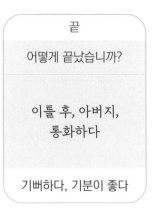

친구가 여행을 가기 전에 수진 씨에게 강아지를 맡겼어요. 수진 씨는 먼저 강아지에게 밥을 줬어요. 강아지는 배가 고팠는지 밥을 잘 먹었어요. 그러고 나서 수진 씨는 강아지를 데리고 산책을 했어요. 정말 즐거웠어요. 일주일 후, 친구가 돌아왔어요. 수진 씨는 강아지를 친구에게 보내야 했어요. 너무 아쉬워서 수진 씨는 눈물이 날 것 같았어요.

2. 문제 해결 구조 __ 주인공이 어떤 문제나 갈등을 해결하려고 노력하는 과정이 나옵니다.

2-1. 문제 확인

■ 예시

3번. 그림을 보고 순서대로 이야기하십시오. 40초 동안 준비하십시오. '삐' 소리가 끝나면 60초 동안 말하십시오.

(1) (2) (3) (4)

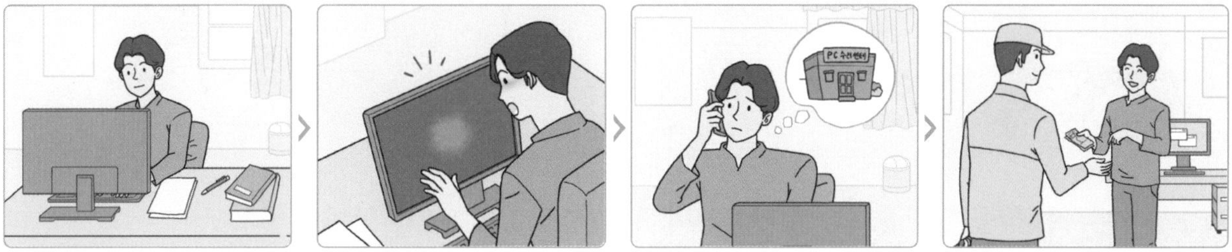

🎧 민수 씨의 컴퓨터가 고장 났습니다. 민수 씨에게 무슨 일이 있었는지 이야기하세요.

■ 메모 〈40초〉

▼ 문제 메모

- 민수
- 컴퓨터 고장

▼ 답변 메모

(1) 컴퓨터, 숙제하다
그런데 갑자기
(2) 컴퓨터 꺼지다 → 당황하다
(3) 수리 센터, 전화하다
(4) 수리 기사님, 컴퓨터 고치다 → 마음이 놓이다
수리비 드리다, "감사하다" 말씀 드리다

■ 답변 〈60초〉

민수 씨는 컴퓨터로 열심히 숙제를 하고 있었어요. 그런데 갑자기 컴퓨터가 꺼졌어요. 당황한 민수 씨는 수리 센터에 전화해서 수리를 요청했어요. 다행히 수리 기사님이 빨리 오셔서 컴퓨터를 고쳐 주셨어요. 민수 씨는 마음이 놓였어요. 그리고 기사님께 수리비를 드린 후에 감사하다는 말씀을 드렸어요.

내용	• 네 개의 그림을 모두 설명했다. • '처음 상황 - 문제 발생(컴퓨터 고장) - 해결 시도(수리센터 전화) - 문제 해결(컴퓨터 수리)'의 과정을 순서대로 잘 설명했다. • 인물의 감정 변화를 잘 표현했다. 예 당황하다 → 마음이 놓이다
언어	• 중급 수준의 어휘와 표현을 잘 사용했다. 예 수리를 요청하다, ~다는 말씀을 드리다 등
발음	**발음 주의!** • 열심히 [열씸히] • 있었어요 [이써써요] • 놓였어요 [노여써요]

2-2. 문제 확인

■ 예시

3번. 그림을 보고 순서대로 이야기하십시오. 40초 동안 준비하십시오. '삐' 소리가 끝나면 60초 동안 말하십시오.

🎧 수진 씨는 잠을 못 잤습니다. 수진 씨에게 무슨 일이 있었는지 이야기하세요.

■ 메모 〈40초〉

▼ 문제 메모

- 수진
- 잠을 못 자다

▼ 답변 메모

(1) 밤, 집, 못 자다 / 윗집 아이, 뛰어다니다 → 시끄럽다
그래서
(2) 윗집 가다 → "조용히 해 주세요", 부탁하다
(3) 윗집 사람 + 아이 → 수진 씨에게 사과하다
(4) 다음 날, 소음, 못 자다 → 화가 나다

■ 답변 〈60초〉

수진 씨는 밤에 자려고 누웠는데 잠을 잘 수가 없었어요. 윗집에서 아이가 뛰어다녀서 너무 시끄러웠어요. 그래서 수진 씨는 윗집에 가서 조용히 해 달라고 부탁했어요. 그 말을 듣고 윗집에 사는 사람과 아이가 죄송하다고 사과를 했어요. 다음 날 밤이 되었어요. 수진 씨가 자려고 누워 있는데 또 소음이 들렸어요. 수진 씨는 잠을 자고 싶었지만 못 자고 그냥 누워 있었어요. 화가 났어요.

내용
- 네 개의 그림을 모두 설명했다.
- '문제 발생(소음) - 해결 시도(부탁하다) - 해결 시도(사과를 받다)- 해결 실패(소음)'의 과정을 잘 연결해서 설명했다.
- 인물의 감정을 잘 표현했다. 예 화가 나다

언어
- 중급 수준의 어휘와 표현을 잘 사용했다. 예 조용히 해 달라고 부탁하다, 소음이 들리다
죄송하다고 사과를 하다

발음 **발음 주의!** • 윗집 [위찝/윋찝] • 듣고 [듣꼬] • 부탁했어요 [부타캐써요]

2-3. 더 알아보기

■ 구조1

처음		문제 발생		해결 시도		끝 – 해결
누가? 언제? 어디? 무엇?		무슨 일이 생겼습니까?		어떻게 했습니까?		어떻게 끝났습니까?
민수, 집, 컴퓨터, 숙제	>	컴퓨터, 꺼지다	>	수리 센터, 전화하다	>	수리 기사님, 수리하다 수리비, 인사
추측 –		당황하다		–		마음이 놓이다, 감사하다

* 추측 내용: 인물의 감정, 앞뒤 관계(이유, 결과…)

■ 구조2

처음 – 문제 발생		해결 시도		해결 시도		끝 – 해결 실패
누가? 언제? 어디? 무엇?		어떻게 했습니까?		어떻게 했습니까?		어떻게 끝났습니까?
수진, 밤, 집, 못 자다	>	윗집, "조용히 해 주세요.", 부탁하다	>	윗집 사람, 아이, 사과하다	>	다음 날, 소음, 못 자다
추측 아이가 뛰어다니다		–		–		화가 나다

■ 어휘 및 표현

갑자기	예 하늘이 맑았어요. 그런데 갑자기 비가 내렸어요.	이렇게 말했다	예 "우산 좀 빌려주세요." 이렇게 말했어요.
다행히	예 불이 났는데 다행히 다친 사람은 없었어요.	–라고 말했다	예 "우산 좀 빌려주세요." 라고 말했어요.
결국	예 거절을 못해서 결국 그 일을 하게 되었어요.	–아/어 달라고 하다[부탁하다]	예 친구한테 우산 좀 빌려달라고 했어요.

■ 감정 표현

	· 고맙다 · 감사하다 · 안도하다 · 기대하다	마음이 놓이다 안심이 되다 기대가 크다	예 내가 힘들 때 도와준 친구가 너무 고마웠어요. 예 연락이 안 되던 동생이 집에 왔어요. 마음이 놓였어요. 예 약속을 잊어버렸는데 친구한테서 전화가 와서 당황했어요.
	· 당황하다 · 황당하다	당황스럽다	예 방에서 뛰지 말라고 했더니 화를 냈어요. 저는 황당했어요.
	· 속상하다 · 실망하다	실망이 크다 실망스럽다	예 최신 휴대폰을 사자마자 잃어버렸어요. 정말 속상했어요. 예 시험을 잘 본 줄 알고 기대했는데 점수를 보고 실망했어요.
	· 화가 나다	N에게 화를 내다	예 동생이 몰래 내가 아끼는 옷을 입고 나가서 화가 났어요.

2-4. 연습하기

01. 그림을 보고 수진 씨가 느낄 감정을 [보기]에서 골라 알맞게 쓰세요.

[보기]　기대하다　당황하다　속상하다　실망하다　화가 나다

수업을 하는데 갑자기 전화벨 소리가 들렸어요.
수진 씨는 너무 (　　　　　　). 빨리 휴대폰 전원을
껐지만 다른 학생들을 불편하게 했기 때문에
선생님께 꾸중을 들었어요. 정말 (　　　　　　).

02. 다음 지시에 따라 그림을 보고 이야기를 완성해 보세요.

Step 1	4개의 그림을 순서대로 빠르게 보면서 '누가? 언제? 어디? 무엇?' 정보를 쓰세요. * 특별히 중요하지 않거나 그림에 나타나지 않은 정보는 쓰지 않아도 됩니다.
Step 2	처음과 끝 상황을 보고 인물의 감정을 추측해 보세요. 그리고 무슨 일 때문에 인물이 그런 감정을 가지게 되었는지 중심 사건을 찾아보세요.
Step 3	각각의 그림을 보고 설명할 때 필요한 단어들을 아래의 빈칸에 차례대로 메모하세요. * 모르는 단어는 쉬운 말로 바꾸거나 풀어 쓰세요. 예 청소기 → 청소하는 기계
Step 4	메모를 보면서 말하세요. 이때 인물의 감정을 말하면서 이야기를 마무리하세요.

■ 수진 씨는 룸메이트와 싸웠습니다. 수진 씨에게 무슨 일이 있었는지 이야기하세요.

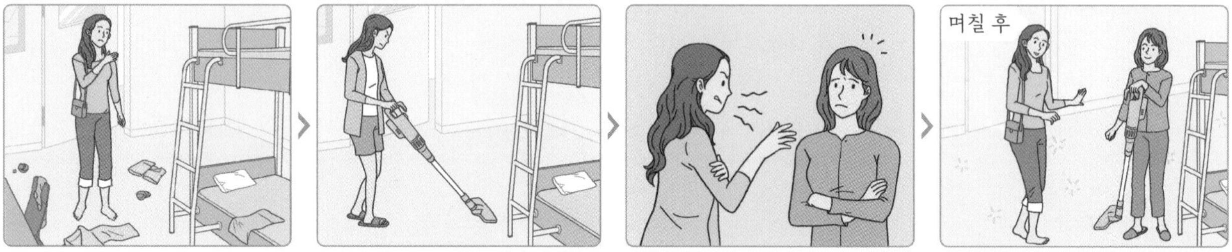

처음 – 문제 발생	해결 시도	해결 시도	끝 – 해결
누가? 언제? 어디? 무엇?	어떻게 했습니까?	어떻게 했습니까?	어떻게 끝났습니까?
추측 당황하다			

03. 제시된 단어를 이용해 말해 보세요. 그리고 녹음파일을 듣고 다시 말해 보세요.

■ 민수 씨는 영화를 봤습니다. 민수 씨에게 무슨 일이 있었는지 이야기하세요.

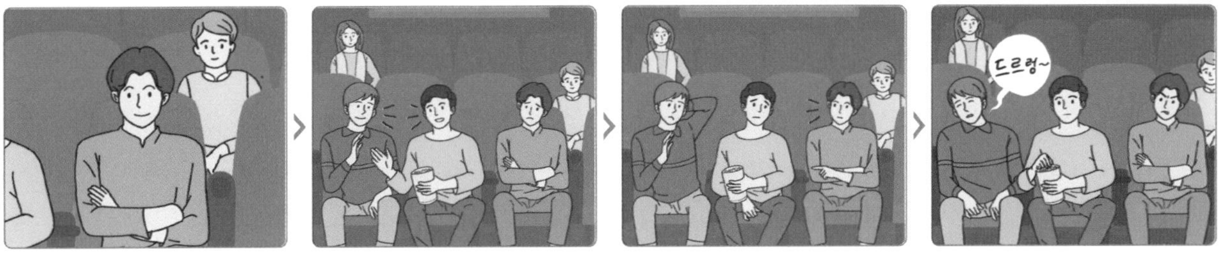

처음	문제 발생	해결 시도	끝 – 해결 실패
누가? 언제? 어디? 무엇?	무슨 일이 생겼습니까?	어떻게 했습니까?	어떻게 끝났습니까?
민수, 영화관, 영화	옆, 두 사람, 시끄럽게 떠들다	?	코를 골다, 자다, 영화를 잘 못 보다
추측 –	–	–	화가 나다

04. 다음을 보고 미션(Mission)을 수행하세요.

미션 1	미션 2	미션 3	미션 4
예시문을 읽고 알맞은 그림을 그려 보세요.	큰 소리로 읽으세요. 횟수: ☑ □ □ □ □	그림만 보고 말하세요. 횟수: ☑ □ □ □ □	그림 ②–④ 내용을 자유롭게 바꿔서 말하세요.

답변 예시문

눈이 많이 내리는 날이었어요. 수진 씨는 길을 걷다가 미끄러져서 넘어지고 말았어요. 다리가 너무 아파서 걸을 수가 없었어요. 그래서 수진 씨는 빨리 119에 전화했어요. 다행히 병원에 도착하자마자 치료를 받을 수 있었어요. 의사 선생님이 깁스를 해 주셔서 마음이 놓였어요. 다음 날, 친구들이 수진 씨를 보러 병문안을 왔어요. 수진 씨는 시간을 내서 와 준 친구들이 너무 고마웠어요.

3. 원인 결과 구조 __ 어떤 결과나 반응이 나타나게 된 원인이 앞부분에 나옵니다.

3-1. 문제 확인

■ 예시

3번. 그림을 보고 순서대로 이야기하십시오. 40초 동안 준비하십시오. '삐' 소리가 끝나면 60초 동안 말하십시오.

(1) (2) (3) (4)

🎧 민수 씨는 자전거 대회에 참가했습니다. 민수 씨에게 무슨 일이 있었는지 이야기해 보세요.

■ 메모 〈40초〉

▼ 문제 메모

- 민수
- 자전거 대회 참가

▼ 답변 메모

(1) 자전거 대회 참가하다, 어머니 → 민수 응원하다
(2) 힘들다 + 다른 참가자, 빠르다 → 당황하다
그때
(3) 어머니, "힘내!" 응원해 주시다 → 힘이 나다
(4) 결국 1등, 어머니께 상 드리다 → 기쁘다, 눈물

■ 답변 〈60초〉

민수 씨는 오늘 자전거 대회에 참가했어요. 어머니가 오셔서 민수 씨를 응원해 주셨어요. 민수 씨는 꼭 1등을 하고 싶었어요. 그런데 생각보다 자전거 타기가 힘들었어요. 게다가 다른 참가자가 민수 씨 옆을 빠르게 지나가니까 민수 씨는 당황했어요. 그때 어머니가 보였어요. 어머니는 민수 씨에게 "민수야, 힘내!"하고 응원해 주셨어요. 민수 씨는 갑자기 힘이 났어요. 결국 민수 씨는 일등을 했어요. 어머니께 상을 드릴 수 있어서 정말 기뻤어요.

내용
- 네 개의 그림을 모두 설명했다.
- '처음 상황 - 위기(힘들다) - 극복(응원을 듣고 힘내다) - 성취(1등을 하다)'의 과정을 잘 설명했다.
- 인물의 감정 변화를 잘 표현했다. 예 당황하다 → 기쁘다

언어
- 중급 수준의 어휘와 표현을 잘 사용했다. 예 대회에 참가하다, 응원하다 등

발음
발음 주의! · 일등[일뜽] · 옆을[여플] · 보였어요[보여써요]

3-2. 문제 확인

■ 예시

3번. 그림을 보고 순서대로 이야기하십시오. 40초 동안 준비하십시오. '삐' 소리가 끝나면 60초 동안 말하십시오.

(1) (2) (3) (4)

수진 씨가 옷을 샀습니다. 수진 씨에게 무슨 일이 있었는지 이야기하세요.

■ 메모 〈40초〉

문제 메모

- 수진
- 옷 사다

답변 메모

(1) 백화점, 빨간 스웨터 사다
(2) 스웨터 입다 → 친구 모임 가다, 예쁘다고 하다
(3) 며칠 후, 집, 빨래하다, 세탁기에 넣다
(4) 빨래 끝난 후, 스웨터 작아지다 → 깜짝 놀라다, 후회하다

■ 답변 〈60초〉

수진 씨는 백화점에서 정말 마음에 드는 빨간색 스웨터를 샀어요. 그 옷을 입고 모임에 가니까 친구들이 모두 예쁘다고 했어요. 수진 씨는 기분이 너무 좋았어요. 며칠 후 수진 씨는 빨래를 했어요. 스웨터하고 바지를 모두 세탁기에 넣고 돌렸어요. 그런데 빨래가 끝난 후에 수진씨는 깜짝 놀랐어요. 스웨터가 아기 옷처럼 작아졌기 때문이에요. 수진 씨는 스웨터를 세탁기에 넣은 걸 후회했어요.

내용
- 네 개의 그림을 모두 설명했다.
- '처음 상황(스웨터를 사다) - 다음 순서 (모임에 입고 가다) - 그다음 순서 (세탁기에 넣다) - 예상하지 못한 문제 발생(옷이 작아지다)'의 과정을 자연스럽게 연결해서 설명했다.
- 인물의 감정 변화를 잘 표현했다. 예 기분이 좋다 → 깜짝 놀라다 → 후회하다

언어
- 중급 수준의 어휘와 표현을 잘 사용했다. 예 예쁘다고 하다, 세탁기를 돌리다 등

발음
발음 주의! • 백화점에서 [배콰저메서] • 넣고 [너코]

3-3. 더 알아보기

구조1

처음 – 목표, 노력	위기	극복	끝 – 성취
누가? 언제? 어디? 무엇?	무슨 일이 생겼습니까?	어떻게 했습니까?	어떻게 끝났습니까?
민수, 어머니, 자전거 대회, 참가	자전거 타다, 힘들다 다른 참가자, 빠르다	어머니가 보이다, 어머니-"힘내" 응원하다	1등, 상, 드리다
추측 –	당황하다	힘이 나다	기쁘다

* 추측 내용: 인물의 감정, 앞뒤 관계(이유, 결과…)

구조2

처음	다음 순서	그 다음 순서	끝 – 예상하지 못한 문제
누가? 언제? 어디? 무엇?	무엇을 했습니까?	무엇을 했습니까?	어떻게 끝났습니까?
수진, 백화점, 빨간색 스웨터 사다	스웨터, 친구 모임 가다 친구, 예쁘다고 하다	빨래하다, 세탁기, 넣다	스웨터, 작아지다
추측 –	기분이 좋다	–	깜짝 놀라다, 후회하다

어휘 및 표현

가족 관계	예 • 부모님(아버지, 어머니), 동생 나(여자): 오빠, 언니 나(남자): 형, 누나	모르는 사람1	예 • 어떤 사람/남자/여자/아주머니/아저씨… • 한 사람, 한 남자, 한 여자, 한 아이… • 할머니 한 분, 할아버지 한 분… • 지나가는 사람, 처음 보는 사람, 모르는 사람
주변 사람	예 • 직장: 동료, 사장님, 상사… • 학교: 선생님, 친구, 선배, 후배… • 집/기숙사: 룸메이트…	모르는 사람2	예 • 의사 선생님, 교수님… • 우체국/옷 가게 직원, 배달원, 경비원, 손님… • 수리 기사님, 택배 기사님… • 다른 참가자, 다른 손님, 윗집에 사는 사람…

감정 표현

	· 설레다 · 뿌듯하다 · 감동하다		예 남자친구와 데이트했어요. 설레어서 가슴이 두근거렸어요. 예 선생님이 슬퍼하는 나를 위로해 주셨어요. 감동했어요.
	· 놀라다	깜짝 놀라다	예 길에서 우연히 동창을 만나서 깜짝 놀랐어요.
	· 긴장하다 · 걱정하다 · 떨리다 · 불안하다	긴장이 되다 걱정이 되다	예 곧 시험을 시작하니까 긴장이 되었어요. 손에 땀이 났어요.
	· 창피하다 · 부끄럽다		예 실수로 양말 색이 서로 다른 것을 신고 와서 창피했어요. 예 어머니께 거짓말을 하고 나니까 너무 부끄럽고 죄송했어요.
	· 후회하다	후회가 되다	예 나는 시험공부를 열심히 하지 않은 것을 후회했어요.

3-4. 연습하기

01. 그림을 보고 민수 씨가 느낄 감정을 [보기]에서 골라 알맞게 쓰세요.

[보기] 설레다 창피하다 후회하다 감동하다 답답하다

민수 씨는 조금 전부터 안경이 안 보여서 안경을 찾고 있었어요. 아무리 찾아도 없어서 (   ). 그런데 안경이 민수 씨의 머리에 있다고 동생이 가르쳐 줬어요. 민수 씨는 당황스러웠어요. 그리고 좀 (   ).

02. 다음 지시에 따라 그림을 보고 이야기를 완성해 보세요.

Step 1	4개의 그림을 순서대로 빠르게 보면서 '누가? 언제? 어디? 무엇?' 정보를 쓰세요. * 특별히 중요하지 않거나 그림에 나타나지 않은 정보는 쓰지 않아도 됩니다.
Step 2	처음과 끝 상황을 보고 인물의 감정을 추측해 보세요. 그리고 무슨 일 때문에 인물이 그런 감정을 가지게 되었는지 중심 사건을 찾아보세요.
Step 3	각각의 그림을 보고 설명할 때 필요한 단어들을 아래의 빈칸에 차례대로 메모하세요. * 꼭 말해야 하는데 단어를 한국어로 모를 때는 영어로 바꿔 말해 보세요. 예 면접 → 인터뷰
Step 4	메모를 보면서 말하세요. 이때 인물의 감정을 말하면서 이야기를 마무리하세요.

■ 수진 씨는 대학교 입학 면접을 봤습니다. 수진 씨에게 무슨 일이 있었는지 이야기하세요.

처음 – 도전	위기	노력	끝 – 성취
누가? 언제? 어디? 무엇?	무슨 일이 생겼습니까?	어떻게 했습니까?	어떻게 끝났습니까?
추측 –	긴장되다	–	

03. 제시된 단어를 이용해 이야기를 완성해 보세요. 그리고 녹음파일을 듣고 다시 말해 보세요.

■ 민수 씨는 새 차를 샀습니다. 민수 씨에게 무슨 일이 있었는지 이야기하세요.

처음	문제 발생	해결 시도	끝 – 예상하지 못한 문제
누가? 언제? 어디? 무엇?	무슨 일이 생겼습니까?	어떻게 했습니까?	어떻게 끝났습니까?
민수, 새 차, 사다 까만색 차, 비싸다	비, 차, 더러워지다	?	새 똥, 떨어지다
추측 –	기분이 안 좋다	힘들다, 뿌듯하다	깜짝 놀라다, 속상하다

04. 다음을 보고 미션(Mission)을 수행하세요.

미션 1	미션 2	미션 3	미션 4
예시문을 읽고 알맞은 그림을 그려 보세요.	큰 소리로 읽으세요. 횟수: ☑□□□□	그림만 보고 말하세요. 횟수: ☑□□□□	문제 해결 구조로 내용을 바꿔서 말하세요.

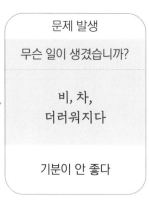

답변 예시문

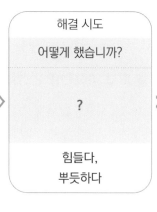

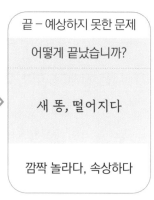

민수 씨는 커피숍에서 따뜻한 녹차를 한 잔 주문했어요. 차를 기다리는 동안 잠깐 화장실에 갔어요. 10분 후 화장실에 갔다 오니까 주문한 차가 나와 있었어요. 민수 씨는 차를 마시자마자 이상하다고 생각했어요. 알고 보니 민수 씨가 마신 것은 차가 아니라 커피였어요. 민수 씨 옆에는 커피를 주문했던 손님이 자기 커피를 찾고 있었어요. 민수 씨는 너무 당황스럽고 창피했어요.

다 / 예상 문제

문제 듣기 → 40초 준비 → 60초 말하기

※ 메모하세요 ※ 메모하세요

※ 녹음기를 켜고 휴대폰으로 QR코드를 찍은 후, 메모하고 답변해 보세요.

01 3번. 그림을 보고 순서대로 이야기하십시오.
40초 동안 준비하십시오. '삐' 소리가 끝나면 60초 동안 말하십시오.

친구 소라 씨가 아픈 수진 씨를 찾아왔습니다. 수진 씨에게 무슨 일이 있었는지 이야기하세요.

02

03

04

문제 듣기 → 40초 준비 → 60초 말하기

※ 메모하세요 ※ 메모하세요

05

06

07

08

예시 답변
사용 설명서

- 자신의 답변을 녹음한 후 들어 봅니다.
- 자신의 답변과 예시 답변을 비교해 봅니다.
- 예시 답변을 여러 번 읽어 봅니다.
- 자주 쓰는 표현과 단어를 외웁니다.
- 60초 안에 답변할 수 있도록 연습합니다.
- 다시 앞으로 돌아가 문제를 듣고 답변해 봅니다.

1-4. '시간 순서 구조' 연습 *p.103~104*

01 오늘 체육 대회에서 2등을 했어요. 너무 (아쉬웠어요).
오랜만에 친한 친구와 노래방에서 노래를 하니까 정말 (즐거웠어요).

02

▪ **수진 씨가 결혼식에 참석했습니다. 수진 씨에게 무슨 일이 있었는지 이야기하세요.**

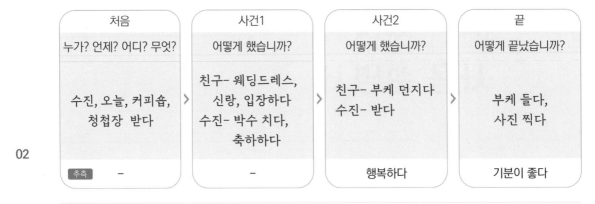

처음	사건1	사건2	끝
누가? 언제? 어디? 무엇?	어떻게 했습니까?	어떻게 했습니까?	어떻게 끝났습니까?
수진, 오늘, 커피숍, 청첩장 받다	친구- 웨딩드레스, 신랑, 입장하다 수진- 박수 치다, 축하하다	친구- 부케 던지다 수진- 받다	부케 들다, 사진 찍다
추측 -	-	행복하다	기분이 좋다

그림1 - 수진 씨는 오늘 커피숍에서 친구한테서 청첩장을 받았습니다.
그림2 - 한달 후, 수진 씨는 친구의 결혼식에 참석했습니다.
웨딩드레스를 입은 친구와 신랑이 입장할 때 수진 씨는 박수를 치면서 축하해 주었습니다.
그림3 - 그러고 나서 친구가 부케를 던졌는데 수진 씨가 부케를 받았습니다. 사랑하는 친구의 부케를 받으니까 정말 행복했습니다.
그림4 - 수진 씨는 신랑과 신부 사이에서 부케를 들고 사진을 찍었습니다. 정말 기분이 좋았습니다.

03

▪ **수진 씨가 고향에 계신 아버지께 선물을 보냈습니다. 수진 씨가 어떻게 했는지 이야기하세요.**

그림1 - 수진 씨는 옷 가게에서 너무 예쁜 파란색 셔츠를 봤습니다. 아버지 생각이 나서 셔츠를 샀습니다.
그림2 - 그리고 소포를 보내려고 우체국에 갔습니다. 먼저 셔츠를 상자에 넣고 포장을 했습니다.
그림3 - 그다음에 저울 위에 상자를 올리고 무게를 쟀습니다. 요금을 낸 후에 선물을 고향에 보낼 수 있었습니다.
그림4 - 이틀 후에 수진 씨는 아버지와 통화했습니다. 아버지가 너무 기뻐하셔서 수진 씨도 정말 기분이 좋았습니다.

04 생략

* 그림을 보고 설명할 때 꼭 필요한데, 단어를 모르면 쉬운 말로 풀어서 말해 보세요.
예) 부케 → 신부가 들고 있는 꽃, 웨딩드레스 → 결혼할 때 입는 드레스/원피스, 신부 → 결혼하는 여자

2-4. '문제 해결 구조' 연습 *p.108~109*

01 수업을 하는데 갑자기 전화벨 소리가 들렸어요. 수진 씨는 너무 (당황했어요). 빨리 휴대폰 전원을 껐지만 다른 학생들을 불편하게 했기 때문에 선생님께 꾸중을 들었어요. 정말 (속상했어요).

02

- **수진 씨는 룸메이트와 싸웠습니다. 수진 씨에게 무슨 일이 있었는지 이야기하세요.**

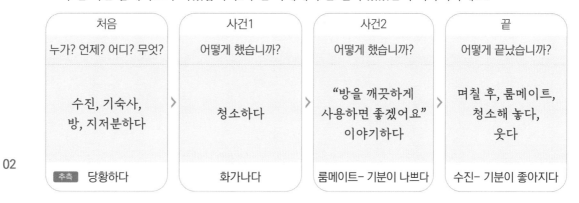

처음	사건1	사건2	끝
누가? 언제? 어디? 무엇?	어떻게 했습니까?	어떻게 했습니까?	어떻게 끝났습니까?
수진, 기숙사, 방, 지저분하다	청소하다	"방을 깨끗하게 사용하면 좋겠어요" 이야기하다	며칠 후, 룸메이트, 청소해 놓다, 웃다
추측 당황하다	화가나다	룸메이트- 기분이 나쁘다	수진- 기분이 좋아지다

그림1 - 수진 씨는 외출했다가 기숙사에 돌아왔습니다. 그런데 방이 너무 지저분해서 당황했습니다.
그림2 - 수진 씨는 할 수 없이 방을 청소했는데 같이 쓰는 방을 혼자서만 치우니까 조금 화가 났습니다.
그림3 - 조금 후에 룸메이트가 와서 수진 씨는 룸메이트에게 방을 좀 깨끗하게 사용하면 좋겠다고 말했습니다. 그 말을 들은 룸메이트도 조금 기분이 나쁜 것 같았습니다.
그림4 - 며칠 후, 수진 씨가 기숙사에 오니까 룸메이트가 방을 아주 깨끗하게 청소해 놓았습니다. 수진 씨는 기분이 좋아져서 룸메이트와 같이 웃었습니다.

03

- **민수 씨는 영화를 봤습니다. 민수 씨에게 무슨 일이 있었는지 이야기하세요.**

그림1 - 민수 씨는 오랜만에 영화관에서 영화를 봤습니다. 좋아하는 배우가 나와서 재미있게 보고 있었습니다.
그림2 - 그런데 갑자기 옆에 앉은 두 사람이 시끄럽게 떠들었습니다. 영화 소리가 잘 안 들렸습니다.
그림3 - 민수 씨는 영화에 집중할 수가 없어서 조용히 해 달라고 부탁했습니다.
그림4 - 그렇지만 조금 후에 옆에 있는 사람이 코를 골면서 잤습니다. 이날 민수 씨는 영화를 잘 못 봐서 화가 났습니다.

04 생략

* 그림을 설명하기 위해 꼭 필요한데, 단어를 모를 때는 쉬운 말로 풀어서 말해 보세요.
예) 떠들다 → 시끄럽게 이야기하다, 코를 골면서 자다→ 코로 시끄러운 소리를 내면서 자다

3-4. '원인 결과 구조' 연습 *p.113~114*

01 민수 씨는 조금 전부터 안경이 안 보여서 안경을 찾고 있었어요. 아무리 찾아도 없어서 (답답했어요). 그런데 안경이 민수 씨의 머리에 있다고 동생이 가르쳐 줬어요. 민수 씨는 당황스러웠어요. 그리고 좀 (창피했어요).

02

▪ **수진 씨는 대학교 입학 면접을 봤습니다. 수진 씨에게 무슨 일이 있었는지 이야기하세요.**

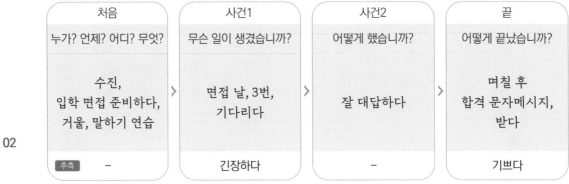

처음	사건1	사건2	끝
누가? 언제? 어디? 무엇?	무슨 일이 생겼습니까?	어떻게 했습니까?	어떻게 끝났습니까?
수진, 입학 면접 준비하다, 거울, 말하기 연습	면접 날, 3번, 기다리다	잘 대답하다	며칠 후 합격 문자메시지, 받다
추측 -	긴장하다	-	기쁘다

그림1 - 수진 씨는 한국 대학교에 가기 위해 입학 면접을 열심히 준비했어요. 시험 보기 전에 거울을 보면서 말하기 연습을 했어요.
그림2 - 면접 날이 되었어요. 수진 씨는 3번이었어요. 기다리는 동안 너무 긴장됐어요.
그림3 - 수진 씨 차례가 되었어요. 다행히 질문이 별로 어렵지 않아서 준비한 대로 대답할 수 있었어요.
그림4- 며칠 후 수진 씨는 합격 문자 메시지를 받았어요. 눈물이 날 정도로 기뻤어요.

03

▪ **민수 씨는 새 차를 샀습니다. 민수 씨에게 무슨 일이 있었는지 이야기하세요.**

그림1 - 민수 씨는 새 차를 샀어요. 까만색 차인데 조금 비싸요.
그림2 - 그런데 비 오는 날에 차가 더러워졌어요. 더러워진 차 때문에 민수 씨는 기분이 안 좋았어요.
그림3 - 다음 날 날씨가 맑아졌어요. 민수 씨는 차를 아주 깨끗하게 청소했어요. 차 유리도 닦았어요. 힘들었지만 뿌듯했어요.
그림4 - 그런데 갑자기 하늘에서 새 똥이 떨어져서 민수 씨는 깜짝 놀랐어요. 차가 다시 더러워져서 속상했어요.

04 생략

* 그림을 설명하기 위해 꼭 필요한데, 단어를 모를 때는 영어로 말해 보세요.
예) 면접 → 인터뷰

다. 예상 문제 *p.115~116*

01

▪ **친구 소라 씨가 아픈 수진 씨를 찾아왔습니다. 수진 씨에게 무슨 일이 있었는지 이야기하세요.**

그림1 - 오늘 수진 씨는 감기에 걸려서 열이 많이 났어요. 하도 아파서 집에서 누워 있었어요.

그림2 - 그랬더니 친구 소라 씨가 수진 씨를 걱정해서 약을 사다 줬어요. 하루에 세 번, 식후에 먹으라고 했어요.

그림3 - 수진 씨는 약을 먹었어요. 약을 사 준 친구가 얼마나 고마웠는지 몰라요.

그림4 - 다음 날, 푹 자고 일어나니까 열이 내렸어요. 수진 씨는 기분이 좋아져서 친구에게 고맙다고 메시지를 보냈어요.

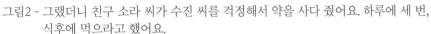

02

▪ **민수 씨가 기숙사를 떠나려고 합니다. 민수 씨에게 무슨 일이 있었는지 이야기하세요.**

그림1 - 민수 씨는 이사를 가려고 부동산에 갔습니다. 사무실에 붙어 있는 광고를 보니까 원룸이 하나 있었습니다.

그림2 - 민수 씨는 부동산 직원하고 새 원룸에 가 봤습니다. 원룸이 마음에 들어서 계약을 했습니다.

그림3 - 그러고 나서 기숙사에 돌아온 민수 씨는 이사할 준비를 하기 시작했습니다. 책과 옷을 정리했습니다.

그림4 - 일주일 후, 이사를 가는 날이 되었습니다. 민수 씨는 이사차가 떠나기 전에 친구와 인사를 했습니다. 섭섭했습니다.

03

▪ **수진 씨가 오늘 회사에 지각했습니다. 수진 씨에게 무슨 일이 있었는지 이야기하세요.**

그림1 - 수진 씨는 오늘 아침에 늦게 일어나서 깜짝 놀랐어요. 벌써 9시였어요.

그림2 - 수진 씨는 빨리 옷을 입고 버스를 타러 갔어요. 그런데 급해서 버스를 잘못 타고 말았어요. 152번을 162번으로 잘못 봤기 때문이에요.

그림3 - 수진 씨는 버스에서 내려서 택시를 잡으려고 했어요.

그림4 - 결국 수진 씨는 한 시간이나 지각을 했어요. 사장님은 화가 난 것 같았어요. 수진 씨는 너무 속상해서 앞으로 지각하지 않겠다고 결심했어요.

04

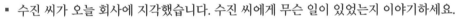

▪ **민수 씨가 학교에 가는 버스를 탔습니다. 민수 씨에게 무슨 일이 있었는지 이야기하세요.**

그림1 - 민수 씨는 오늘도 학교에 가려고 버스를 탔어요.

그림2 - 그런데 할머니 한 분이 버스를 타셨어요. 무거운 짐을 들고 계셨는데 버스에 자리가 없었어요.

그림3 - 민수 씨는 할머니께 자리를 양보해 드리려고 자리에서 일어났어요. 그리고 "할머니, 여기에 앉으세요."라고 했어요.

그림4 - 할머니는 자리에 앉으시면서 고맙다고 말씀하셨어요. 할머니 말씀을 들으니까 민수 씨는 뿌듯하고 기분이 좋았어요.

05

▪ **수진 씨가 책을 빌렸습니다. 수진 씨에게 무슨 일이 있었는지 이야기하세요.**

그림1 - 수진 씨는 도서관에서 책을 빌렸는데, 반납일이 5월 8일이었습니다.

그림2 - 그런데 수진 씨는 반납 날짜를 잊어버렸습니다. 책을 보자 생각이 났습니다.

그림3 - 그래서 빨리 도서관에 책을 반납하러 갔습니다. 반납일이 지나서 연체료가 200원이 나왔습니다.

그림4 - 수진 씨는 연체료를 내려고 했는데 가방에 지갑이 없었습니다. 지갑을 책상 위에 두고 온 것이 생각나서 당황스러웠습니다. 할 수 없이 수진 씨는 연체료를 내지 못했습니다.

06

▪ **수진 씨가 남자친구를 기다렸습니다. 수진 씨에게 무슨 일이 있었는지 이야기하세요.**

그림1 - 갑자기 비가 많이 내렸어요. 수진 씨는 학교에서 수업을 듣다가 비가 너무 많이 와서 놀랐어요.
그림2 - 수진 씨는 우산이 없었기 때문에 남자친구가 우산을 가지고 와 주면 좋겠다고 생각했어요.
그림3 - 그런데 건물 앞에는 아무도 없었어요. 수진 씨는 실망했어요.
그림4 - 그때 우산을 들고 서 있는 아버지가 보였어요. 수진 씨는 정말 감동했어요.

07

▪ **수진 씨는 머리 스타일을 바꿨습니다. 수진 씨에게 무슨 일이 있었는지 이야기하세요.**

그림1 - 수진 씨는 텔레비전을 보다가 여자 배우의 머리 스타일이 마음에 들었습니다. 긴 파마머리가 너무 예뻐 보였습니다.
그림2 - 미용실에 가서 여자배우처럼 긴 파마머리로 바꿔 달라고 했습니다.
그림3 - 그리고 긴 파마머리가 수진 씨에게 잘 어울려서 기분이 아주 좋았습니다.
그림4 - 그런데 밖에 나오니까 수진 씨 머리 스타일과 비슷한 여자들이 많았습니다. 수진 씨는 정말 당황했습니다.

08

▪ **민수 씨가 찌개를 만들고 있었습니다. 민수 씨에게 무슨 일이 있었는지 이야기하세요.**

그림1 - 민수는 찌개를 끓이는 중이었어요. 파를 넣으면 맛있을 것 같아서 파를 썰고 있었어요.
그림2 - 그런데 전화가 와서 요리를 하다가 전화를 받았어요.
그림3 - 친구하고 통화를 하다 보니까 시간 가는 줄 몰랐어요. 그런데 갑자기 냄새가 나서 민수 씨는 깜짝 놀랐어요.
그림4 - 가스불 위에 올려 둔 찌개가 생각났어요. 급하게 부엌에 가 보니까 찌개가 다 타 버렸어요. 민수 씨는 불을 껐어요. 너무 속상했지만 다음부터는 조심해야겠다고 생각했어요.

* 그림을 설명하기 위해 꼭 필요한데, 단어를 모를 때는 영어로 말해 보세요.
예) 면접 → 인터뷰

중급

말하기 유형 4

대화 완성하기

PART 2

가 / 문제 정보 확인

남자와 여자의 대화를 듣고 대화 내용에 맞는 답변을 하는 문제입니다. 대화가 자연스럽게 이어져야 하기 때문에 전체 내용을 잘 이해한 후, 남자 또는 여자가 되어 그 사람의 입장에서 말하면 됩니다.

1. 개요

수준	문제 유형	준비시간	답변 시간	평가 기준
중급	대화 완성하기	40초	60초	내용 / 언어 / 발음

2. 진행 과정

1

연습 > 1 > 2 > 3 > 4 > 5 > 6   음량조절

4번. 대화를 듣고 이어서 말하십시오.
40초 동안 준비하십시오. '삐' 소리가 끝나면 60초 동안 말하십시오.

문제에 대한 안내가 나옵니다.

2

연습 > 1 > 2 > 3 > 4 > 5 > 6   음량조절

4번. 대화를 듣고 이어서 말하십시오.
40초 동안 준비하십시오. '삐' 소리가 끝나면 60초 동안 말하십시오.

문제: 두 사람이 국립공원 내 편의시설 설치에 대해 이야기하고 있습니다.
남자의 마지막 말을 듣고 여자가 할 말로 대화를 완성해 보세요.

남자❶: 어제 뉴스 봤어요? 국립공원에 케이블카도 설치하고 휴게소도 짓는다고 해요. 그러면 훨씬 편해지겠는데요.
여자❷: 저도 봤는데, 편해지는 거보다 환경이 더 중요하지 않아요? 그래서 저는 편의시설을 지으면 안 된다고 생각해요.
남자❸: 그런데 편의시설이 있으면 관광객도 더 많이 오고 지역 경제도 발전한다고 좋아하는 사람들도 많던데요. 환경이 걱정되지만 공사할 때, 최대한 피해를 줄이기 위해 노력한다니까 괜찮지 않을까요?

문제 내용은 안 보이고 소리만 들립니다.

문제를 들으면서 중요한 것을 메모합니다.

단계	내용	시간	설명
3	준비하기 / 메모하기	40초	답변 내용을 메모합니다.
4	말하기	60초	메모한 내용을 보면서 말합니다.

3. 평가 항목 및 주의 사항

항목	주의 사항
내용	□ 두 사람이 어떤 주제로 대화하는지 잘 들어야 한다.
	□ 두 번째로 말하는 사람의 입장을 잘 들어야 한다. 그 사람의 입장에서 답변해야 한다.
	□ 첫 번째 사람의 말에 대해 반대 의견을 말해야 하는지, 조언을 해야 하는지, 제안을 해야 하는지를 잘 판단해서 답변해야 한다.
언어	□ '-아/어요', '-ㅂ/습니다' 중 하나를 선택해서 말하면 된다. 섞어서 말하는 것은 좋지 않다.
	□ 상황 (의견 말하기, 조언하기, 제안하기 등)에 맞는 표현을 사용해야 한다.
	□ 초급 수준의 단순한 표현만 사용하면 좋은 점수를 받을 수 없다.
발음 속도	□ 전문 용어가 나올 수도 있다. 중요한 단어일수록 정확하게 발음해야 한다.
	□ 말하는 속도가 너무 느리거나 말이 자주 끊기면 안 된다.
	□ 필요없는 말 (음... 그러니까... 그런데... 등)을 오래 하면 안 된다.

4. 점수 잘 받는 방법

✓ 어떤 주제로 대화하는지 잘 들어야 합니다.

- '두 사람이 (   )에 대해 이야기하고 있습니다.'에서 (   ) 부분을 잘 들어야 합니다. 집중해서 잘 듣고 반드시 메모해야 합니다. 정말 중요합니다.
- 처음에 나오는 대화❶을 들으면서 이어질 대화 내용을 상상해 보는 것도 좋습니다.

✓ 대화 ②의 입장을 잘 듣고 이 사람의 입장이 되어서 답변해야 합니다.

- 대화 ❶에 대해 ❷가 어떻게 말하는지 잘 듣고 중심 내용을 메모해야 합니다.
- ❷번은 반대 의견을 말하거나 조언, 제안 또는 거절하는 사람입니다.
- ❸번에서는 좀 더 구체적인 내용이 나옵니다. 꼭 메모해야 합니다.
- 답변할 때 ❸번에 나온 표현이나 내용을 활용하는 것이 좋습니다.

✓ 문제에 나오는 표현과 답변할 때 자주 쓰는 표현은 꼭 기억해야 합니다.

- 문제에 나오는 단어나 표현을 메모해서 활용해야 합니다.
- 인용 표현 '-다고/라고 생각합니다'는 확실하게 말할 수 있도록 연습해야 합니다.
- 의견 말하기, 조언, 제안, 추천, 거절할 때 자주 쓰는 표현은 꼭 외워야 합니다.

✓ 대화 내용을 집중해서 듣고 중심 내용을 꼭 메모해야 합니다.

- 그림은 보이지 않고 소리만 들리기 때문에 대화 내용을 들으면서 메모해야 합니다.
- 문제는 한 번만 들을 수 있습니다. 다 메모하려고 하지 말고 중요 내용만 메모합니다.

나 / 기능별 연습

1. 의견 말하기 _ 상대방의 의견에 대해 자신의 입장과 근거를 말해야 하는 문제입니다.

1-1. 문제 확인

■ 예시

4번. 대화를 듣고 이어서 말하십시오.
40초 동안 준비하십시오. '삐' 소리가 끝나면 60초 동안 말하십시오.

문제: 두 사람이 시골에서 아이를 키우는 것에 대해 이야기하고 있습니다. 남자의 마지막 말을 듣고 여자가 이어서 할 말로 대화를 완성해 보세요.

남자: 요즘 아이들을 위해서 일부러 도시에서 시골로 이사 가는 사람도 있다고 해요. 그런데 그러면 아이들 교육에 문제가 생기지 않을까요?

여자: 왜요? 저는 시골이 도시보다 조용해서 오히려 공부에 더 집중할 수 있을 거 같은데요. 또 자연속에서 체험할 수 있는 것도 많아서 정서적인 면에서도 좋을 거 같아요.

남자: 물론, 시골이 좋은 점도 있지만 도시보다 다양한 교육을 받을 수 있는 기회가 적은 건 사실이잖아요. 게다가 시골 학교는 학생 수가 적으니까 친구도 많이 사귈 수 없을 거 같아요.

■ 메모 〈40초〉

▼ 문제 메모

- 주제: 시골 / 아이 키우는 것
- ❶ 남자– 아이 위해 시골로 이사
  교육 문제 걱정
- ❷ 여자– 시골이 더 좋다 ✓
- ❸ 남자 –다양한 교육 기회 적다
  친구 많이 못 사귄다

▼ 답변 메모

- 과제 : 시골이 좋은 이유
  1. 교육 기회 적다 –문제 없음
     –인터넷 발달, 온라인 콘텐츠 다양
  2. 친구 사귀기 – 문제 없음
     –SNS 통해 친구 사귈 수 있음

■ 답변 〈60초〉

저는 그렇게 생각하지 않아요. 시골에 있으면 다양한 교육을 받을 기회가 적다고 하셨는데요. 요즘은 인터넷이 발달해서 그건 문제가 되지 않는다고 생각해요. 듣고 싶은 수업이 있으면 언제든지 온라인으로 들을 수 있는 시대잖아요. 온라인 콘텐츠도 다양해서 도시 못지않은 교육을 받을 수 있어요. 그리고 친구를 사귀는 것도 SNS를 통해 얼마든지 할 수 있어요. 나라가 다르고 사는 곳이 달라도 관심 분야가 같으면 친구가 될 수 있어요. 이런 점을 생각하면 시골도 교육환경이 그렇게 나쁘지 않다고 생각해요.

(내용) • 과제 2개 (반대 입장과 이유 -교육 문제, 친구 사귀는 문제)를 모두 말하고 구체적으로 설명했다.

(언어) • '저는 그렇게 생각하지 않아요.' '-잖아요' ' -다고 생각해요' 와 같은 표현들을 적절하게 사용했다.

1-2. 문제 구조 확인

대화 ❶	화제 제시 + 의견	→	대화 주제와 의견을 말함	※ ❶을 듣고 전체 내용을 상상해 보세요.
대화 ❷	반대 의견	→	그 의견에 반대한다는 사실을 가볍게 말함	
대화 ❸	❶ 의견 보충	→	❶을 보충해서 조금 더 구체적으로 말함	
대화 ❹	〈답변〉 의견 말하기	→	❸의 의견에 반박하고 반대 의견을 보충해서 말해야 함	

대화 ❶	요즘 성형수술을 해서 더 젊어지고 예뻐진 사람들을 보니까 좋더라고요.
대화 ❷	그래요? 저는 자연스러운 게 더 좋아 보이던데요.
대화 ❸	그렇기는 하지만 수술을 해서 자신의 외모에 만족하면 삶의 질도 높아질 것 같아요. 또, 성형 수술을 해서 하고 싶은 일을 할 수 있다면 반대할 이유가 없다고 봐요.
대화 ❹	저는 그렇게 생각하지 않아요. 외모에 만족하면 삶의 질도 높아진다고 하셨는데요. 외모에 대한 만족이 평생 가지는 않는다고 생각해요. 그래서 한 번 성형을 하면 또 하게 된다고 하잖아요. 결국 건강에 문제가 생겨서 후회하는 사람도 많더라고요. 또, 하고 싶은 일을 하기 위해서는 외모를 바꾸는 것보다 실력을 기르는 게 더 낫다고 생각해요. 외모를 계속 유지하려면 돈과 시간이 많이 들어요. 그 비용을 자기 계발에 투자하면 훨씬 더 좋은 결과를 얻을 수 있지 않을까요?

1-3. 연습하기

■ 표현 정리

입장 제시 (필수)		그래요? 저는 그렇게 생각하지 않아요. / 제 생각은 좀 다른데요 저는 V-는 데 [-는 것에] 반대해요 [동의하지 않아요] / N에 반대해요 저는 V-는 데 찬성해요 [동의해요] / N에 찬성해요
이유 설명	❸에 반박	-다고 (말씀)하셨는데요. 저는 -다고 생각해요 그렇게 되면 -(으)ㄹ 수 있어요
	보충 설명	문제가 된다고 생각해요 ⇔ 문제가 되지 않는다고 생각해요 -기 때문에 더 좋을 것 같아요 / 더 안 좋을 것 같아요 -기 위해서는 –는 게 더 낫다고 생각해요 -다고 하잖아요 / -잖아요 / -더라고요 / -던데요
	가벼운 설득	-지 않을까요? -(으)ㄴ/는 거 아닐까요? -(으)ㄴ/는 건 아니잖아요?
기타	문장 연결	그리고, 그래서, 그러니까, 그런데, 그렇지만, 하지만 게다가, 또, 그래도, 그렇다고 해도, 그러면, 그렇게 되면, 따라서, 그렇기 때문에, 왜냐하면(왜냐면) -기 때문이에요

■ 말하기 연습 1

※ 제시된 연결어를 사용해서 내용이 자연스럽게 이어지도록 말해 보세요.

[보기] 그렇기 때문에, 그리고, 그러면

- 건강 / 나빠지다 (3)
- 패스트푸드 / 많이 먹다 (2)
- 생활 습관 / 바꾸다 / 중요하다 (4)
- 평소 / 운동 / 하지 않다 (1)

➡ 평소에 운동을 하지 않아요. 그리고 패스트 푸드를 많이 먹어요. 그러면 건강이 나빠져요. 그렇기 때문에 생활 습관을 바꾸는 게 중요해요.

01 그래서, 그런데, 그러면

- 자연환경 / 파괴되다 / 좋지 않다
- 몸이 불편한 사람 / 산에 가다 / 좋다
- 저 / 케이블카 설치 / 반대하다
- 산 / 케이블카 / 설치하다 (1)

02 왜냐하면, 그래도, 하지만

- 사람들 / 명품 가방 / 사고 싶어 하다
- 저 / 가볍고 실용적인 가방 / 더 마음에 들다
- 명품 / 사람들 / 만족감 / 주다
- 명품 가방 / 품질 / 좋다 / 아주 비싸다 (1)

03 그래서, 왜냐하면, 그렇지만

- 동물들 / 동물원 / 좋아하지 않다
- 아이들 / 동물원 / 좋아하다 (1)
- 동물들 / 스트레스 없는 환경 / 살아야 하다
- 저 / 동물원 / 폐지하다 / 찬성하다

04 그런데, 따라서, 그리고

- 누구나 / 칭찬 / 좋아하다 (1)
- 칭찬 / 잘하는 사람 / 많지 않다
- 칭찬 / 잘하는 법 / 배워야 하다
- 칭찬 / 어떻게 해야 하다 / 모르는 사람 / 많다

05 하지만, 그래서, 또

- 화장 / 많이 하다
- 저 / 외모 / 가꾸다 / 나쁘지 않다 / 생각하다
- 어른들 / 걱정하다
- 요즘 청소년들 / 염색 / 많이 하다 (1)

06 그렇기 때문에, 그러면, 게다가

- 다음 날 / 일찍 일어날 수 있다
- 저 / 일찍 자는 것 / 좋다 / 생각하다
- 밤 / 일찍 자는 사람들 / 있다 (1)
- 낮 / 일 / 하다 / 피곤하지 않다

07 게다가, 그렇지만, 그래서

- 다양한 문화생활 / 즐길 수 있다
- 도시 / 시골보다 / 공기 / 나쁘다 (1)
- 도시 / 문화 시설 / 잘 되어 있다
- 집값 / 비싸다 / 교통 / 복잡하다

08 왜냐하면, 그런데, 그래서

- 요즘 / 어디에나 / CCTV / 있다 (1)
- 이런 주장 / 반대하는 사람 / 있다
- 학교 / CCTV / 설치해야 되다 / 주장 / 있다
- CCTV 때문에 / 곤란한 문제 / 생길 수 있다

■ 말하기 연습 2

※ 남자의 말을 듣고 반대 의견을 가볍게 말해 보세요. 길게 말하지 않아도 됩니다.

보기

그 섬에 공항을 짓는다고 들었는데
그러면 여행가기가 더 편할 것 같아요.

저는 섬에 공항을 짓는 데 반대해요.
섬에 공항을 지으면 환경에 문제가
생기지 않을까요?

01

?

02

?

03

?

04

?

05

?

06

?

07

?

■ 말하기 연습 3

※ 앞에서 여자가 말한 내용을 듣고 좀 더 구체적으로 반박해 보세요.

보기

관광객이 많아지면 경제도 좋아진대요. 그 돈으로 환경을 보호하는 데 쓰면 좋지 않을까요?

관광객이 많아지면 경제는 좋아지겠죠. 하지만 자연은 한번 파괴되면 다시 회복되기 힘들어요. 나중에는 결국 관광객도 줄어들 거예요. 경제적 효과는 잠깐이고 피해는 서서히 나타날 거예요. 그래서 저는 관광을 위한 개발에 반대해요.

01

?

02

?

03

?

04

?

05

?

06

?

07

?

2. 조언하기 __ 상대방의 고민이나 어려운 상황에 대해 조언하는 문제입니다.

2-1. 문제 확인

■ 예시

4번 대화를 듣고 이어서 말하십시오.
40초 동안 준비하십시오. '삐' 소리가 끝나면 60초 동안 말하십시오.

문제: 두 사람이 오래된 물건을 버리는 것에 대해 이야기하고 있습니다. 여자의 마지막 말을 듣고 남자가 이어서 할 말로 대화를 완성해 보세요.

여자: 남편이 집에 오래된 물건이 많다고 좀 버리라고 하더라고요. 그래서 버리려고 보니까 버릴 게 없었어요. 저한테는 다 필요한 물건이라서 못 버리겠어요.

남자: 그렇기는 해요. 하지만 물건이 너무 많고 남편도 불편해 하면 정리해 보는 것도 좋을 것 같은데요.

여자: 그런데 필요 없어 보이는 물건도 나중에 다 쓸 데가 있더라고요. 그때를 생각해서 보관해 두고 있어요. 그리고 필요하지 않아도 아까워서 못 버리겠어요. 어떻게 하면 좋을까요?

■ 메모 〈40초〉

▼ 문제 메모

- 주제: 오래된 물건 버리기
- ❶ 여자-집에 오래된 물건 많다
- ❷ 남자-정리 필요하다 ✓
- ❸ 여자-필요할 때 쓰려고 보관

▼ 답변 메모

- 과제 : 물건 버려야 하는 이유 + 방법
- 1. 물건 안 버리면 -집 지저분하다
  집 좁아지고 청소하기 힘들다 → 정리해야
- 2. 다른 사람에게 주기
  재활용센터에 가지고 가기

■ 답변 〈60초〉

맞아요. 언젠가 필요할 때가 있으니까 보관하는 거죠. 그런데 그때를 생각해서 물건을 안 버리고 모아두기만 하면 집이 지저분해져요. 이게 심해지면 집이 점점 물건 창고처럼 변하게 돼요. 집도 좁아지고 청소하기도 힘들어요. 그러니까 이렇게 되기 전에 정리를 하는 게 좋아요. 아깝다는 생각이 들어서 못 버리면 필요한 사람에게 주는 건 어때요? 버리는 게 아니니까 정리하기가 훨씬 쉬워질 거예요. 만약 그런 사람을 못 찾으면 재활용센터에 보내세요. 집도 깨끗해지고 물건도 필요한 사람에게 주니까 일석이조 아닐까요?

(내용) • 과제 2개 (이유와 방법)를 모두 말했다. 이유를 충분히 설명하고 방법도 구체적으로 제시했다.

(언어) • '정리를 하는 게 좋아요.' '-는 건 어때요?' '-(으)ㄹ 거예요' '-(으)세요' '일석이조 아닐까요?'와 같은 표현들을 적절하게 사용했다.

2-2. 문제 구조 확인

대화 ❶	화제 제시 + 고민	→	화제 제시하고 고민을 말함 ※ ❶을 듣고 전체 내용을 상상해 보세요.
대화 ❷	공감 + 의견	→	고민에 공감하면서 가볍게 자신의 생각을 말함
대화 ❸	❶에 대한 보충	→	❶을 보충해서 조금 더 구체적으로 말함
대화 ❹	〈답변〉 조언하기	→	❸의 내용에 대해 내가 생각하는 방법을 구체적으로 조언해 줘야 함

⇩ ⇩

대화 ❶	요즘 우리 아파트 위층에 새로 이사 온 집이 너무 시끄러워서 불편하고 화가 나요.
대화 ❷	아이구... 어떡해요... 시끄러우니까 좀 조용히 해 달라고 얘기는 해 보셨어요?
대화 ❸	네... 처음에는 메모지를 붙여 놓고 왔어요. 그래도 계속 시끄러워서 한번은 직접 찾아가서 말씀드렸어요. 조심하겠다고 하셨는데 그 후에도 별로 달라진 게 없어요.
대화 ❹	그렇군요. 정말 속상하겠어요. 요즘 뉴스에도 자주 나오더라고요. 이런 문제로 사이가 나빠지는 사람들도 많고, 또 심하게 싸우는 사람들도 있대요. 서로 기분 나쁜 상태로 대화하다 보면 싸울 수도 있을 것 같아요. 그래서 제가 생각하기에는 관리사무실에 이야기하는 게 어떨까 싶어요. 그러면 흥분하지 않고 이야기할 수 있지 않을까요? 듣는 사람도 자세가 달라질 거예요. 그리고 아파트 주민 회의가 있을 때 공식적으로 이야기해 보는 것도 좋을 것 같아요. 아파트 주민 누구나 겪을 수 있는 문제니까 좋은 방법이 나올지도 모르잖아요.

2-3. 연습하기

■ 표현 정리

공감		• 그렇군요. 정말 힘들겠어요 ※ 속상하겠어요 / 어렵겠어요 / 곤란하겠어요 • 누구나 그럴 수 있어요 / 누구나 그렇지 않아요? • -다고요? / N(이)라고요? • -더라고요 • 이해해요 / 맞아요 / 정말 그래요
중심 말	❸의 문제 확인	-(으)면 한번 생각해 봐야 해요 -는 건 문제가 있지 않아요?
	조언	저라면 이렇게 할 것 같아요 어때요? / -는 게 어때요? / -는 게 어떨까 싶어요 -(으)ㄹ 수도 있을 것 같아요 -아/어 보는 것도 좋을 것 같아요 -는 게[-(으)면] 더 좋을 것 같아요 ※ -는 게 나을 것 같아요 -는 게 더 좋지 않아요? -(으)니까 -아/어 보세요 -(으)려면 -아/어야 해요
	마무리	제 말이 도움이 됐으면 좋겠네요 제 말이 도움이 될지 모르겠어요

■ 말하기 연습 1

※ 제시된 표현을 사용해서 조언하는 말을 해 보세요. 친구와 같이 연습해도 됩니다.

[보기] -는 게 나을 것 같아요

아르바이트하면서 공부하니까 너무 힘들어요. 그런데 등록금 때문에 아르바이트를 할 수밖에 없어요.

→

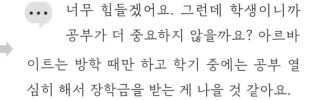

너무 힘들겠어요. 그런데 학생이니까 공부가 더 중요하지 않을까요? 아르바이트는 방학 때만 하고 학기 중에는 공부 열심히 해서 장학금을 받는 게 나을 것 같아요.

---

01 저라면 이렇게 할 것 같아요

방학 때 친구랑 같이 여행을 가기로 했어요. 그래서 여행 일정을 짜고 있는데 친구랑 나랑 보고 싶은 관광지가 다른데 어떻게 하는 게 좋을까요?

02 -(으)니까 -아/어 보세요

제 나이는 올해 서른 살이에요. 최근 대학교에 가서 공부하고 싶은 마음이 생겼어요. 그런데 공부하기에는 나이가 너무 많다는 생각이 들어요. 괜찮을까요?

03 -는 게 좋을 것 같아요

지금 아이들이랑 외국에 살고 있어요. 그런데 아이들이 우리나라 말을 잘 못해요. 아이들은 문제가 없다고 생각하는데 저는 걱정돼요. 어떻게 해야 할까요?

04 -는 게 어때요?

룸메이트가 개를 한 마리 키워도 되냐고 나한테 물어보는데 어떻게 말해야 할지 모르겠어요. 전 친구와 잘 지내고 싶은데 개는 별로 안 좋아하거든요.

05 -다고요?

조카가 초등학생인데 화장하는 걸 좋아해요. 안 하는 게 더 예쁘다고 해도 제 말을 안 들어요. 어떻게 하면 좋을까요?

06 -(으)ㄴ/는 게 더 좋지 않아요?

사람들이 날씬하다고 하는데도 거울을 보면 제가 뚱뚱한 것 같아요. TV에 나오는 연예인들을 보면 다 너무 날씬하잖아요. 다이어트를 더 해야 될 것 같아요.

07 -(으)려면 -아/어야 해요

오늘 제 옷장을 정리했는데 사고 나서 한 번도 안 입은 옷도 있더라고요. 옷장에 옷이 많은데도 입을 옷이 없다고 생각해서 자꾸 옷을 사게 되네요. 이런 습관 안 좋은데 어떡하죠?

08 직접 주제를 골라 질문을 만들고 대답해 보세요.

■ 말하기 연습 2

※ 대화가 자연스럽게 이어지도록 ②와 ④를 말해 보세요. 친구와 같이 연습해도 됩니다.

01

❶ 요즘 쇼핑을 너무 많이 하는 것 같아요. 생활비를 아껴야 하는데…
그런데 저는 광고만 보면 또 사고 싶어져요.

②

❸ 맞아요. 안 보려고 해도 광고가 보이니까 어쩔 수 없는 것 같아요. 보다 보면 꼭 필요할 것 같고, 또 같은 물건이 있어도 새로 사고 싶은 마음이 생기더라고요.

④

02

❶ 어제 텔레비전을 봤는데, 화가 날 때 참기만 하는 것도 건강에 좋지 않대요.

②

❸ 그런데 참지 않고 화를 자주 내는 것도 문제가 있는 것 같아요. 그러면 다른 사람들하고 사이가 나빠지잖아요. 전 화를 자주 내는 편이라서 고민이 되네요.

④

03

❶ 제 친구 중에 다른 나라로 이민 간 친구가 있는데 잘 지내고 있다고 해요. 요즘 저한테도 이민을 권해서 마음이 좀 흔들리네요.

②

❸ 새로운 곳에서 사는 게 재미있을 것 같기는 한데 문화차이가 크면 좀 힘들지 않을까요? 직업을 구하는 것도 쉽지는 않을 것 같아요.

④

04

❶ 얼마 전에 회사 면접을 봤는데 두 회사에 다 합격했어요. 그런데 하나는 대기업이고 하나는 중소기업이에요. 어디로 가야 할지 정말 고민돼요.

②

❸ 대기업은 근무 환경하고 보수가 좋은 편이에요. 그런데 중소 기업은 제가 원하는 부서에서 일할 수 있고 승진 기회도 많다고 해요. 결정하기 진짜 어렵네요.

④

05 여러분이 직접 주제를 고르고 대화를 만들어서 한번 연습해 보세요. 친구와 같이 해도 됩니다.

① → ② → ③ → ④

3. 제안하기 _ 상대방이 생각하는 어려운 일이나 문제에 대해 구체적인 방법을 제안하는 문제입니다.

3-1. 문제 확인

■ 예시

4번. 대화를 듣고 이어서 말하십시오.
40초 동안 준비하십시오. '삐' 소리가 끝나면 60초 동안 말하십시오.

문제: 두 사람이 송년회에 대해 이야기하고 있습니다. 남자의 마지막 말을 듣고 여자가 이어서 할 말로 대화를 완성해 보세요.

남자: 벌써 12월이 됐네요. 12월에는 송년회를 많이 하더라고요. 우리도 송년회를 했으면 좋겠는데 제니 씨 생각은 어때요?

여자: 저도 그 생각을 했어요. 친구들한테 이야기를 들어 보니까 다들 송년회를 하고 싶어 하는 것 같았어요.

남자: 그렇죠? 올해는 좀 더 특별한 송년회를 했으면 좋겠어요. 송년회 장소는 어디가 좋을까요? 그리고 송년회 프로그램은 어떤 게 재미있을까요?

■ 메모 〈40초〉

▼ 문제 메모

- 주제: 송년회 제안
- ❶ 남자 – 12월 송년회 제안
- ❷ 여자– 저도 친구들도 같은 생각
- ❸ 남자 –특별한 송년회,
  장소, 프로그램 어떻게?

▼ 답변 메모

- 과제 1. 장소 –학교 근처 식당, 추천+투표 결정
  2. 프로그램 2개
  –사진으로 비디오 만들기 –추억 떠올리다
  –팀별 장기 자랑
  노래 잘하고 춤 잘 추는 친구 많다

■ 답변 〈60초〉

글쎄요. 다른 친구들 의견도 들어봐야겠지만, 우선 송년회 장소는 학교 근처 우리가 자주 가는 식당이 좋을 것 같아요. 친구들한테 추천을 받아서 투표로 결정하면 어떨까 싶어요. 그리고 프로그램은 그동안 우리가 행사할 때 반응이 가장 좋았던 거 두 가지를 생각해 봤는데요. 우선 한 해 동안 찍은 사진을 모아서 비디오를 만드는 것도 좋을 것 같아요. 비디오를 보면서 추억을 떠올리면 재미있지 않을까요? 그리고 팀별로 장기자랑을 준비하는 게 어때요? 노래도 잘하고 춤도 잘 추는 친구들이 많더라고요. 다들 좋아할 것 같아요.

내용 · 과제 2개(송년회 장소, 송년회 프로그램 2개)를 모두 말하고 구체적으로 설명했다.

언어 · '좋을 것 같아요' ' 어떨까 싶어요' '재미있지 않을까요?' '-는 게 어때요?' ' -더라고요' 와 같은 표현들을 적절하게 사용했다.

3-2. 문제 구조 확인

대화 ❶	화제 제시	→	화제를 제시함
대화 ❷	호응 + 의견	→	상대방의 말에 호응하면서 가볍게 자신의 생각을 말함
대화 ❸	❶의 보충 + 요청	→	❶을 보충해서 말하고 필요한 것을 요청함
대화 ❹	〈답변〉 제안하기	→	❸의 요청에 대해 구체적인 방법을 제시해야 함

※ ❶을 듣고 전체 내용을 상상해 보세요.

대화 ❶	며칠 전에 '내 인생의 책들'이라는 강연을 듣고 나서 책을 읽어야 겠다는 생각이 들었어요. 그런데 요즘 회사일이 너무 많아서 바쁘고 피곤해요. 정말 책 읽기 힘드네요.
대화 ❷	그렇긴 해요. 그런데 바빠서 못 읽는 게 아니라 책 읽는 습관이 안 돼서 그런 거 아닐까요? 시간이 없을 것 같은데도 독서량이 많은 사람들이 있거든요.
대화 ❸	그럴까요? 하긴 저보다 바쁜데도 책을 많이 읽는 사람들이 있더라고요. 어떻게 하면 책 읽는 습관을 기를 수 있을까요? 그리고 어떤 책을 읽어야 좋을까요?
대화 ❹	바빠도 책을 많이 읽는 사람들이 공통적으로 하는 말 두 가지가 있어요. 먼저 책을 읽을 때 집중이 잘 되는 장소를 하나 정해두는 게 좋다고 해요. 방해를 받으면 안 되니까 그런가 봐요. 또, 휴대폰을 꺼 놓아야 책에 집중할 수 있다고 하더라고요. 그리고 좋은 책은 따로 있는 게 아닌 것 같아요. 자기가 좋아하는 분야의 책이 가장 좋은 책 아닐까요? 우선 관심이 있어야 계속 읽게 되니까요. 관심 있는 주제로 이것저것 검색해 보고 마음에 드는 걸 골라서 시작하면 될 것 같은데요? 다른 방법도 있겠지만 이렇게 해 보는 것도 나쁘지 않을 것 같아요.

3-3. 연습하기

■ 표현 정리

공감	• 맞아요 / 그렇군요 / 그렇죠 / 안타깝네요 / 아쉽네요 • 그러니까요 • 좋은 생각이에요 • V-기가 쉽지는 않죠 / 어렵죠 • 저도 그 말에 공감해요 / 저도 그렇다고 생각해요	
중심 말	구체적인 제안	글쎄요. (제 생각이 다 맞는 건 아니지만) 이런 방법은 어때요? -는 것도 괜찮을 것 같아요 / -는 게 어떨까요? -(으)면 더 좋을 거 같아요 / -는 게 좋다고 생각해요 한번 -아/어 보세요 -(으)면 -지 않을까요? -(으)려면 -아/어야 돼요
	마무리	그렇게 됐으면 좋겠어요 다른 방법도 있겠지만 이렇게 해 보는 것도 나쁘지 않을 것 같아요 아마 저처럼 생각하는 사람들도 많을 거예요

■ 말하기 연습 1

※ 제시된 표현으로 제안하는 말을 해 보세요. 짧게 말해도 됩니다. 친구와 같이 해도 됩니다.

[보기] -는 게 좋을 것 같은데요

한국어를 전혀 배운 적이 없는 친구가 있는데 갑자기 한국어를 배우고 싶다고 하네요. 회사원이라 학교에 가서 배울 수 없는데 어떤 방법을 알려 주는 게 좋을까요?

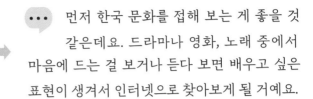

➡ 먼저 한국 문화를 접해 보는 게 좋을 것 같은데요. 드라마나 영화, 노래 중에서 마음에 드는 걸 보거나 듣다 보면 배우고 싶은 표현이 생겨서 인터넷으로 찾아보게 될 거예요.

01 저라면 이렇게 할 것 같아요

우리가 매일 버리는 음식 쓰레기가 너무 많대요. 음식 쓰레기가 많아지면 환경에도 나쁠 텐데 평소에 우리가 실천할 수 있는 좋은 방법이 없을까요?

02 -는 게 어때요?

운동할 시간이 없는 사람들은 걷는 게 좋다고 들었어요. 그런데 매일 꾸준히 걷는 것도 쉽지 않은 것 같아요. 어떻게 하면 포기하지 않고 꾸준히 할 수 있을까요?

03 -는 것도 괜찮을 것 같아요

우리 동네에는 연세가 많으신 할머니, 할아버지들이 많이 계세요. 그분들에게 도움이 될 만한 일을 하고 싶은데 어떻게 하는 게 좋을까요?

04 -(으)면 좋지 않을까요?

수료식이 끝나면 우리반 루카 씨가 고향으로 돌아간대요. 가기 전에 송별회를 하는 게 어때요? 송별회를 어떻게 하면 좋을지 말해 주세요.

05 한번 -아/어 보세요

수술이 필요한 아이가 있는데 수술비가 없어요. 수술비를 마련하려면 돈을 많이 모아야 하는데요. 어떻게 해야 할지 모르겠어요. 좋은 방법이 없을까요?

06 이렇게 해 보는 건 어떨까요?

저는 정리를 잘하는 사람을 보면 너무 부러워요. 항상 집이 깨끗하니까 기분도 좋을 것 같아요. 정리 잘하는 방법을 배우고 싶어요.

07 -는 것도 좋은 방법인 것 같아요

저는 밤 10시만 되면 배가 고파서 야식을 자주 먹는 편이에요. 밤에 음식을 먹는 게 건강에 안 좋다고 들었는데 야식을 끊기가 어려워요. 어떡하죠?

08 직접 주제를 골라 질문을 만들고 대답해 보세요.

■ 말하기 연습 2

※ 대화가 잘 이어지도록 ②와 ④를 말해 보세요. 친구와 같이 연습해도 좋습니다.

01

❶ 요즘 지역마다 축제를 참 많이 하는 것 같아요. 그런데 어떤 축제에 가면 사람이 별로 없어서 실망하고 올 때도 있어요. ➡ ②

❸ 맞아요. 그래서 홍보가 중요한 것 같아요. 그런데 홍보를 잘해도 실패하는 경우가 있다고 하더라고요. 사람들도 많이 오고 축제도 성공하려면 어떻게 하는 게 좋을까요? ➡ ④

02

❶ 어제 제가 좋아하는 가수가 기부했다는 소식을 들었어요. 기부하는 사람들은 연예인이나 기업 대표같이 다 돈이 많은 사람들인 것 같아요. ➡ ②

❸ 그렇기는 해요. 보통 사람들도 기부를 많이 하는 경우가 있죠. 그런데 그런 사람이 적으니까 생활 속에서 기부를 실천할 수 있는 방법을 생각해 봐야 할 것 같아요. ➡ ④

03

❶ 어제 TV에서 여행 중에 다치는 사람이 많다는 뉴스를 봤어요. 위험한 곳이 아닌데 왜 사고가 나는지 모르겠어요. ➡ ②

❸ 맞아요. 저도 그래요. 여행 가면 사진 찍고 노는 데만 신경 쓰게 되거든요. 그래서 평소에 안 하던 행동도 하게 되더라고요. 사고를 줄이려면 어떤 노력을 해야 할까요? ➡ ④

04

❶ 요즘 SNS에 운동하는 사진을 찍어서 올리는 사람들이 많더라고요. 그런 걸 보면 부럽고, 나도 운동해야지 하는 생각이 드는데 잘 안 돼요. ➡ ②

❸ 저도 규칙적으로 운동해야 한다고 생각하지만 시간도 없고 돈도 없어요. 게다가 운동할 장소도 없으니까 사실, 운동하기가 쉽지 않아요. 주변에 저 같은 사람이 꽤 있는데, 어떻게 하면 운동할 수 있는 환경이 좋아질까요? ➡ ④

05 여러분이 직접 주제를 고르고 대화를 만들어서 한번 연습해 보세요. 친구와 같이 해도 됩니다.

① ➡ ② ➡ ③ ➡ ④

4. 추천하기 _ 상대방이 원하는 것을 듣고 거기에 가장 알맞은 것을 추천해 주는 문제입니다.

4-1. 문제 확인

■ 예시

4번. 대화를 듣고 이어서 말하십시오.
40초 동안 준비하십시오. '삐' 소리가 끝나면 60초 동안 말하십시오.

문제: 두 사람이 운동하는 것에 대해 이야기하고 있습니다. 여자의 마지막 말을 듣고 남자가 이어서 할 말로 대화를 완성해 보세요.

여자: 요즘도 꾸준히 운동하죠? 저도 운동하고 싶은데 시작하기가 어렵네요. 시간도 없고 준비할 것도 많아서 포기했어요.

남자: 처음 시작하기가 어렵죠. 그래도 하려고 하는 마음이 중요하니까 포기하지 마세요. 저도 바쁘기는 하지만 조금씩이라도 운동을 하니까 몸도 덜 피곤한 것 같아요.

여자: 그렇죠? 저도 그렇게 생각해요. 그런데 운동을 잘 못하는 사람도 쉽고 재미있게 할 수 있는 운동이 없을까요? 좀 추천해 주세요.

■ 메모 〈40초〉

▼ 문제 메모

- 주제: 운동하는 것
- ❶ 여자- 운동하고 싶은데 못 함
- ❷ 남자- 운동 필요하다 √
- ❸ 여자-쉽고 재미있는 운동 ➡ 추천

▼ 답변 메모

- 과제 1. 추천 운동: 배드민턴
- 과제 2. ※ 탁구와 비교
  (이유) 장소, 시간, 다 괜찮다
  준비 도구 간단하고 비싸지 않다

■ 답변 〈60초〉

글쎄요... 잠깐만요, 한번 생각해 볼게요. 배드민턴 어때요? 제가 탁구랑 배드민턴을 다 해봤는데 배드민턴이 괜찮은 거 같아요. 탁구는 꼭 탁구장에 가야 하고 또, 아무 때나 가서 마음대로 할 수도 없잖아요. 그런데 배드민턴은 어디에서든지 할 수 있고 하고 싶을 때 조금씩 시간을 내서 할 수 있어요. 다른 운동에 비해 준비 도구도 많이 필요하지 않고요. 배드민턴 채와 공만 사면 되는데 그렇게 비싸지 않아서 좋아요. 운동량도 생각보다 많다고 해요. 꼭 한번 해 보세요. 분명히 재미있을 거예요.

내용 · 과제 2개 (추천하는 것과 이유)를 모두 말했다. 탁구와 비교해서 풍부하게 설명했다.

언어 · '글쎄요, 한번 생각해 볼게요' '어때요?' '-잖아요' '다른 운동에 비해' '꼭 한번 해 보세요. 분명히 재미있을 거예요'와 같은 표현들을 적절하게 사용했다.

4-2. 문제 구조 확인

대화 ❶	화제 + 계획	→	화제를 제시하고 계획을 말함 ※ ❶을 듣고 전체 내용을 상상해 보세요.
대화 ❷	호응 + 의견	→	상대방의 계획에 호응하면서 가볍게 자기 생각을 말함
대화 ❸	❶에 대한 보충	→	❶과 관련해서 추천받고 싶은 내용을 말함
대화 ❹	〈답변〉 추천하기	→	❸에 대해 자기가 생각하는 것을 추천하고 이유를 말해야 함

대화 ❶	이번 방학에 한국으로 여행을 가려고 해요. 맛있는 한국 음식을 많이 먹고 싶어요.
대화 ❷	그래요? 한국에 가면 맛있는 게 많죠! 그런데 외국 사람한테는 좀 매운 것도 있어요.
대화 ❸	저는 매운 걸 잘 못 먹으니까 안 맵고 맛있는 걸로 몇 가지 추천해 주실래요? 인터넷을 보면 나오기는 하지만 그래도 직접 추천 받고 싶어요.
대화 ❹	글쎄요... 잠깐만요, 한번 생각해 볼게요. 사람마다 다르긴 한데요. 제가 맛있다고 생각하는 걸 추천해 드릴게요. 우선 외국인들이 대부분 좋아하는 건 불고기와 삼계탕이에요. 전혀 맵지 않아요. 불고기는 소고기로 만들고 삼계탕은 닭고기, 인삼, 대추 같은 걸 넣어서 만들어요. 그리고 불고기에는 여러 가지 야채가 들어가고 조금 달아요. 삼계탕에는 인삼이 들어가서 건강에 좋고요. 한국 사람들은 여름에 기운이 없을 때 삼계탕을 많이 먹어요. 더위를 이기게 해 주는 음식인데 먹어 보면 아마 좋아할 거예요. 꼭 한번 먹어 보세요.

4-3. 연습하기

■ 표현 정리

시작 말		아, 그래요? / 그러시군요 / 그렇군요. 갑자기 물으시니까 생각이 잘 안 나네요. 잠깐만요. 글쎄요. 사람마다 다르긴 한데요. 저는 이걸[이렇게 하는 걸] 추천드리고 싶어요. 글쎄요. 추천하기 좀 어려운데요. / 한번 생각해 볼게요.
중심 말	추천	대부분 이런 걸 좋아하는 것 같더라고요 저 같은 경우에는 -아/어 보니까 괜찮더라고요 이렇게 하는 게 좋다고 생각해요 N보다 더 좋은 점이 많은 것 같아요 특히 N에(에게) 좋다고 해요 / ※ -(으)ㄹ 때 좋다고 해요 N 어때요? / -는 게 어때요?
	마무리	꼭 한번 -아/어 보세요. 분명히[아마] -(으)ㄹ 거예요 제 추천이 도움이 됐으면 좋겠네요 저는 이게 괜찮다고 생각하는데 ○○ 씨는 어떨지 모르겠네요. 다른 사람한테도 한번 물어보고 결정해도 좋을 것 같아요.

■ 말하기 연습 1

※ 제시된 표현으로 추천하는 말을 해 보세요. 짧게 말해도 됩니다.

[보기] -(으)면 좋을 것 같아요

민수 씨 고향은 어디예요? 거기에 가면 볼거리가 많아요? 뭘 하고 놀면 좋아요?

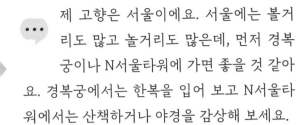

➡ 제 고향은 서울이에요. 서울에는 볼거리도 많고 놀거리도 많은데, 먼저 경복궁이나 N서울타워에 가면 좋을 것 같아요. 경복궁에서는 한복을 입어 보고 N서울타워에서는 산책하거나 야경을 감상해 보세요.

01 N을 추천하고 싶어요

제가 쓰던 노트북이 오래 돼서 바꾸려고 해요. 일하느라고 검색할 시간이 없어서 그러는데 좋은 거 있으면 추천해 주세요.

02 -는 건 어떨까요?

다음 달에 부모님 결혼기념일이 있어요. 그동안 생신도 못 챙겨드려서 이번에는 꼭 챙겨 드리고 싶은데 추천할 만한 선물이 있을까요?

03 -(으)니까 괜찮을 거예요

이번 여름 휴가에 여행을 가려고 해요. 여행 비용이 너무 많이 들지 않고, 조용하게 보낼 수 있는 곳을 찾고 있는데 어디가 좋을까요?

04 한번 -아/어 보시겠어요?

제 친구 중에 멋있는 친구가 있는데 아직 여자 친구가 없어요. ○○ 씨 친구 중에 좋은 사람 있으면 추천해 주세요.

05 -(으)ㄹ 만해요

그동안 바빠서 TV볼 시간이 없었는데 이제 시간이 좀 나요. 볼 만한 프로그램이 있으면 소개해 주세요.

06 -는 게 좋아요

다음 주에 친구들이랑 모임이 있어요. 혹시 모임을 할 만한 좋은 식당이 있으면 추천해 주세요.

07 N인데 -아/어서 좋아요

요즘은 어디에나 편의점이 있어서 좋은 것 같아요. 마트에는 없고 편의점에만 있는 것도 있대요. 혹시 편의점 상품 중에서 추천할 만한 게 있어요?

08 직접 주제를 골라 질문을 만들고 대답해 보세요.

■ 말하기 연습 2

※ 대화가 잘 이어지도록 ②와 ④를 말해 보세요. 친구와 같이 연습해도 좋습니다.

01

❶ 요즘 개나 고양이를 보면 너무 귀여워서 저도 키우고 싶어요. 집에서 개를 키우는 친구를 보면 부럽기도 하고요. ➡ ②

❸ 맞아요. 외롭지도 않고 좋을 것 같아요. 그런데 개와 고양이 중에서 하나만 키우고 싶은데 결정하기 어렵네요. 제니 씨는 어느 쪽을 추천하고 싶어요? ➡ ④

02

❶ 저는 여행을 좋아해서 자주 가는 편이에요. 그런데 요즘은 예전보다 재미가 없어요. 그냥 맛있는 거 먹고 사진 찍고 하는 게 전부예요. ➡ ②

❸ 맞아요. 그러니까 여행이 다 비슷하고 사진만 남는 것 같아요. 기억에도 남고 좋은 추억을 만들 수 있는 특별한 여행을 하고 싶은데 좋은 방법이 있으면 좀 추천해 주세요. ➡ ④

03

❶ 아르바이트해 본 적 있어요? 이번에 시험 끝나면 저도 아르바이트하고 싶어요. 아르바이트하면서 돈도 벌고, 경험도 쌓고 싶어요. ➡ ②

❸ 그래서 저도 아르바이트 구하는 앱을 찾아봤는데 어떤 게 좋은지 잘 모르겠어요. 대학생이 하기에 적당한 아르바이트가 있으면 추천해 주세요. ➡ ④

04

❶ 저는 그동안 인터넷으로 혼자 한국어를 공부했어요. 그런데 요즘은 한국 드라마를 많이 보니까 한국에 가서 한국어를 배우고 싶어졌어요. ➡ ②

❸ 그렇죠? 직접 가서 배우면 더 재미있겠죠? 그런데 어디에 가서 배우면 좋을지 잘 모르겠어요. 좋은 학교가 있으면 좀 추천해 주세요. ➡ ④

05 여러분이 직접 주제를 고르고 대화를 만들어서 한번 연습해 보세요. 친구와 같이 해도 됩니다.

① ➡ ② ➡ ③ ➡ ④

5. 거절하기 __ 상대방의 부탁이나 제안을 거절하는 문제입니다.

5-1. 문제 확인

■ 예시

4번. 대화를 듣고 이어서 말하십시오.
40초 동안 준비하십시오. '삐' 소리가 끝나면 60초 동안 말하십시오.

문제: 두 사람이 회사에서 이야기하고 있습니다. 남자의 마지막 말을 듣고 여자가 거절하는 말로 대화를 완성해 보세요.

남자: 저... 제니 씨, 부탁드릴 게 있는데요. 제가 어제 일이 있어서 퇴근을 좀 일찍 했는데 혹시 사장님이 물으시면 제시간에 갔다고 말해 주시면 안 돼요?

여자: 어제 일찍 퇴근했군요. 그런데 전 아무리 작은 일이라도 거짓말은 별로 하고 싶지 않은데 어떡하죠?

남자: 다시 한번 생각해 보면 안 돼요? 다른 사람들한테 피해를 주는 것도 아니잖아요. 제니 씨가 그렇게 말해도 아무 문제 없을 거예요. 그건 정말 걱정하지 않아도 돼요.

■ 메모 〈40초〉

▼ 문제 메모

- 주제: 거절하는 말
- ❶ 남자- 퇴근 시간 거짓말 부탁
- ❷ 여자- 거절: 거짓말 싫다
- ❸ 남자-피해 주는 거짓말 아님, 문제 없다 √

▼ 답변 메모

- 과제 1. 거절 입장 분명히
- 과제 2. 나중에 문제 생길 수 있다
  거짓말은 거짓말이다
  거짓말은 어떤 경우에도 안 된다

■ 답변 〈60초〉

죄송하지만 그건 좀 곤란해요. 무슨 일인지는 모르겠지만 거짓말을 하면 제 마음이 너무 불편할 것 같아요. 아무 문제가 없을 거라고 말씀하셨지만 거짓말은 거짓말이니까 안 하는게 맞다고 생각해요. 그리고 지금은 문제가 없다고 해도 나중에 어떤 일이 생길지 아무도 모르는 거잖아요. 저는 어떤 경우에도 거짓말은 좋지 않다고 생각해요. 다른 사람을 속이는 거니까요. 어떤 때는 해도 되고, 어떤 때는 안 된다고 하는 건 제 입장에서는 받아들이기 어려워요. 부탁을 들어드리지 못해서 죄송하다는 말씀밖에 못 드리겠네요.

내용 • 과제 2개 ('거절 입장'과 '거절의 이유')를 모두 말했다. 이유를 구체적으로 설명했다.

언어 • '죄송하지만 그건 좀 곤란해요' ' 모르는 거잖아요' '~ 다고 생각해요' '~ 속이는 거니까요' 와 같은 표현들을 적절하게 사용했다.

5-2. 문제 구조 확인

대화 ❶	부탁 / 제안	→	부탁하는 말을 꺼냄 ※ ❶을 듣고 전체 내용을 상상해 보세요.
대화 ❷	거절 의사 표시	→	부탁에 대해 공감하지만 거절하는 말을 함
대화 ❸	❶에 대한 보충	→	❶을 보충해서 조금 더 구체적으로 부탁하거나 제안함
대화 ❹	〈답변〉 거절하기	→	❸에 대해 거절 입장을 분명히 밝히고 이유를 말해야 함

대화 ❶	유학생 모임이 생기니까 다들 좋아하는 것 같아요. 그런데 아직 대표를 못 정해서 걱정이네요. 마이클 씨가 맡는 게 어때요?
대화 ❷	제가요? 저는 이번 학기에 바쁘기도 하고, 또 리더십이 부족해서 안 될 것 같아요.
대화 ❸	무슨 말씀이세요? 마이클 씨는 유학 생활도 오래 했고 아는 사람도 많으니까 잘할 수 있을 것 같은데요.
대화 ❹	죄송하지만 안 될 것 같아요. 저도 유학생 모임을 좋아하기는 하지만 대표를 맡기는 정말 어려울 것 같아요. 제가 여기에서 유학 생활을 오래 한 건 맞지만, 공부하느라 바빠서 다른 건 거의 못 했기 때문에 아는 게 별로 없어요. 그리고 아는 사람이 많아도 친하게 지내는 사람은 많지 않아요. 유학생 모임을 이끌어 가기에는 부족하다고 생각해요. 저보다 잘할 수 있는 사람으로 대표를 뽑았으면 좋겠어요. 다음에 혹시 기회가 되면 그때 다시 생각해 볼게요.

5-3. 연습하기

■ 표현 정리

시작 말		• 그렇군요 / -는 군요 / 그렇겠네요 / -겠네요 / -지요? / 그렇지요? / 그래요? / N요? / 제가요? • 그렇게 부탁하시는 마음은 알겠어요.
중심 말	❸에 대한 거절	어떡하죠? 죄송하지만 안 될 것 같아요 죄송하지만 그건 좀 곤란해요 / 안 되겠는데요 -아/어서 -(으)ㄹ 수 없는데 어떡하죠? 어려울 것 같아요 ※ -기가 힘들 것 같아요 그 문제는 생각 좀 해 봐야 할 것 같아요
	거절의 이유	솔직하게 말씀드리면 ~ 그런데 저는 -아/어서 ~ / 사실 -거든요 제가 -기에는 좀 무리일 것 같아요 -(으)ㄹ 거라고 생각하지만 -(으)ㄴ/는 점도 있을 것 같아요 -다고/(이)라고 생각해요
	마무리	다음에 기회가 되면 ~ 죄송하다는 말씀밖에 못 드리겠네요 다시 한번 죄송하다는 말씀 드리고 싶네요 원하는 대답을 못 드려서 죄송해요

■ 말하기 연습 1

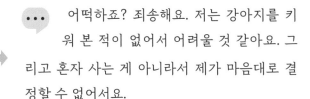

※ 제시된 표현으로 거절하는 말을 해 보세요. 짧게 말해도 됩니다.

[보기] -아/어서 어려울 것 같아요

제가 이번에 3박 4일 동안 여행을 가는데 강아지를 맡길 데가 없어요. 죄송하지만 민호 씨한테 부탁드려도 될까요?

→ 어떡하죠? 죄송해요. 저는 강아지를 키워 본 적이 없어서 어려울 것 같아요. 그리고 혼자 사는 게 아니라서 제가 마음대로 결정할 수 없어서요.

01 -(으)니까 안 될 것 같아요

오늘 날씨가 너무 더워요. 실내가 바깥보다 시원하긴 하지만 많이 시원하지는 않네요. 에어컨 온도를 더 낮추는 게 어때요?

02 못 -(으)ㄹ 것 같아요. 죄송해요

이번 주말에 한국산으로 캠핑을 가는데 같이 갈래요? 산에서 텐트 치고 자면 재미있을 것 같은데 어때요?

03 죄송하지만 안 될 것 같아요

제가 가는 기타 동호회가 있는데 너무 재미있어요. 기타 치면서 노래도 하고 가끔 작은 연주회도 하는데 같이 가 보실래요?

04 -는 게 좋을 것 같아요

다음 달에 한국어 말하기 대회를 한대요. 장기자랑도 하고요. 잘하면 상도 주고, 상품도 많이 준대요. 말하기 대회에 나가 보는 게 어때요?

05 -아/어서 안 되겠는데요

민수 씨, 제가 다음 주에 서울로 출장을 가야 하는데 일이 생겨서 좀 어려울 것 같아요. 민수 씨가 대신 가 주면 안 될까요? 부탁드려요.

06 솔직하게 말씀드리면

지수 씨, 제가 새 집으로 이사할 때까지 한 달 동안 살 곳이 필요해요. 혹시 괜찮으면 지수 씨 집에서 같이 지내도 될까요?

07 -아/어서 -(으)ㄹ 수 없는데 어떡하죠?

제니 씨, 돈 좀 있어요? 제가 복권을 사야 하는데 지금 돈이 없어요. 이번에는 예감이 좋아요. 복권에 당첨되면 한턱낼게요.

08 직접 주제를 골라 질문을 만들고 대답해 보세요.

■ 말하기 연습 2

※ 대화가 잘 연결되도록 ②와 ④를 말해 보세요. 친구와 같이 해 봐도 좋습니다.

01

❶ 제니 씨, 이번 여름 방학에 자전거 여행을 하려고 하는데 같이 갈래요? 제니 씨랑 같이 가고 싶어요. → ②

❸ 좀 힘들기는 하지만 버스나 기차로 여행하는 것보다 재미있을 것 같아요. 그리고 여행비용도 절약할 수 있고요. 어때요? → ④

02

❶ 민수 씨, 회사에 잘 다니고 있어요? 저는 얼마 전에 개인 회사를 차렸어요. 일할 사람이 필요한데 저랑 같이 일해 볼 생각 없어요? → ②

❸ 지금은 만족해도 승진 기회도 별로 없고 일 때문에 스트레스도 많을 거예요. 여기 오면 승진도 빠르고 일한 만큼 돈도 많이 벌 수 있어요. → ④

03

❶ 안녕하세요? 리사 씨, 요즘 바빠요? 이번에 우리 학교에서 축제를 하는데 외국에서 오시는 분이 많아서 통역할 사람이 필요해요. → ②

❸ 기간은 일주일이고 아침 10시부터 오후 5시까지 일해요. 그런데 죄송하지만 보수는 그렇게 많지 않아요. 경험을 쌓는다고 생각하고 도와주시면 안 될까요? → ④

04

❶ 줄리앙 씨, 요즘도 블로그(blog) 하고 있지요? 인기가 많던데요! 거기에 이 제품 좀 소개해 주시면 안 돼요? → ②

❸ 제가 직접 만드는 건 아니고 제 친구가 만드는 거예요. 여러 가지 종류의 과일잼인데, 비싸기는 하지만 맛있어요. → ④

05 여러분이 직접 주제를 골라서 한번 연습해 보세요. 친구와 같이 해도 됩니다.

① → ② → ③ → ④

다 예상 문제

문제 듣기 → 40초 준비 → 60초 말하기

※ 메모하세요 ※ 메모하세요

※ 녹음기를 켜고 휴대폰으로 QR코드를 찍은 후, 메모하고 답변해 보세요.

01 ______ 초

02 ______ 초

03 ______ 초

04 ______ 초

05 ______ 초

06 ______ 초

07 ______ 초

08 ______ 초

예시 답변
사용 설명서

- ▶ 자신의 답변을 녹음한 후 들어 봅니다.
- ▶ 자신의 답변과 예시 답변을 비교해 봅니다.
- ▶ 예시 답변을 여러 번 읽어 봅니다.
- ▶ 자주 쓰는 표현과 단어를 외웁니다.
- ▶ 60초 안에 답변할 수 있도록 연습합니다.
- ▶ 다시 앞으로 돌아가 문제를 듣고 답변해 봅니다.

※ 예시 답변은 참고용입니다.
예시 답변을 보면서 내용을 어떻게 구성하고 어떤 표현을 쓰는지 확인해 보세요. 그리고 자신의 의견을 정리해서 써 본 후, 말하기 연습을 해 보세요. 처음에는 힘들지만 반복해서 연습하면 자신감이 생길 거예요.

1-3. 말하기 연습 1 *p.130*

01 산에 케이블카를 설치해요. 그러면 몸이 불편한 사람도 산에 가기가 좋아요. 그런데 자연환경이 파괴되는 건 좋지 않아요. 그래서 저는 케이블카 설치에 반대해요.

02 명품 가방은 품질은 좋지만 아주 비싸요. 그래도 사람들은 명품 가방을 사고 싶어 해요. 왜냐하면 명품은 사람들에게 만족감을 주기 때문이에요. 하지만 저는 가볍고 실용적인 가방이 더 마음에 들어요.

03 아이들은 동물원을 좋아해요. 그렇지만 동물들은 동물원을 좋아하지 않아요. 그래서 저는 동물원을 폐지하는 데 찬성해요. 왜냐하면 동물들도 스트레스 없는 환경에서 살아야 하기 때문이에요.

04 누구나 칭찬을 좋아해요. 그런데 칭찬을 잘하는 사람은 많지 않아요. 그리고 칭찬을 어떻게 해야 하는지 모르는 사람도 많아요. 따라서 칭찬을 잘하는 법을 배워야 해요.

05 요즘 청소년들은 염색을 많이 해요. 또, 화장도 많이 해요. 그래서 어른들이 걱정해요. 하지만 저는 외모를 가꾸는 게 나쁘지 않다고 생각해요.

06 밤에 일찍 자는 사람들이 있어요. 그러면 다음 날 일찍 일어날 수 있어요. 게다가 낮에 일을 해도 피곤하지 않아요. 그렇기 때문에 저는 일찍 자는 것이 좋다고 생각해요.

07 도시는 시골보다 공기가 나빠요. 게다가 집값도 비싸고 교통도 복잡해요. 그렇지만 도시는 문화 시설이 잘 되어 있어요. 그래서 다양한 문화생활을 즐길 수 있어요.

08 요즘 어디에나 CCTV가 있어요. 그래서 학교에도 CCTV를 설치해야 된다는 주장이 있어요. 그런데 이런 주장에 반대하는 사람도 있어요. 왜냐하면 CCTV 때문에 곤란한 문제가 생길 수 있기 때문이에요.

1-3. 말하기 연습 2 *p.131*

01
남: 일주일에 4일, 그러니까 주 4일 근무하면 일하는 시간이 너무 짧지 않을까요?
여: 저는 주 4일 근무하는 데 찬성해요. 일하는 시간이 짧아도 집중해서 일하면 문제가 없을 것 같아요.

02
남: 관람객 실수로 전시회 작품이 넘어져서 깨졌는데 이런 경우 처벌하지 않는 게 좋을 것 같아요.
여: 저는 처벌하는 게 좋다고 생각해요. 실수인지 아닌지 알 수 없고 조심하지 않은 책임도 있으니까요.

03
남: 외국어는 아주 어릴 때부터 배우는 게 좋을 것 같아요. 그래서 저는 조기 교육에 찬성해요.
여: 저는 6살 이전에 외국어를 배우는 건 반대해요. 모국어를 충분히 배우는 게 더 좋다고 생각해요.

04
남: 저는 남자가 화장하는 건 별로 안 좋아 보이더라고요. 자연스럽지 않아요.
여: 저는 남자가 화장하는 것도 나쁘지 않다고 생각해요. 화장하면 깨끗하고 깔끔해 보여서 좋아요.

05
남: 저는 카페에서 공부하면 공부가 잘 돼요. 그래서 자주 가는데 왜 안 좋다고 생각하는지 모르겠어요.
여: 저는 카페에서 오래 공부하는 건 안 좋다고 생각해요. 카페는 커피를 마시면서 대화를 하는 곳이기 때문에 다른 손님들이나 주인 입장에서 보면 문제가 될 수 있거든요.

06
남: 저는 낮잠 시간을 공식적으로 정해 두면 좋을 것 같아요. 낮에는 다 같이 조금 쉬는 게 좋지 않아요?
여: 저는 낮잠 시간을 따로 정해 두는 데 반대해요. 낮잠을 자고 안 자는 것은 사람마다 다르잖아요. 그래서 낮잠 시간을 공식적으로 정해둘 필요는 없을 것 같아요.

07
남: 저는 부모님이 자식의 진로를 결정하는 게 나쁘지 않다고 생각해요. 경험이 풍부하니까 더 잘 판단하실 것 같아요.
여: 저는 부모님이 자식의 진로를 결정하는 것에 반대해요. 그럴 경우, 나중에 후회하는 사람들이 많다는 조사결과가 나왔다고 해요. 그리고 경험이 풍부하다고 해도 모든 걸 다 아시는 건 아니니까요.

1-3. 말하기 연습 3 *p.132*

01	여: 학생들이 수업 외에 체험 활동을 많이 하면 공부할 시간이 적어서 문제가 생길 것 같아요. 남: 저는 그렇지 않다고 생각해요. 체험 활동을 많이 하면 사회 생활을 할 때도 도움이 되고, 또 직업을 찾을 때도 참고가 되니까 좋은 점이 더 많은 것 같아요. 저는 문제가 없을 것 같은데요.
02	여: 놀이터에 놀이기구를 많이 설치하면 아이들이 더 재미있게 놀 수 있지 않을까요? 남: 놀이기구가 많다고 해서 더 재미있게 놀 수 있는 건 아닌 거 같아요. 놀이기구가 없으면 오히려 아이들이 재미있는 놀이를 스스로 생각해 낸다고 하던데요. 그래서 저는 놀이기구 설치에 반대해요.
03	여: 저는 몸에 문신을 한 사람을 보면 왠지 거부감이 들어요. 예뻐 보이지도 않고요. 남: 전 패션용으로 하는 건 멋있어 보이던데요. 개성도 강해 보여서 좋다고 생각해요. 그리고 문신을 하는 게 다른 사람들에게 피해를 주는 건 아니잖아요. 그것도 일종의 편견 아닐까요?
04	여: 국제결혼을 하면 문화차이 때문에 갈등도 많고 아이들 교육에도 문제가 있을 것 같아요. 남: 물론 문화차이가 있지만 요즘은 글로벌 시대니까 예전보다 다른 문화를 잘 받아들일 수 있을 것 같아요. 그리고 아이들 교육 문제도 학교에서 다양한 교육 기회를 제공하니까 문제 없을 것 같아요.
05	여: 도시에 살다가 시골에 와서 농사를 짓는 게 쉽지 않을 거 같아요. 불편한 것도 많을 것 같고요. 남: 농사 짓는 법을 가르쳐 주는 데가 많아요. 유튜브를 봐도 되고요. 물론 쉽지는 않겠지만 도시 생활은 복잡하고 스트레스도 많잖아요. 불편한 거보다 좋은 점을 생각하면 괜찮다고 생각해요.
06	여: 요즘 오디션프로그램이 많던데 재미는 있지만 경쟁에 떨어져서 눈물 흘리는 출연자들을 보면 좀 마음이 아프더라고요. 이런 프로그램을 줄였으면 좋겠어요. 남: 저는 그렇게 생각하지 않아요. 오히려 누구나 실력이 있으면 성공할 수 있다는 가능성을 보여 주니까 좋은 것 같아요. 그리고 그런 프로그램 덕분에 기회를 얻는 사람도 많고요.
07	여: 버스나 지하철 같은 대중교통에 노약자석을 지금보다 더 늘리면 좋을 것 같아요. 노인 인구도 많아지는데, 그렇게 하면 노인들이 더 편리하게 이용할 수 있지 않을까요? 남: 그런데 저는 생각이 좀 달라요. 노인 인구가 많은 건 맞지만 대중교통은 젊은 사람들이 더 많이 이용하잖아요. 그리고 지금 있는 노약자석으로도 충분하다고 생각해요. 그래서 저는 반대해요.

2-3. 말하기 연습 1 *p.135*

01	고민되겠어요. 그런데 그런 경우에는 한 사람이 양보해도 마음이 편할 것 같지는 않아요. 그래서 저라면 이렇게 할 것 같아요. 각자 보고 싶은 관광지에 갔다가 저녁에 숙소에서 만나는 거예요. 어때요?
02	이해해요. 나이가 많다고 생각할 수도 있고, 잘할 수 있을까 걱정도 될 거예요. 하지만 늦게 공부를 시작하는 사람들이 생각보다 많아요. 열심히 하면 되니까 걱정 말고 지원해 보세요.
03	외국에 살아도 자기 나라 말을 못하면 속상하죠. 학교 생활하는 데 문제가 없다고 해도 나중에 가족들끼리 대화할 때 소통이 잘 안 될 수 있어요. 아이들에게 이런 문제를 설명하는 게 좋을 것 같아요.
04	입장이 곤란하겠어요. 하지만 개를 안 좋아하면 솔직하게 말하는 게 어때요?. 친구 생각해서 괜찮다고 하면 나중에 더 큰 문제가 생길 수도 있어요. 힘들어도 이야기하는 게 나을 것 같아요.
05	초등학생이 화장을 한다고요? 호기심에 한 번 하는 건 괜찮지만 자주 하는 건 문제가 있지 않아요? 화장하는 데 시간도 많이 걸리고 피부에도 안 좋다고 이야기해서 못 하게 하는 게 좋을 것 같아요.
06	누구나 그럴 수 있어요. 그런데 그건 누구를 기준으로 하느냐에 따라 달라요. 그리고 연예인하고 비교하면 아마 날씬한 사람, 별로 없을걸요. 요즘에는 너무 마른 것보다는 건강하게 예쁜 게 더 좋지 않아요?
07	여자라면 누구나 그렇지 않아요? 그런데 정도가 심하면 문제가 좀 있다고 봐요. 우선 옷을 덜 사려면 옷장 정리를 자주 해야 해요. 그리고 쇼핑하기 전에 어떤 옷이 있는지 확인하는 습관이 필요할 것 같아요. 그러면 사고 나서 후회하는 일도 줄어들 거예요.

2-3. 말하기 연습 2 *p.136*

01	❷	요즘은 어디에나 광고가 너무 많은 것 같아요. 드라마에도 나오죠, 인터넷을 열기만 해도 광고가 먼저 보이잖아요.
	❹	그럴 수 있어요. 그런데 광고 보고 충동적으로 사게 되면 후회할 때도 많아요. 그래서 사고 싶은 마음이 들어도 우선 후기를 꼼꼼하게 살펴 봐야 해요. 가격도 비교해 보고요. 그런데 더 중요한 건, 바로 사지 말고 며칠 기다려 보는 거예요. 며칠 지나고 다시 생각해 보면 달라질 수 있으니까 그렇게 해 보는 것도 좋을 것 같아요.
02	❷	맞아요. 화를 참으면 스트레스가 쌓여서 병이 생길지도 몰라요. 무조건 참기만 하는 거보다 차라리 화를 내는 게 낫지 않을까요?
	❹	그렇기는 해요. 화가 날 때 소리를 지르거나 욕을 하는 사람도 있는데, 이렇게 다른 사람들한테 피해를 주는 행동을 하면 절대 안 되죠. 그런데 그 정도는 아니더라도 평소에 화를 자주 내면 사람들이 싫어할 거예요. 제가 아는 사람 중에도 그런 사람이 있는데 그 사람만 만나면 좀 불편해요. 그냥 참는 것도 안 좋고 화를 내는 것도 안 좋으니까, 운동이나 다른 방법으로 푸는 게 좋을 것 같네요.
03	❷	요즘 이민 가는 사람들이 많은 것 같아요. 자기가 좋아하고, 또 새로운 곳에 가서 사는 것도 재미있을 것 같아요.
	❹	그런 점이 없지는 않죠. 그런데 요즘은 이민을 가지 않아도 주변에 외국 사람들이 많잖아요. 문화 차이는 어딜 가나 있으니까 서로 존중해 주면서 맞춰 가면 문제 없을 것 같아요. 그리고 직업은 이민 가기 전에 잘 준비해서 가야 할 것 같아요. 그 나라에서 할 수 있는 일을 잘 알아보고 먼저 이민 간 사람들의 이야기도 들어 보면 어렵지 않을 것 같은데요.
04	❷	우선 축하드려요. 요즘 취직하기가 쉽지 않다고 들었어요. 두 회사를 잘 비교해 보고 신중하게 결정해야 할 것 같아요.
	❹	정말 결정하기가 어려울 것 같아요. 근무 환경과 보수는 사실 중요한 조건이잖아요. 그걸 포기하기가 쉽지는 않죠. 하지만 원하는 일을 하는 것도 중요하니까 고민이 될 수밖에 없겠어요. 이렇게 하는 건 어때요? 먼저 대기업에 들어가서 일해 보고 그 일이 마음에 안 들면 다시 생각해 보는 것도 괜찮을 것 같아요. 그때 중소 기업에 다시 도전해 봐도 되고요.

3-3. 말하기 연습 1 *p.139*

01	음식 쓰레기는 정말 심각한 문제죠. 저라면 이렇게 할 것 같아요. 우선 장을 보기 전에 항상 냉장고를 확인해요. 그리고 필요한 걸 메모해서 가요. 살 때도 한 번에 먹을 만큼만 사면 음식 쓰레기를 좀 줄일 수 있지 않을까요?
02	맞아요. 꾸준히 하는 게 쉽지 않죠. 아마 대부분 그럴걸요. 그래서 같이 걸을 수 있는 모임에 들어가는 것도 괜찮은 것 같아요. 아니면 운동 관리를 해 주는 앱(App)을 이용해 보는 게 어때요?
03	좋은 생각을 하셨네요. 어르신들은 청소하는 걸 힘들어 하시니까 가끔 청소해 드리는 것도 괜찮을 것 같아요. 그리고 집에만 계실 수 있으니까 같이 산책하면 좋아하실 거 같아요.
04	좋은 생각이에요. 친구들도 섭섭해 할 텐데 송별회를 하면 좋아할 것 같아요. 혹시, 루카 씨가 좋아하는 장소가 있으면 거기에서 하면 좋지 않을까요? 간단한 선물도 준비하면 더 좋을 것 같아요.
05	정말 안타깝네요. 돈을 모으려면 우선 사람들에게 알려야 하니까 SNS를 이용해 보세요. 그 방법이 제일 빠를 것 같아요. 그리고 시민단체에 도움을 요청하면 도와줄지도 모르니까 한번 연락해 보세요.
06	정리 잘하기가 어렵죠! 이렇게 해보는 건 어때요? 먼저 버릴 것이 없는지 찾아보고 버리는 거예요. 다음에는 종류가 비슷한 걸 모아두고 이름표를 붙이는 거예요. 이것만 해도 훨씬 좋아질 거예요.
07	야식 끊기가 쉽지는 않죠! 그런데 야식은 배가 고파서 먹기도 하지만 습관 때문이라고 들었어요. 야식을 먹게 되는 이유를 한번 생각해 보세요. 그리고 참기 힘들면 그 시간에 가벼운 음식을 조금만 먹고, 차츰 줄이는 것도 좋은 방법인 것 같아요.

3-3. 말하기 연습 2 p.140

01

❷ 기대하고 갔는데 사람이 별로 없으면 재미가 없죠. 홍보를 제대로 못 해서 그럴지도 몰라요.

❹ 제 생각이 다 맞는 건 아니지만 저는 이렇게 생각해요. 홍보도 중요하지만 사람들이 많이 오게 하려면 재미있어야 한다고 생각해요. 우선 재미있는 프로그램을 많이 만들어야 해요. 그리고 주변에 맛집이 많아야 돼요. 재미있게 놀고 맛있는 걸 먹을 수 있으면 축제는 성공하지 않을까요?

02

❷ 꼭 그런 건 아니에요. 부자가 아니라도 기부하는 사람들도 많던데요. 기부를 특별한 사람들이나 하는 걸로 생각하면 안 될 것 같아요.

❹ 저도 그 말에 너무 공감해요. 큰돈이 아니더라도 조금씩 기부를 실천하는 게 중요하다고 생각해요. 그래서 평소에 기부 행사에 참여하거나 기부를 많이 하는 회사의 물건을 사는 것도 좋은 방법이라고 생각해요. 그리고 직접 필요한 물건을 사서 기부할 수도 있어요. 마음만 먹으면 누구나 할 수 있어요. 아마 저처럼 생각하는 사람들도 많을 거예요.

03

❷ 그러니까요. 여행 가면 최대한 즐겁게 놀고 싶어 하니까 평소보다 조심을 덜 해서 그런 것 같아요.

❹ 당연히 조심하는 것보다 재미있게 노는 데 더 신경을 쓰죠. 누구나 사진 더 예쁘게 찍고 싶고, 특별한 체험도 많이 하려고 해요. 그런데 사고가 나면 안 되니까 어디든지 주의 표시와 설명을 잘해 놓아야 하고 관광객들은 그걸 지켜야 돼요. 체험을 할 때도 안전시설이 잘 되어 있는지 확인하고 해야 해요. 사고를 줄이려면 이런 걸 잘 지키는 문화를 만들어야 된다고 생각해요.

04

❷ 맞아요. 운동하면 몸매뿐만 아니라 건강도 좋아지니까 힘들어도 시간을 내서 규칙적으로 운동하는 게 좋죠! 하지만 우리 동네에는 운동시설도 별로 없고 비용도 부담돼요.

❹ 그렇죠. 운동도 경제적인 여유가 있고 시간도 있어야 할 수 있어요. 그래서 저는 이런 사람들을 위해서 동네에 공공 체육시설을 더 많이 만들어야 한다고 생각해요. 가까이에 운동 시설이 있으면 아무래도 자주 가게 되지 않을까요? 그리고 공공시설이니까 비용도 싸고, 그러면 운동하는 사람도 틀림없이 늘어날 거예요. 시민들이 지속적으로 건의를 해야 할 것 같아요.

4-3. 말하기 연습 1 p.143

01 아, 그래요? 요즘 나오는 노트북은 기능이 다 좋아요. 그런데 저는 그 중에서도 한국전자에서 나온 신제품을 추천하고 싶어요. 배터리가 오래 가고 엄청 가벼워서 들고 다니기 좋아요.

02 그렇군요. 보통 부모님 선물은 건강식품이나 안마의자 이런 걸 많이 하시더라고요. 그런데 결혼 기념일이니까 특별하게 보내시길 원하시면 콘서트 표를 사 드리는 건 어떨까요?

03 여름휴가를 가시는군요. 여름에는 바다가 좋죠! 바다가 아름다운 곳은 역시 제주도예요. 비행기도 자주 있고 일찍 예약하면 여행 비용도 많이 들지 않아요. 또 관광지치고는 조용한 편이니까 괜찮을 거예요.

04 그래요? 대학교 때 친구가 하나 있는데 지금 한국전자에 다니고 있어요. 귀엽게 생겼고요. 성격은 내성적이고 조용한 편인데 친해지면 말도 잘하고 농담도 잘해요. 한번 만나보시겠어요?

05 많이 바쁘시군요. 요즘 저는 고민 상담하는 프로그램을 보고 있는데 너무 재미있어요. 신청한 사람이 고민을 이야기하면 전문가가 해결 방법을 제시해 주는 내용인데 볼 만해요.

06 친구들하고 모임도 하고 좋겠어요! 보통 모임을 하면 메뉴 정하기가 어려운데 그럴 때는 한식당에 가는 게 좋아요. 근처에 '한국 식당'이 있는데 메뉴가 다양하고, 또 미리 말하면 원하는 음식을 따로 해 주기도 하니까 괜찮을 거예요. 그리고 모임방이 따로 있어서 편하게 이야기할 수 있어요.

07 맞아요. 편의점이 있어서 진짜 편해요. 저도 편의점에 자주 가는데요. 그 편의점에만 있는 도시락이 있어요. 불고기 도시락인데 별로 맵지도 않고 김치도 같이 있어서 좋아요.

4-3. 말하기 연습 2 *p.144*

p.144

01	❷	특히, 혼자 사는 사람들은 반려동물이 있으면 외롭지 않아서 좋다고 해요.
	❹	결정하기가 쉽지 않은데요. 고양이를 좋아하는 사람도 있고 개를 좋아하는 사람도 있으니까요. 그런데 평소에 외로움을 많이 느끼면 저는 개가 좋을 것 같아요. 고양이는 혼자 있는 걸 좋아하는데 개는 같이 놀아 주는 걸 좋아하잖아요. 항상 사람 가까이에 있으려고 하고요. 감정 표현도 더 풍부해서 키우는 재미가 있을 것 같아요. 제 추천이 도움이 됐으면 좋겠네요
02	❷	정말 그런 것 같아요. 여행이 다 비슷비슷한 거 같아요. 사진은 많이 찍었는데 오래 기억에 남는 일이 별로 없는 것 같기도 해요.
	❹	글쎄요. 사람마다 다르긴 한데요. 저 같은 경우에는 아주 편한 여행보다는 힘든 여행이 기억에 더 오래 남는 것 같아요. 그리고 그냥 보는 것보다는 직접 해 보는 걸 좋아해서 체험 프로그램에 많이 참여하는 편이에요. 그러면 거기에 사는 사람들하고 이야기도 하고 또 가끔 새 친구를 사귈 수 있어서 좋아요. 다음엔 그렇게 한번 해 보세요.
03	❷	요즘에는 아르바이트 찾을 때 앱(App)을 많이 보던데요. 주변에서 소개를 받거나 광고를 보는 것보다 훨씬 정보가 많아요.
	❹	글쎄요. 아르바이트 종류가 너무 많아서 어떤 걸 추천해야 될지 모르겠네요. 그런데 대학생이라면 학생 가르치는 과외 아르바이트를 하는 게 좋을 것 같아요. 시간도 마음대로 정할 수 있고 식당이나 카페 아르바이트보다 돈도 더 받을 수 있어요. 가르치는 걸 싫어하면 부담스러울 수 있지만 다른 거랑 비교해 보면 조건은 괜찮은 거 같아요.
04	❷	저도 그런 친구들을 많이 봤어요. 한국 문화에 관심이 많아서 인터넷으로 보다가 한국에 오는 친구들이 있는데 직접 와서 배우니까 더 좋다고 해요.
	❹	좋은 학교가 너무 많아서 추천하기 좀 어려운데요. 하나를 고르라고 하면 한국대학교 한국어학당을 추천하고 싶어요. 친절할 뿐만 아니라 잘 가르치는 선생님들이 많이 계시고요. 문화체험 프로그램이 다양해서 한국 문화를 직접 체험할 수 있는 기회도 많아요. 그리고 드라마나 K-POP을 배우는 특별 수업도 있어서 더 좋아요. 자세히 알고 싶으면 홈페이지(홈피)에 한번 들어가 보세요.

5-3. 말하기 연습 1 *p.147*

01	많이 시원하지는 않지요? 그래도 이 정도 온도가 좋다고 하니까 더 낮추면 안 될 것 같아요. 사실 바깥이랑 온도 차이가 너무 많이 나는 것도 건강에 좋지 않대요. 그리고 전기도 아껴 써야 하고요.
02	재미있겠네요. 그런데 저는 캠핑하는 걸 별로 안 좋아해서 같이 못 갈 것 같아요. 죄송해요. 전에 몇 번 가 본 적이 있는데 준비해야 할 것도 많고 산에 가면 모기도 많아서 불편하더라고요.
03	기타 동호회에 나가시는군요. 그런데 죄송하지만 안 될 것 같아요. 전 기타도 전혀 못 치고 음악에 소질도 없어요. 기타 동호회는 저랑 맞지 않는 것 같아요.
04	제가요? 저는 아직 한국말을 잘 못하는데요! 안 나가는 게 좋을 것 같아요. 그리고 저는 많은 사람 앞에서 말하면 너무 긴장해서 실수를 많이 해요. 다음에 한국말을 더 잘하게 되면 나가 볼게요.
05	어떡하죠? 죄송하지만 저는 다음 주에 일이 있어서 안 되겠는데요. 또, 지금 하고 있는 일도 끝내야 해서 좀 바빠요. 그리고 제가 하는 일 외에 다른 일은 잘 몰라서 대신 출장가는 건 어려울 것 같아요.
06	아, 그래요? 이사하시는군요. 그런데... 솔직하게 말씀드리면 한 달 동안 같이 살기는 어려울 것 같아요. 다른 사람이랑 같이 지내는 게 너무 불편하거든요. 사이가 나빠질까 봐 걱정도 되고요.
07	복권요? 복권을 자주 사시나 봐요. 그런데 저도 지금 돈이 없어서 빌려줄 수 없는데 어떡하죠? 죄송해요. 꼭 사야 되면 다른 친구한테 말해 보시겠어요?

5-3. 말하기 연습 2 *p.148*

01	❷	자전거 여행요? 저는 자전거 여행을 한 번도 해 본 적이 없어서 힘들 것 같은데요.
	❹	자전거로 여행하면 좋은 점이 많기는 해요. 그런데 저는 어려울 것 같아요. 여름이라 날씨가 더워서 자전거로만 여행하기에는 무리예요. 또, 지금 여름 휴가철이라 도로에 차들도 많아서 좀 위험할 것 같은데요. 자전거 도로가 잘 돼 있는지 어떤지도 알 수 없고요. 날씨가 좀 시원할 때 가는 게 어때요?
02	❷	축하해요. 항상 열심히 하시고 능력도 있으니까 잘 될 거예요. 그런데 저는 지금 다니는 회사에 만족하고 있어요.
	❹	정말 좋은 기회이긴 하지만 저는 그냥 이 회사에 다니는 게 나을 것 같아요. 가끔 다른 회사로 옮길까 생각도 해 봤지만 저는 안정적인 게 좋아요. 돈 벌 기회가 많으면 그만큼 위험 부담이 크다는 생각도 들고요. 그리고 스트레스는 어디에 가든지 조금씩 있다고 생각해요. 저를 믿고 제안해 주셨는데 원하는 대답을 못 드려서 죄송해요.
03	❷	그래요? 외국에서 많이 오시는군요. 그런데 기간하고 일하는 시간은 어떻게 돼요? 보수는요?
	❹	그렇군요. 제가 생각한 거랑 좀 다르네요. 저한테 말씀해 주셔서 감사하기는 한데 그런 조건이면 안 될 것 같아요. 우선 기간도 길고 일하는 시간도 너무 긴 거 같아요. 저는 오전에 대학원 수업이 있거든요. 그리고 제가 아직 학생이기는 하지만 통역 경험도 많고 전문성을 갖췄다고 생각해요. 보수가 너무 적으면 곤란할 것 같아요. 다시 한 번 죄송하다는 말씀 드리고 싶네요.
04	❷	네, 요즘도 계속 블로그 하고 있어요. 그런데 어떤 제품이에요? 직접 만드시는 거예요?
	❹	그렇군요. 그런데 생각 좀 해 봐야 할 것 같아요. 그렇지 않아도 요즘 제 블로그에 광고를 좀 해 달라고 하시는 분들이 많은데 직접 물건을 보면 말씀하시는 거랑 다른 경우가 많더라고요. 그래서 블로그 독자들한테 안 좋은 소리도 들었어요. 이번 제품은 좋은 제품일 거라고 생각하지만 어떻게 만드는지 제가 확인해 보지 않았기 때문에 안 하는 게 좋을 것 같아요.

다. 예상 문제 *p.149*

01

조금 달라지기는 했지만, 그래도 저는 미인대회에 반대해요. 물론, 외모만 보는 게 아니라 지적인 면도 본다는 거 알아요. 하지만 가장 중요한 평가 기준은 외모잖아요. 외모를 평가해서 1등, 2등, 3등 이렇게 순위를 정한다는 게 자연스럽지 않은 것 같아요. 예쁘다는 기준을 누군가 정한다는 것도 말이 안 되고요. 제가 반대하는 이유는 또 있어요. 이런 미인대회가 우리 사회에 부정적인 영향을 주기 때문인데요. 예를 들면 외모 때문에 자신감을 잃는 사람도 많아지고 또, 다이어트나 성형수술을 하는 청소년들도 많아질 수 있어요. 그래서 저는 미인대회가 없어졌으면 좋겠어요.

02

그런 점은 인정해요. 하지만 부작용도 크다고 생각하기 때문에 저는 휴대폰 금지에 찬성해요. 왜냐하면 필요할 때 잠깐 휴대폰을 사용하면 괜찮은데 공부와 상관없는 것도 많이 보고, 심지어는 게임도 하니까 문제가 되는 것 같아요. 그리고 휴대폰이 있으면 수업에 집중하지 못하는 학생도 많다고 해요. 자꾸 휴대폰이 보고 싶어지고 SNS 소식들도 계속 오니까요. 열심히 공부하는 다른 친구들한테 방해가 될 수 있어요. 또, 휴대폰 보는 학생들이 많아지면 선생님들도 수업하기가 어려울 것 같아요. 그래서 수업 시간에는 휴대폰 사용을 금지하는 게 좋다고 생각해요.

03

그런 효과가 있는 건 맞지만 저는 팁을 주는 거에 반대해요. 이유는 두 가지가 있는데요. 먼저 팁을 주면 서비스 질이 높아진다고 하셨는데 그러면 팁을 많이 주는 사람에게는 서비스를 더 잘하고 그렇지 않은 사람에게는 서비스를 덜하게 되지 않을까요? 팁 때문에 서비스에 차별을 받는 건 좋지 않은 것 같아요. 그리고 나머지 하나는 너무 번거롭다는 거예요. 팁을 줄 때마다 얼마가 적당한지 생각해야 하니까 좀 불편해요. 또 팁으로 줄 돈까지 생각해야 하니까 챙겨야 할 것도 많고 비용 부담도 커서 팁 주는 문화가 없었으면 좋겠어요.

04

부모님들이 아이들을 데리고 식당이나 카페에 가고 싶은 마음은 충분히 이해해요. 그래도 저는 노키즈존에 찬성해요. 왜냐하면 모두 같이 이용하는 공간이니까 다른 손님들도 생각해야(배려해야) 된다고 생각해요. 저도 아이들 때문에 불편했던 적이 있어요. 며칠 전에 근처 카페에서 친구들을 만났는데, 아이들이 뛰어다니고, 큰 소리로 떠드는 바람에 대화도 제대로 못 했어요. 게다가 뜨거운 음료를 쏟아서 큰 사고가 날 뻔했어요. 안전 문제도 큰 것 같아요. 아이를 데리고 가려면 차라리 아이들 전용 카페에 가는 게 좋지 않을까요?

05

저도 동감이에요. 생각해 보면 방법은 많아요. 우선 회사나 학교에서 서류를 주고 받을 때 프린트 하지 않고 전자 문서로 하는 방법이 있어요. 요즘 대부분 그렇게 하고 있지만 아직도 개선해야 될 부분이 있는 것 같아요. 그리고 평소에 종이를 재활용해서 만든 재생 종이를 쓰나요? 가능하면 재생 종이를 써야 해요. 그리고 더 중요한 건 생활 속에서 종이를 아끼는 습관을 기르는 건데요. 종이를 쓸 때 한 면만 쓰지 말고 반드시 뒷면도 쓰도록 해야 돼요. 빈 종이는 잘라서 메모지로 쓰고요. 이렇게만 해도 종이 낭비를 많이 줄일 수 있을 거 같아요.

06

계속 그렇게 살다가는 진짜 돈 모으기 힘들어요. 결혼도 해야 한다고 하니까 이제는 소비 습관을 한번 돌아볼 필요가 있어요. 소비를 줄이기 위해서는 우선 쇼핑 습관부터 바꿔야 해요. 쇼핑하기 전에 먼저 그 물건을 사서 얼마나 사용했는지 확인해 보세요. 정말 필요해서 샀는지, 기분 때문에 샀는지 생각해 보고 이제부터는 필요한 물건만 사도록 노력해야 돼요. 그리고 돈을 모으기 위해서는 한 달에 쓸 돈을 미리 정해 놓고 거기에 맞춰 쓰는 연습이 필요해요. 그래서 돈이 조금 모이면 그 돈을 어디에 투자할지 알아보고 실제로 조금씩 투자를 해 보는 것도 좋을 것 같아요.

07

아, 그런 동호회를 찾으시는군요. 우리 회사에는 동호회가 많으니까 찾아보면 분명히 마음에 드는 모임이 있을 거예요. 제가 추천하고 싶은 동호회는 '맛집 동호회'예요. 이름을 들으니까 어떤 동호회인지 아시겠죠? 이름 그대로 서울에 있는 맛있는 식당, 그러니까 맛집을 찾아 다니면서 맛있는 거 먹는 모임이에요. 회원들이 추천하는 맛집 중에서, 인기 있는 순서대로 맛집을 정해서 가는 거라고 하더라고요. 꼭 가야 되는 건 아니고 가고 싶을 때 가면 된대요. 반드시 참석해야 한다는 부담도 없고, 혼자 밥 먹기 싫어하는 사람들한테 딱이죠. 자세한 건 전화해서 한번 물어 보세요.

08

죄송해요. 저도 정말 도와드리고 싶지만 이번에는 어려울 것 같아요. 사실 다른 사람이 보기에는 제 업무가 적어 보여도 알고 보면 그렇지 않아요. 복잡하고 까다로운 일이 많아서 신경 쓸 것도 많아요. 다른 사람하고 같이 할 수도 없고요. 말은 안 했지만 저도 요즘 일 때문에 스트레스 엄청 받고 있어요. 게다가 12월이라 가족 모임을 하기로 했는데 제가 계획을 다 세워야 해서 너무 바쁘네요. 회사일도 바쁘고 집안일도 바빠서 도와드릴 수 없는데 어떡하죠? 다음에 여유가 되면 도와드릴게요. 죄송하다는 말씀밖에 드릴 수 없네요.

고급

말하기 유형 5

자료 해석하기

PART 2

가 / 문제 정보 확인

제시된 자료를 보고 설명하는 문제입니다. 혹은 자료를 바탕으로 자신의 생각을 추가해 말하는 문제가 나옵니다. 두 개 이상의 자료가 제시되며, 내용으로는 변화된 사회 현상과 그 이유, 영향, 전망, 해결 방안 등이 나옵니다.

1. 개요

수준	문제 유형	준비시간	답변 시간	평가 기준
고급	자료 해석하기	70초	80초	내용 / 언어 / 발음

2. 진행 과정

1

5번. 자료를 설명하십시오.

70초 동안 준비하십시오. '삐' 소리가 끝나면 80초 동안 말하십시오.

문제에 대한 안내가 나옵니다.

2

5번. 자료를 설명하십시오.

70초 동안 준비하십시오. '삐' 소리가 끝나면 80초 동안 말하십시오.

자료가 보입니다.

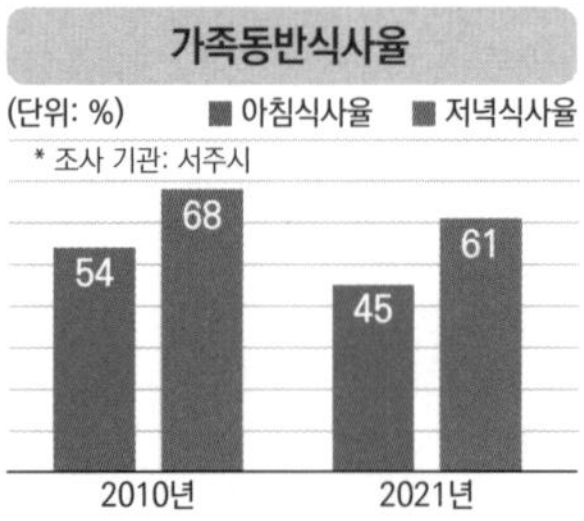

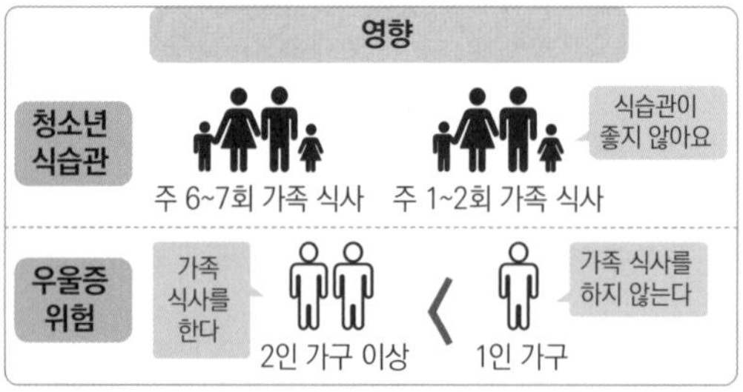

문제 내용은 안 보이고 소리만 들립니다.

남자: 뉴스를 듣고 자료에 제시된 사회 현상을 설명하십시오. 그리고 이러한 현상이 사회에 미치는 영향에 대해 두 가지 말하십시오.

여자: 예전에는 아침, 저녁으로 가족들이 같이 식사하는 모습을 흔하게 볼 수 있었습니다. 그런데 요즘은 그런 모습을 보기가 점점 어려워지고 있습니다. 서주시의 조사 결과를 보겠습니다.

문제를 들으면서 중요한 것을 메모합니다.

3 화면 보면서 준비하기 / 메모하기 — 70초

답변 내용을 메모합니다.

4 말하기 — 80초

메모한 내용을 보면서 말합니다.

3. 평가 항목 및 주의 사항

항목	주의 사항
내용	□ 문제에서 남자와 여자의 음성이 차례로 나온다. 과제와 자료 설명에 필요한 내용을 잘 메모해야 한다.
	□ 자료 1과 자료 2를 모두 설명해야 한다. 시간을 잘 확인해서 시간이 부족하지 않도록 해야 한다. ☆
	□ 자료 1과 자료 2를 연결해서 설명해야 한다. 두 자료의 관계를 고려해야 한다.
언어	□ '-ㅂ니다/습니다'로 말하면 된다. '-ㄴ/는/다'로 말하지 않도록 주의해야 한다.
	□ 같은 표현을 반복하지 않고 다양한 표현을 사용하는 것이 좋다.
	□ 공적인 상황(발표, 뉴스 등)에서 자료를 설명한다고 생각하면 된다. 그렇지만 쓰기가 아니라 말하기이기 때문에 너무 딱딱하게 말하지 않아도 된다.
발음 속도	□ 제시된 어휘 중 필수 어휘, 숫자를 정확하게 발음해야 한다. 숫자 읽기 연습이 필요하다.
	□ 그래프를 보느라고 말하는 속도가 느려지면 안 된다. 그래프를 보면서 계속 말해야 한다.
	□ 필요없는 말(음... 그러니까... 등)을 오래 하면 안 된다.

* 숫자 읽기 연습: 33-34p

4. 점수 잘 받는 방법

과제를 메모하세요. 그리고 자료에 대한 배경 설명을 들으면서 자료를 이해하세요.

- 문제에서 과제가 먼저 나옵니다. 그다음에 뉴스 진행자, 사회자, 발표자 등이 자료에 대한 배경 설명을 간단하게 합니다.
- 내용을 잘 메모하면 자료 이해와 설명에 도움이 됩니다.

자료1 그래프를 보고, 무엇이 어떻게 변화됐는지 말하세요.

- 자료1 그래프는 변화된 사회 현상을 보여줍니다.
- 그래프의 종류를 이해하면 무엇을 중요하게 설명해야 하는지 쉽게 알 수 있습니다.
  예 증감 그래프 → 증가했는지, 감소했는지 말해야 합니다.
  순위 그래프 → 1위, 2위, 3위…를 말해야 합니다.
- 자료에 제시된 숫자, 내용은 모두 말하면 좋습니다. 그렇지만 숫자가 너무 많이 제시된 경우에는 사회 현상의 변화를 설명하는 데 꼭 필요한 것을 중심으로 이야기하면 됩니다.

자료1과 자료2의 관계를 이해하고 답변 내용을 구성하세요.

- 자료2는 자료1과 관계가 있습니다.
- 자료2에는 이유/원인, 영향, 해결 방안 등이 그래프, 도표 및 그림, 신문 기사 등으로 제시됩니다.
- 시험 때는 자료를 보면서 틀리기 쉬운 표현을 중심으로 메모하면서 답변 시작 전까지 연습해 봅니다.
- 자료를 모두 설명한 후 자신의 의견까지 말하는 경우에는 자료에 근거해서 적절하게 이야기해야 합니다.

자료를 설명하기 위해 필요한 표현을 외우세요.

- 그래프를 설명할 때 사용하는 표현과 이유, 영향, 전망 등을 설명할 때 자주 쓰는 표현을 외워 두세요.
- 연습할 때 자료를 보면서 글로도 써 보세요. 쓰기와 말하기를 같이 연습하면 더 오래 기억에 남습니다.

5. 그래프 설명하기

■ 그래프 유형1

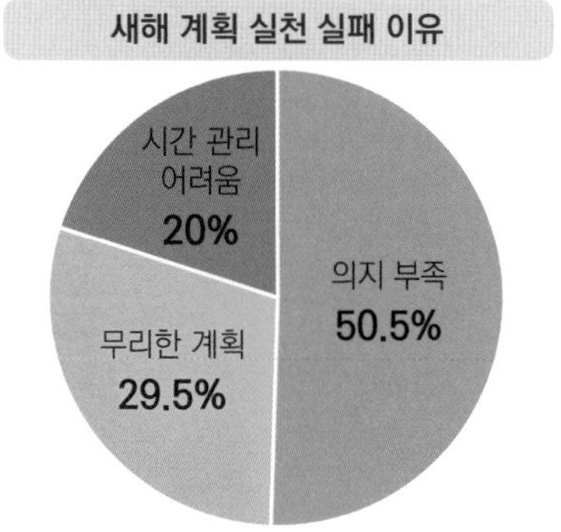

- 1위를 차지하다
- 가장 높게[↔낮게] 나타나다

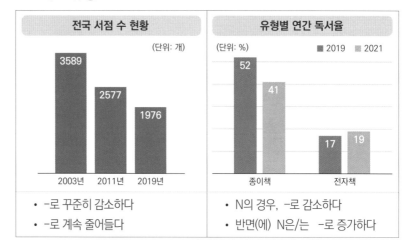

■ 그래프 유형2

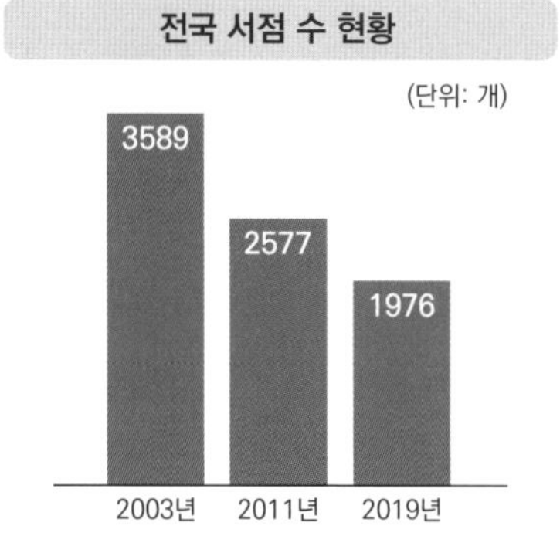

- -로 꾸준히 감소하다
- -로 계속 줄어들다

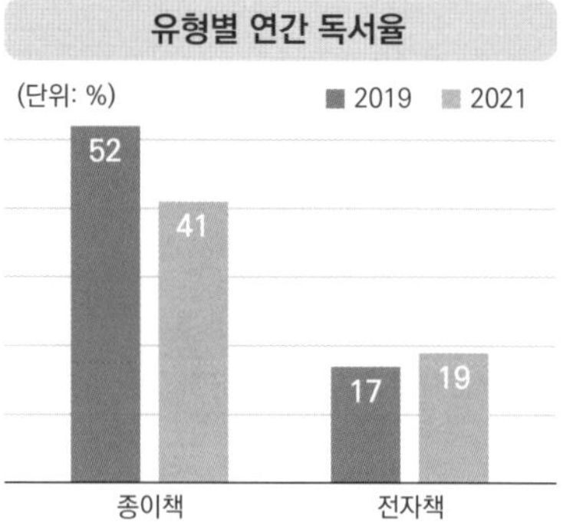

- N의 경우, -로 감소하다
- 반면(에) N은/는 -로 증가하다

① 새해 계획 실천 실패 이유는 의지 부족이 50.5%(오십 점 오 퍼센트)로 **1위를 차지했습니다**. 다음으로 무리한 계획이 29.5%(이십구 점 오 퍼센트)였습니다. 시간 관리 어려움은 20%(이십 퍼센트)로 **가장 낮게 나타났습니다**.

② 전국 서점 수 현황을 살펴보면 2003년에는 3589개였는데, 2011년 2577개, 2019년 1976개로 **꾸준히 감소했습니다**.

③ 유형별 연간 독서율은 종이책의 경우 2019년 52%에서 2021년 41%로 **감소했습니다**. 반면 전자책은 같은 기간 17%에서 19%로 **증가했습니다**.

■ 그래프 유형3

①	②	③	④

• 증가하다 / 늘어나다 / 늘다 • 많아지다 / 상승하다 / 오르다	• 감소하다 / 줄어들다 / 줄다 • 적어지다 / 하락하다 / 떨어지다	• 큰 변화가 없다	• 감소했다가 증가하다 • 줄어들었다가 늘어나다

① 소형 가구 판매율은 2017년 14%에서 2019년 58%로 크게 **증가했습니다**.

② 전통시장은 2006년 1610개, 2014년 1536개, 2020년 1401개로 꾸준히 **감소했습니다**.

③ 가사 노동 시간을 보면, 아내의 경우 2014년 3시간 25분, 2020년에는 3시간 15분으로 **큰 변화가 없었습니다**.

④ 외국인 관광객은 2016년 1724만 명에서 2020년 251만 명으로 **감소했다가** 2022년 2000만 명으로 **가파르게 증가했습니다**.

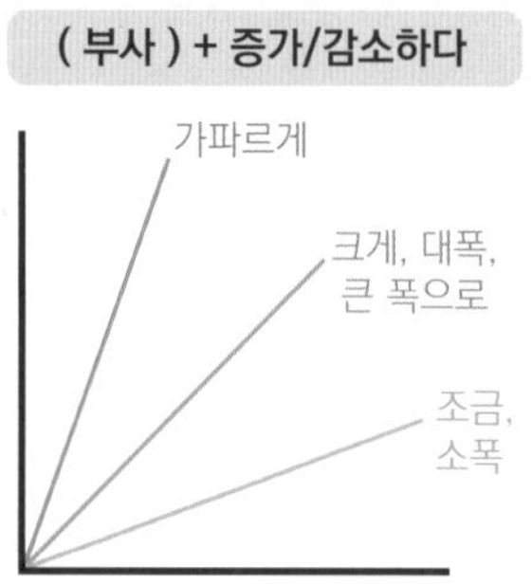

나 / 과제별 연습

1. 원인 _ 사회 현상과 그 원인에 대해 말하는 문제입니다.

1-1. 문제 확인

■ 예시

5번. 자료를 설명하십시오. 70초 동안 준비하십시오. '삐' 소리가 끝나면 80초 동안 말하십시오.

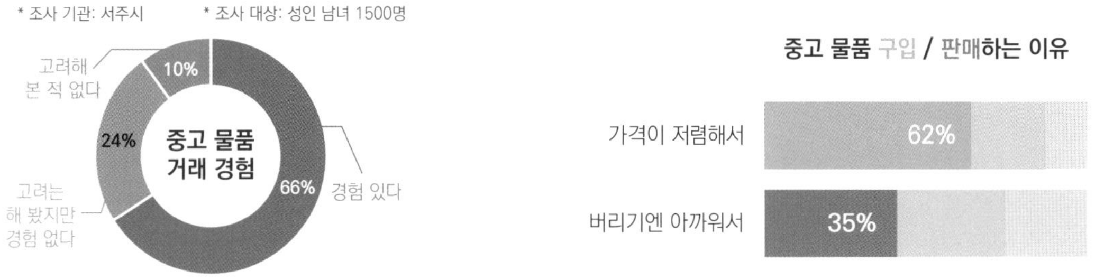

여자: 뉴스를 듣고 자료에 제시된 사회 현상과 그 이유를 설명하십시오.

남자: 다음 뉴스입니다. 최근 중고 물품 거래에 대한 사람들의 관심이 높아지면서 중고 물품을 사고파는 게 자연스러운 일이 되었는데요. 서주시에서 시민들에게 최근 1년 내 중고 물품 거래 경험이 있는지, 있다면 중고 물품을 구입하거나 판매한 이유가 무엇인지 물어보았습니다.

■ 메모 〈70초〉

문제 메모

과제: 사회 현상 + 이유
1년 내 중고물품 거래 경험,
구입 / 판매 이유

답변 메모

자료 ❶ -다는 응답이 ~
가장 높게 나타나다 > 24%였다 > 가장 낮게~
자료 ❷ 그렇다면 이유는 ?
구입 → 가격이 저렴해서라고 응답한 비율이~
판매 → 버리기엔 아까워서가, 1위를 차지하다

■ 답변 〈80초〉

서주시에서 성인 남녀 1500명을 대상으로 중고 물품 거래 경험에 대해 설문 조사를 실시했습니다. 먼저 조사 결과를 살펴보겠습니다. 경험이 있다는 응답이 66%로 가장 높게 나타났습니다. 고려는 해 봤지만 경험이 없다는 응답은 24%였습니다. 그리고 고려해 본 적 없다는 응답은 10%로 가장 낮게 나타났습니다. 그렇다면 중고 물품을 구입하고 판매하는 이유는 어떻게 나타났을까요? 먼저 구입 이유를 보면 가격이 저렴해서라고 응답한 비율이 62%나 됩니다. 가장 많습니다. 그리고 판매 이유로는 버리기엔 아까워서가 35%로 1위를 차지했습니다.

내용 • 자료 1 (중고 거래 경험 비율)과 자료 2 (구입 이유, 판매 이유)를 모두 잘 설명했다.

언어 • '-라고 응답한 비율이~', '1위를 차지하다'와 같은 고급 수준의 표현을 적절하게 사용했다.

1-2. 표현 정리

■ 조사 개요 설명하기

조사 기관	조사 대상	조사 주제	
____ 에서	____ 을 대상으로	____ 을/를	조사했습니다
		____ 에 대해	(설문)조사를 실시했습니다 / 조사했습니다
		____ 에 대한	(설문)조사를 실시했습니다 / 조사를 했습니다

예 서주시에서 직장인 1000명을 대상으로 재택근무의 효율성에 대해 설문조사를 실시했습니다.
교통연구원에서 성인 8000명을 대상으로 택시서비스 만족도에 대해 조사했습니다.
문화산업연구소에서 20~30대 남녀 1500명을 대상으로 온라인 공연 관람 현황을 조사했습니다.

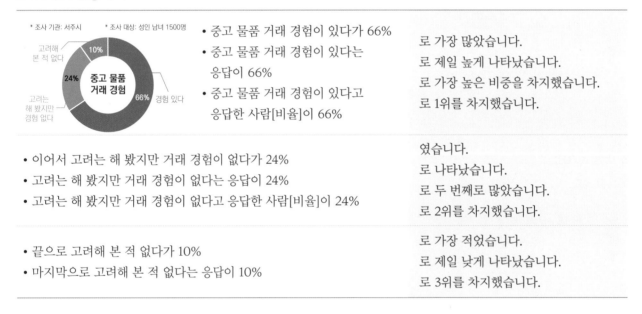

■ 그래프 설명하기

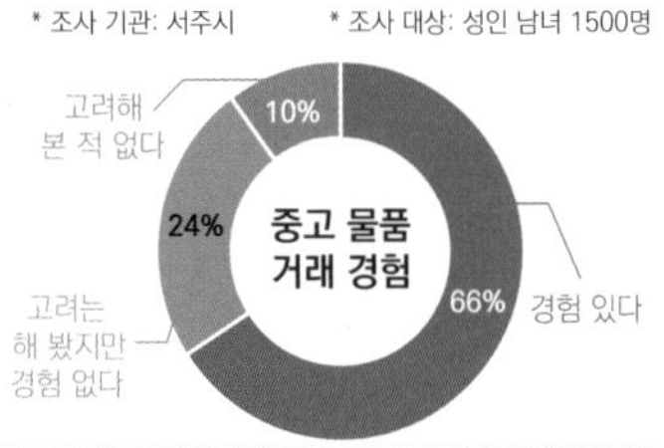

• 중고 물품 거래 경험이 있다가 66% • 중고 물품 거래 경험이 있다는 응답이 66% • 중고 물품 거래 경험이 있다고 응답한 사람[비율]이 66%	로 가장 많았습니다. 로 제일 높게 나타났습니다. 로 가장 높은 비중을 차지했습니다. 로 1위를 차지했습니다.
• 이어서 고려는 해 봤지만 거래 경험이 없다가 24% • 고려는 해 봤지만 거래 경험이 없다는 응답이 24% • 고려는 해 봤지만 거래 경험이 없다고 응답한 사람[비율]이 24%	였습니다. 로 나타났습니다. 로 두 번째로 많았습니다. 로 2위를 차지했습니다.
• 끝으로 고려해 본 적 없다가 10% • 마지막으로 고려해 본 적 없다는 응답이 10%	로 가장 적었습니다. 로 제일 낮게 나타났습니다. 로 3위를 차지했습니다.

■ 원인 / 이유 / 요인 설명하기

중고 물품 구입 이유	그러면[다음으로] 중고 물품을 구입한 이유를 살펴보겠습니다.
• 가격이 저렴해서 - 50% • 오래 사용할 물건이 아니기 때문에 - 30% • 환경에 도움이 되어서 - 20%	• 가격이 저렴해서가 50%로 가장 높게 나타났습니다. 이어서 오래 사용할 물건이 아니기 때문에가 30%, 환경에 도움이 되어서가 20%, 이런 순서로 나타났습니다.
• 가격이 저렴함 • 오래 사용할 물건이 아님 • 환경에 도움이 됨	• 첫째, 가격이 저렴해서입니다. 둘째, 오래 사용할 물건이 아니기 때문입니다. 셋째, 환경에 도움이 되니까 구입한다고 했습니다.
• 저렴한 가격 ⇨ 비용 절약 • 자원 절약 ⇨ 환경 보호	• 먼저 가격이 저렴해서 비용을 절약할 수 있기 때문입니다. 그리고 자원을 절약해서 결과적으로 환경을 보호할 수 있기 때문이라고 했습니다.

1-3. 연습하기

01. 다음을 보고 [보기]와 같이 말하세요.

	조사 기관	조사 대상	조사 주제	
[보기]	서주시에서	남녀 1000명을 대상으로	중고 물품 거래 경험에 대해	설문조사를 실시했습니다.

① 교육협회 / 교사 1500명 / 교사 생활 만족도 / 설문조사 / 실시하다

② 대학생활연구소 / 대학생 2000명 / 아르바이트 구직 계획 / 설문조사 / 실시하다

③ 사회연구소 / 직장인 1800명 / 하루에 커피를 몇 잔 마십니까 / 조사하다

④ 경제연구원 / 청소년 3000명 / 책을 얼마나 많이 읽는가 / 설문조사 / 하다

⑤ 통계청 / 최근 5년간 / 아이스크림 시장 매출액 / 조사 / 하다

* 조사 기관, 조사 대상이 제시되어 있지 않으면 말하지 않아도 됩니다. 조사 대상이 없을 경우에는 설문조사가 아닙니다.

02. 다음 자료를 설명해 보세요.

남자: 뉴스를 듣고 자료에 제시된, 선호하는 책 유형과 그 이유를 설명해 보십시오.

여자: 여러분은 종이책을 선호하시나요? 아니면 전자책을 선호하시나요? 최근 전자책을 보는 사람들이 늘어났지만 선호하는 책의 유형은 다른 결과가 나와서 주목을 받고 있습니다.

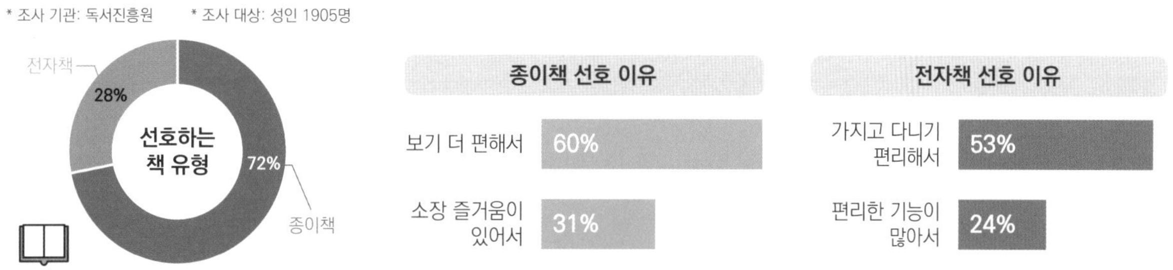

개요	독서진흥원 / 성인 1905명 / 선호하는 책 유형 / 설문조사 / 실시했습니다.
자료1	조사 결과 / 보겠습니다. 종이책을 선호한다는 응답이 72% / 전자책 28%보다 높게 나타났습니다. 종이책이 전자책보다 두 배 이상 ____________.
자료2	종이책 / 선호하는 이유 / 보기 더 편해서 / 60% / 가장 많았습니다. 이어서 소장하는 즐거움이 있어서 / ______________ ______________.
자료3	다음은 전자책 / 선호하는 이유입니다. 가지고 다니기 편리해서 / 응답한 비율이 53% / 가장 높게 나타났습니다. 두 번째로 많은 응답 / 편리한 기능이 많아서였습니다. 24%로 나타났습니다.

02. 정답 에서, 을 대상으로, 에 대해, 를 → 를, 로, 많았습니다 → 을, 는, 가, 로, 가 31%로 나타났습니다 → 을, 라고, 로, 등

03. 제시된 표현을 참고해 다음 자료를 설명해 보세요.

남자: 뉴스를 듣고 자료에 제시된 사회 현상과 그 이유를 설명하십시오.

여자: 재택근무를 도입하는 기업들이 늘면서 이제는 재택근무를 하는 모습도 익숙한 풍경이 되었습니다. 그런데 재택근무의 효율성에 대해서는 사람들의 의견이 다르게 나타났습니다. 서주시에서 직장인 1000명에게 물었습니다.

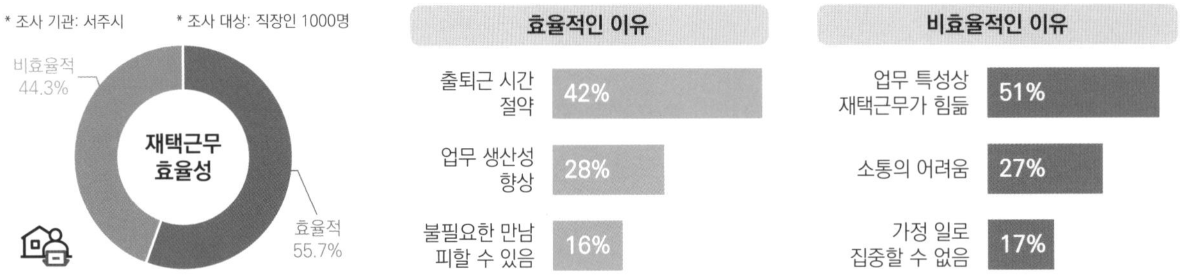

- 서주시에서
- 조사 결과를 보면
- 그중 재택근무가 효율적이라고 응답한 이유는

- 설문조사를 했습니다
- N이라는 응답은
- N보다 조금 더 많았습니다
- -%로 1위를 차지했습니다
- 가장 낮게 나타났습니다 (…)

04. 다음 자료를 보고 적절한 이유를 추가해 설명하세요.

남자: 뉴스를 듣고 자료에 제시된 사회 현상과 그 이유를 설명하십시오.

여자: 다음 뉴스입니다. 한국 사회에서 결혼에 대한 인식이 크게 달라지고 있는데요. 사회연구소에서 미혼 남녀 3000명에게 결혼을 해야 한다고 생각하는지 물었습니다. 그리고 결혼하지 않는 이유도 조사해 봤습니다.

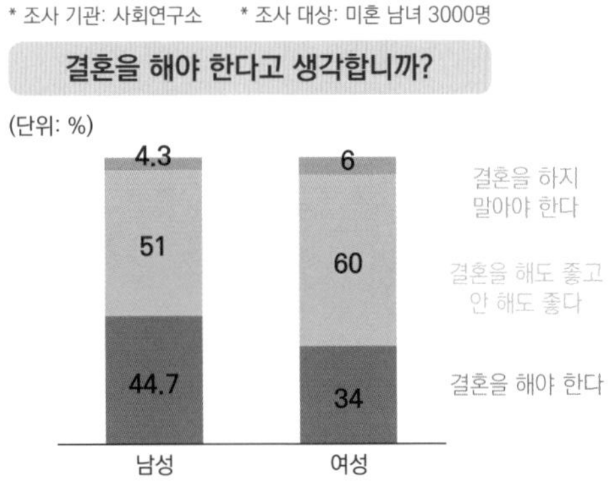

결혼을 하지 않는 이유는 무엇입니까?

1위

2위

3위

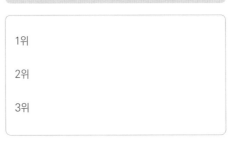

이유 생각해서 써 보기 ➡ 답변하기 ➡ MP3 녹음 파일 듣기 ➡ 자신의 답변과 비교하기 ➡ 답변하기 〈80초〉

2. 전망 __ 사회 현상과 그에 따른 전망에 대해 말하는 문제입니다.

2-1. 문제 확인

■ 예시

5번. 자료를 설명하십시오. 70초 동안 준비하십시오. '삐' 소리가 끝나면 80초 동안 말하십시오.

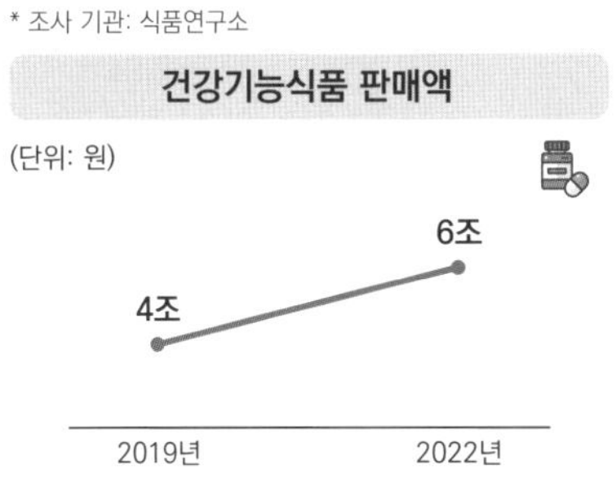

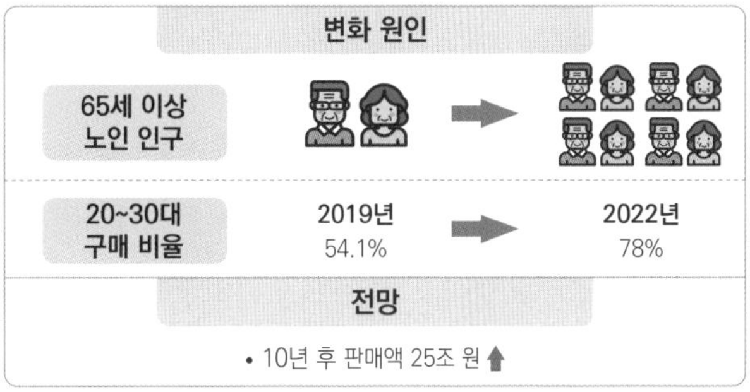

남자: 뉴스를 듣고 자료에 제시된 건강기능식품 판매액을 설명하십시오. 그리고 그 현상의 원인과 전망에 대해 말하십시오.

여자: 최근 비타민, 홍삼 등 건강기능식품에 대한 사람들의 관심이 커지고 있습니다. 최근 3년 간 건강식품 판매액이 얼마나 변화했는지, 그리고 그 원인과 전망이 무엇인지 알아봤습니다.

■ 메모 〈70초〉

문제 메모

과제: 현상 + 원인 + 전망
비타민, 건강식품,
3년 간 판매액

답변 메모

자료 ❶ ○년에 ○원이었던 판매액은 ○년 ○원으로 증가
자료 ❷ 원인은 ?
1) ~ 증가 이야기할 수 있다 → 병 예방 위해 먹음.
2) ~ 도 늘다 → ○년에는 ○였는데 ○년 ○가 되다
자료 ❸ 전망은? 계속 증가. 10년 후 25조 원에 달할 전망

■ 답변 〈80초〉

이번에 식품연구소에서 건강기능식품 판매액을 조사했습니다. 그 결과, 2019년에 4조 원이었던 판매액은 2022년 6조 원으로 큰 폭으로 증가했습니다. 그 원인은 무엇일까요? 먼저 65세 이상 노인 인구의 증가를 이야기할 수 있습니다. 나이가 들수록 병을 예방하기 위해 건강기능식품을 찾게 됩니다. 또 20-30대 구매 비율도 늘었습니다. 2019년에는 54.1%였는데 2022년에는 78%가 되었습니다. 건강에 대한 관심이 증가해서 이제는 건강기능식품을 챙겨 먹는 젊은 사람들도 많다는 것을 알 수 있습니다. 앞으로 건강기능식품 판매액은 계속 증가하겠습니다. 그래서 10년 후엔 25조 원에 달할 전망입니다.

내용 • 자료 1 (건강기능식품 판매액 증가), 자료 2 (원인 2가지), 자료 3 (전망)을 모두 충분히 설명했다.

인어 • '큰 폭으로 증가하다', '-에 달할 전망이다'와 같은 고급 수준의 표현을 적절하게 사용했다.

2-2. 표현 정리

■ 그래프 설명하기

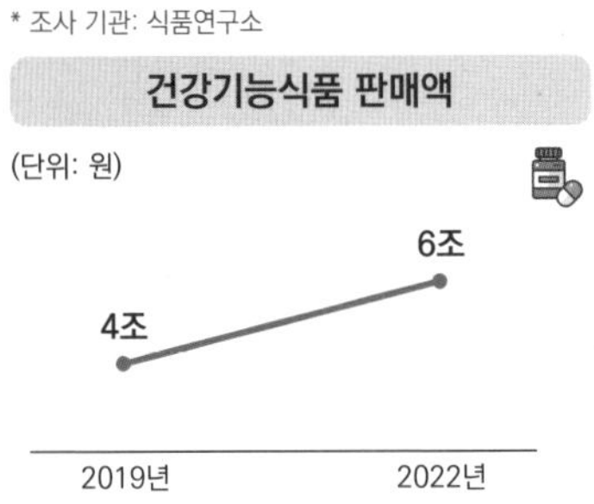	• 건강기능식품 판매액은 2019년에 4조 원이었는데	2022년에는 6조 원으로	크게 큰 폭으로 꾸준히 계속해서	증가했습니다 늘어났습니다
	• 2019년에 4조 원이었던 건강기능식품 판매액은	2022년에는 6조 원으로		
		계속 증가해 2022년에는 6조 원에		이르렀습니다 달했습니다

■ 전망 설명하기

건강기능식품 판매액 전망	• 이런 추세가 계속되면 • 이런 현상이 지속되면 • 앞으로의 전망을 살펴보면		
• 2030년 판매액 25조 원 ⬆	• 2030년에는 판매액이 25조 원으로 • 판매액은 2030년에 25조 원으로	증가할 것으로 늘어날 것으로 올라갈 것으로	전망됩니다 예상됩니다 보입니다
		증가할	전망입니다
	• 2030년에는 판매액이 25조 원에 • 판매액은 2030년이 되면 25조 원에	이를 것으로	전망됩니다 예상됩니다 보입니다
• 2030년 판매액 25조 원 ⬇	• 2030년에는 판매액이 25조 원으로 • 판매액은 2030년에 25조 원으로	감소할 것으로 줄어들 것으로 내려갈 것으로	전망됩니다 예상됩니다 보입니다
		감소할	전망입니다
	• 2030년에는 판매액이 25조 원에 • 판매액은 2030년이 되면 25조 원에	그칠 것으로	전망됩니다 예상됩니다 보입니다

■ 앞으로 증가[감소]할 것이 매출액인지, 이용자 수인지, 만족도인지 등등 주어를 잘 확인하고 말하세요.
■ 전망의 정확한 연도나 숫자가 문제에 제시되어 있지 않을 경우, 앞으로 계속 증가할 것인지, 감소할 것인지에 대해서 자료1과 자료2를 근거로 추측해서 이야기하면 됩니다.

2-3. 연습하기

01. 다음을 보고 각각의 전망을 써 보세요. 그리고 말해 보세요.

① 간편 식품 매출액 전망
2045년 약 20조 원 ⬆

② 학령인구 수 전망
2050년 학령인구 430만 명 ⬇

[참고] N(으)로 증가할 것으로 전망됩니다 N(으)로 감소할 것으로 예상됩니다 -(으)ㄹ 전망입니다

02. 다음 자료를 설명해 보세요.

남자: 뉴스를 듣고 자료에 제시된 사회 현상을 설명하십시오. 그리고 그 현상의 원인과 전망에 대해 말하십시오.
여자: 다음 뉴스입니다. 서주시에서는 공공자전거를 이용하는 시민들을 위해 꾸준히 환경 개선 사업을 해 왔습니다. 그 결과, 공공자전거 이용 건수에 큰 변화가 나타났습니다.

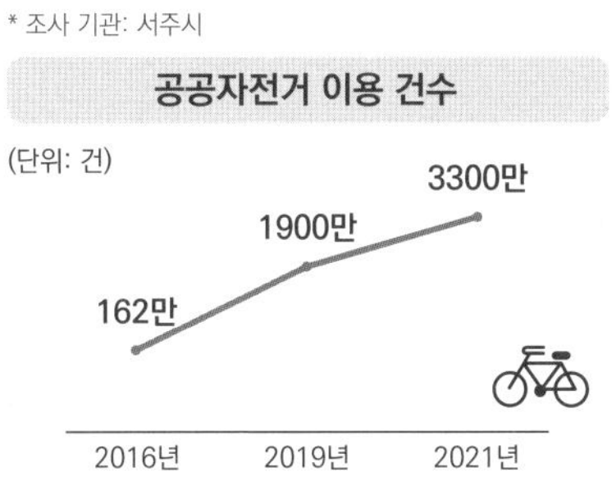

개요 서주시 / 공공자전거 이용 건수 / 조사했습니다.

자료1 먼저 자전거 이용 건수입니다. 2016년 162만 건 / 2019년 1900만 건, 2021년 / 3300만 건 / 공공자전거 이용 건수가 꾸준히 ______________.

자료2 이런 변화가 나타난 원인은 자전거 대여소 / __________ __________. 그래서 사람들 / 어디서든지 편리하게 자전거를 빌려서 탈 수 있게 되었습니다. 또 하나 / 자전거 전용도로입니다. 자전거 전용도로 / 2016년에는 869km였는데 __________ __________ 길어졌습니다. 자전거 전용 도로 / 늘어나면 더 안전하고 편하게 자전거를 탈 수 있습니다.

자료3 이렇게 볼 때 앞으로 공공자전거 이용 건수 / 계속해서 __________ ________ 보입니다.

02. 정답 에서, 에 대해 → 에서, 에는, 으로, 증가했습니다 → 가 확대되었기 때문입니다, 은, 는, 는 2021년에는 3684km(킬로미터)로, 가 → 는, 증가할 것으로

03. 제시된 표현을 참고해 다음 자료를 설명해 보세요.

남자: 뉴스를 듣고 자료에 제시된 사회 현상을 설명하십시오. 그리고 그 현상의 원인과 전망에 대해 말하십시오.
여자: 이제는 책을 눈으로 보지 않고 귀로 듣는 '오디오북'이 사람들의 관심을 끌고 있습니다. 이 오디오북 시장이 어떻게 변화했는지, 그리고 그 이유와 전망까지 알아보았습니다.

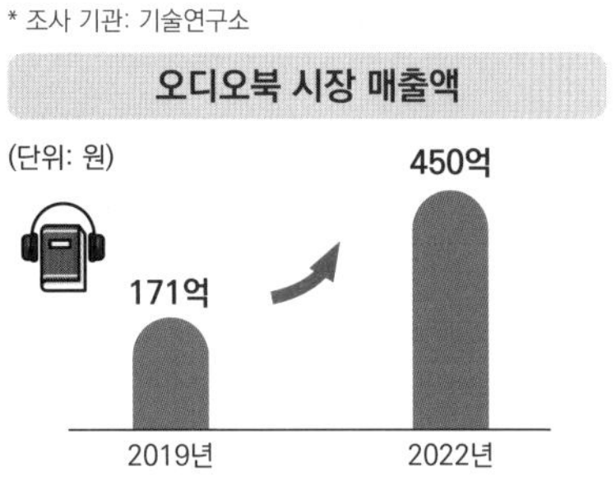

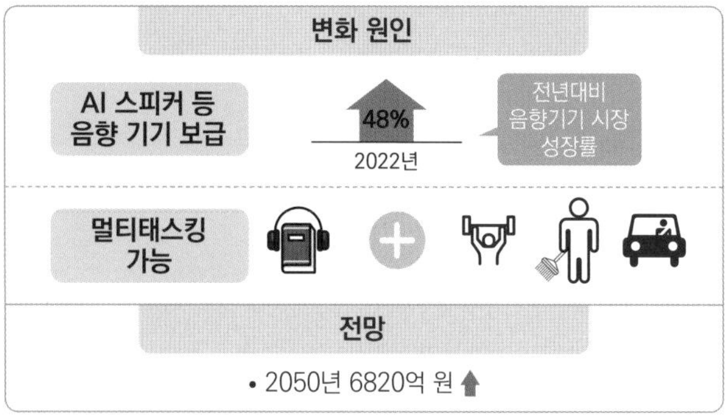

- 기술연구소에서
- 조사 결과,
- 이렇게 증가한 원인은 첫 번째로
- 이런 추세가 이어지면

■ 조사했습니다
■ N으로 크게 증가했습니다
■ 첫 번째/두 번째
■ 한 통계 자료에 따르면
■ -기 때문입니다
■ 증가할 전망입니다 (…)

04. 다음 자료를 보고 원인과 전망을 추가해 설명하세요.

남자: 뉴스를 듣고 자료에 제시된 사회 현상의 변화를 설명하십시오. 그리고 그 현상의 원인과 전망에 대해 말하십시오.
여자: 다음 뉴스입니다. 요즘 초콜릿, 케이크 등 디저트를 즐기는 사람이 많아지면서 디저트 시장이 커지고 있습니다. 그런데 아이스크림 시장 상황은 반대로 가고 있었습니다. 아이스크림 시장의 변화와 원인에 대해 알아보았습니다.

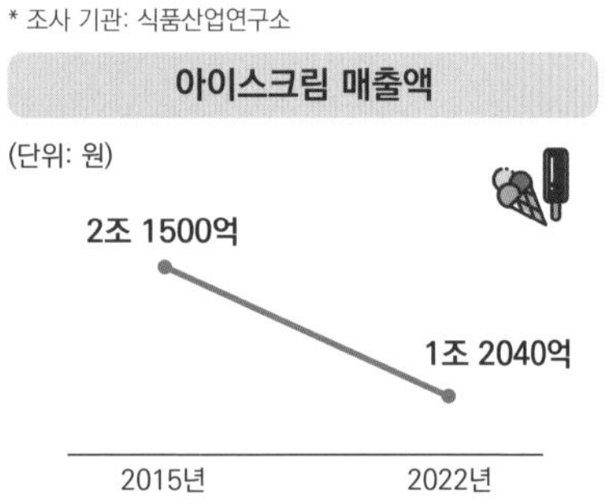

원인	• 주 소비층인 아동 인구 감소 • 아이스크림 대체 간식 다양화 •
전망	•

원인, 전망 생각해서 써 보기 ➡ 답변하기 ➡ MP3 녹음 파일 듣기 ➡ 자신의 답변과 비교하기 ➡ 답변하기 〈80초〉

3. 영향 _ 다양한 사회 현상과 그로 인한 영향과 변화에 대해 말하는 문제입니다.

3-1. 문제 확인

■ 예시

5번. 자료를 설명하십시오. 70초 동안 준비하십시오. '삐' 소리가 끝나면 80초 동안 말하십시오.

* 조사 기관: 서주시

무인 편의점 수

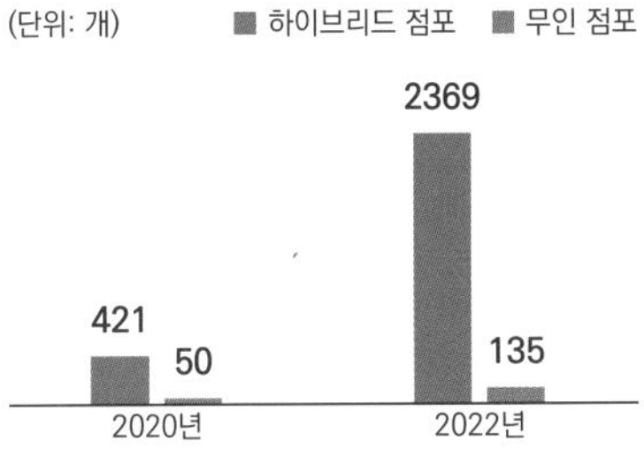

영향

- 일자리 ⬇
- 디지털 소외 계층의 피해 ⬆
- 물건을 훔치는 범죄 ⬆

남자: 뉴스를 듣고 자료에 제시된 사회 현상과 이러한 현상이 사회에 미치는 영향에 대해 말하십시오.

여자: 비대면 소비문화가 확산되고 있습니다. 이에 따라 편의점도 달라지고 있는데요. 낮에는 점원이 있지만 밤에는 무인으로 운영되는 하이브리드 점포와 24시간 무인 편의점으로 바뀌고 있습니다.

■ 메모 〈70초〉

▼ 문제 메모

과제: 현상 + 사회 영향
편의점, 낮-점원O, 밤-무인
→ 하이브리드 점포
+ 24시간 무인 점포

▼ 답변 메모

자료 ❶ 하이브리드 점포: ○년 ○에서 ○년 ○로 증가
같은 기간, 무인 점포: ○에서 ○로 증가
자료 ❷ 영향
1) 일자리가 감소할 것 → 계산하는 사람 없어도 됨.
2) ~ 피해도 증가 → 노인. 카드 x, 계산 기기 사용법..
3) ~ 범죄가 증가

■ 답변 〈80초〉

서주시에서 무인 편의점 수를 조사했습니다. 그 결과를 한번 보겠습니다. 먼저 하이브리드 점포는 2020년 421개에서 2022년 2369개로 크게 증가했습니다. 24시간 무인 점포도 같은 기간 50개에서 135개로 증가했습니다. 이렇게 무인 편의점이 늘어나면 일자리가 감소할 것입니다. 물건을 계산하는 사람이 없어도 되기 때문입니다. 또 있습니다. 디지털 소외 계층 피해도 증가합니다. 카드를 사용하지않는 사람, 계산하는 기기를 사용할 줄 모르는 사람, 이런 사람들은 불편해집니다. 특히 노인 분들 중에 많습니다. 그리고 가게에 사람이 없기 때문에 물건을 훔치는 범죄가 훨씬 증가할 수 있습니다.

(내용) • 자료 1 (하이브리드 점포 및 무인 점포 증가), 자료 2 (영향 3가지)를 모두 잘 설명했다.

(언어) • '무인 계산기'라는 단어를 사용하지 않아도 그것을 '계산하는 기기'와 같이 쉬운 말로 바꿔서 설명했다. 그리고 무인 편의점 수의 증가가 사회에 미치는 영향에 대해 보충 설명을 잘 했다.

3-2. 표현 정리

■ 그래프 설명하기

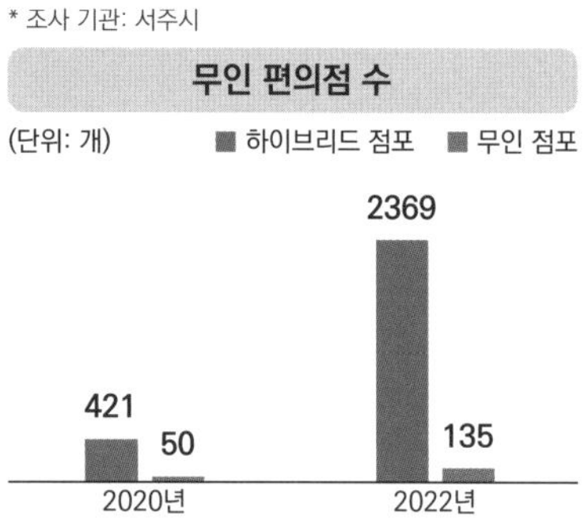

- 하이브리드 점포의 경우 2020년 421개에서 2022년 2369개로 증가했습니다. 무인 점포의 경우도 2020년 50개에서 2022년 135개로 늘어났습니다.

- 하이브리드 점포는 2020년 421개에서 2022년 2369개로 급증했습니다. 같은 기간 무인 점포도 50개에서 135개로 증가했습니다.

- 2020년에는 하이브리드 점포 421개, 무인 점포 50개였는데 2022년에는 하이브리드 점포 2369개, 무인 점포 135개로 모두 크게 증가했습니다.

■ 영향 설명하기

무인 편의점 증가의 영향	그 영향을 살펴보면, 그 영향에는 (한/두/세..)가지 정도가 있습니다
• 일자리 ⬇ • 디지털 소외 계층의 피해 ⬆ • 물건을 훔치는 범죄 ⬆	• 먼저 일자리가 감소할 것입니다. 그리고 디지털 소외 계층의 피해가 커질 수 있습니다. 마지막으로 물건을 훔치는 범죄가 증가할 수 있습니다.
• 긍정적 - 자동화 기술 도입 확대 • 부정적 - 일자리 감소	• 무인 편의점이 사회에 미치는 영향은 크게 긍정적인 영향과 부정적인 영향이 있습니다. 먼저 긍정적인 영향에는 자동화 기술 도입 확대가 있습니다. 반면 부정적인 영향은 일자리가 감소하게 된다는 것입니다. • 무인 편의점의 증가는 사회 전반에 자동화 기술 도입이 확대되는 데 영향을 미칠 수 있습니다. 그렇게 되면 소비자들에게 더 나은 서비스를 제공할 수 있도록 기술이 계속해서 발전하게 됩니다. 그렇지만 부정적인 영향도 있습니다. 무인 편의점이 늘면 편의점에서 물건을 계산하는 사람을 고용하지 않기 때문에 일자리가 감소할 수 있습니다.

* 말하기 시간이 많이 남을 경우, 제시된 정보에 대해 더 자세히 보충 설명할 수 있습니다.

■ 영향을 설명할 때는 긍정적, 부정적 혹은 개인적, 사회적, 경제적 측면으로 나누어서 생각해 보세요.
■ 말하기 시간이 많이 남을 경우, 제시된 정보에 대해 더 자세히 보충 설명할 수 있습니다.
■ 충분히 말했는데도 시간이 남을 때는 더 말하지 않아도 됩니다. 차분히 다음 문제를 기다리세요.
■ 자주 쓰는 표현: N의 영향으로는 -ㄴ/는/다는 것입니다, -(으)면 -(으)ㄹ 수 있습니다 / -게 됩니다

3-3. 연습하기

01. 다음을 보고 각각의 '영향'을 써 보세요. 그리고 말해 보세요.

① 1인 가구 증가의 영향
• 사회적: 외로움 및 고독감 느끼는 사람 ⬆ • 경제적: 소형 제품 수요 ⬆

② 올림픽 개최의 영향
• 긍정적: 관광 수입 등 경제 성장 도움 • 부정적: 경기장 건설로 인한 환경 파괴

[참고] -(으)면 -(으)ㄹ 수 있습니다 -ㄴ/는/다는 것입니다 -게 됩니다 -ㅂ니다/습니다

02. 다음 자료를 설명해 보세요.

남자: 사회자의 말을 듣고 자료에 제시된 사회 현상의 변화와 그 영향을 설명하십시오.

여자: 안녕하십니까? 요즘 배달앱을 통해 배달음식을 이용하는 분들이 많이 계신데요. 실제로 배달음식 온라인 시장이 크게 달라졌다고 합니다. 그런데 이런 현상이 사회에 미치는 영향은 없을까요? 오늘은 배달음식 이용 현황과 그 영향에 대해 이야기를 해 보도록 하겠습니다.

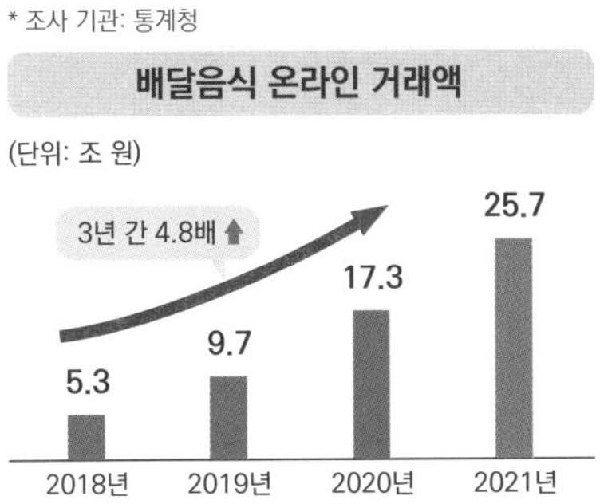

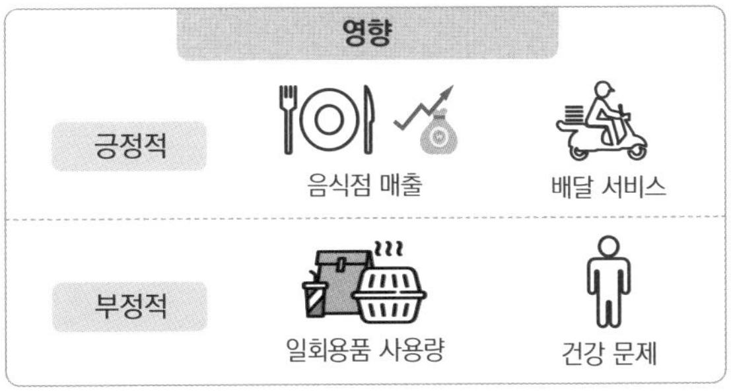

개요 먼저 통계청 / 조사한 결과입니다. 배달 음식 온라인 거래액 / 보면,

자료1 2018년에는 5.3조 원이었습니다. 그리고 2019년 9.7조 원, 2020년 17.3조 원 / 꾸준히 증가해서 2021년에는 ________ ________ ______________. 3년 간 4.8배 / 증가한 것입니다.

자료2 이런 현상이 사회에 미치는 영향 / 긍정적인 점도 있고 부정적인 점도 있습니다. 긍정적인 영향 / 음식점 매출이 ________________ ________________. 그리고 또 배달 업체 / 성장해서 배달 서비스 / 발달할 수 있습니다. 부정적인 영향도 있습니다. 음식을 포장하는 일회용품 사용량 / 증가하는데, 그러면 환경이 ________________ ________________. 또 배달음식 중에는 달고 짠 음식 / 많아서 자주 섭취하면 ________ ________ ____ ____ ________.

02. 정답 에서, 를 → 으로, 25.7조 원이 되었습니다, 나 → 에는, 은, 증가한다는 것입니다, 가, 가, 이, 나빠지게 됩니다, 이, 건강 문제가 생길 수 있습니다

03. 제시된 표현을 참고해 다음 자료를 설명해 보세요.

남자: 뉴스를 듣고 자료에 제시된 사회 현상을 설명하십시오. 그리고 이러한 현상이 사회에 미치는 영향에 대해 두 가지 말하십시오.
여자: 예전에는 아침, 저녁으로 가족들이 같이 식사하는 모습을 흔하게 볼 수 있었습니다. 그런데 요즘은 그런 모습을 보기가 점점 어려워지고 있습니다. 서주시 조사 결과를 보겠습니다.

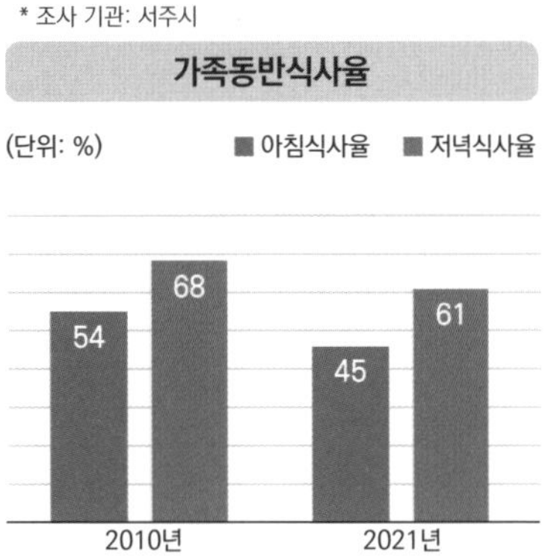

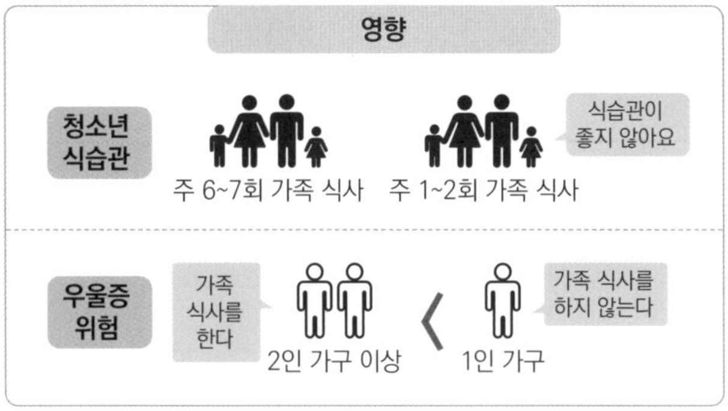

- 서주시에서

- 그 결과, 아침식사율의 경우

- 이렇게 가족동반식사율이 떨어지면

- 조사를 실시했습니다
- 감소했습니다
- 한 연구에 따르면
- -았/었다고 합니다
- 높게 나타났습니다
- N보다 낮았습니다

04. 다음 자료를 보고 영향을 추가해 설명하세요.

남자: 사회자의 말을 듣고 자료에 제시된 사회 현상을 설명하십시오. 그리고 그 영향을 두 가지 이상 말하십시오.
여자: 요즘 열성적인 팬들을 중심으로 아이돌 상품을 구매하고 소비하는 것이 하나의 팬덤 문화로 자리잡았습니다. 실제로 아이돌 상품 시장도 달라지고 있다고 하는데요. 아이돌 상품의 인기는 우리 사회에 어떤 영향을 미칠까요?

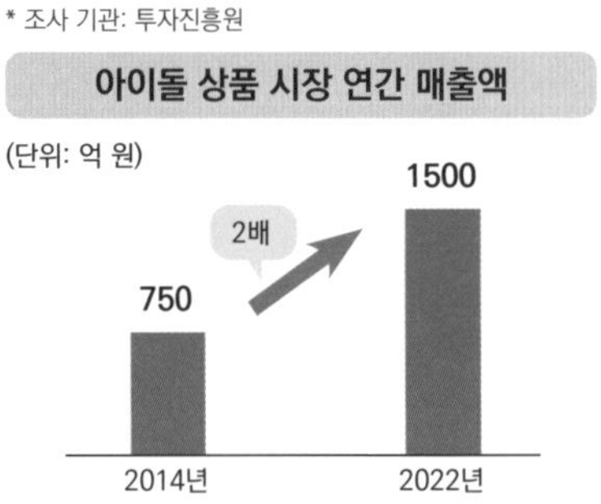

영향	
긍정적	•
부정적	•

영향 생각해서 써 보기 ➡ 답변하기 ➡ MP3 녹음 파일 듣기 ➡ 자신의 답변과 비교하기 ➡ 답변하기 〈80초〉

4. 해결 방안 __ 사회 문제점에 대한 해결 방안을 말하는 문제입니다.

4-1. 문제 확인

■ 예시

5번. 자료를 설명하십시오. 70초 동안 준비하십시오. '삐' 소리가 끝나면 80초 동안 말하십시오.

* 조사 기관: 식품유통연구소

유통업체 매출 비중

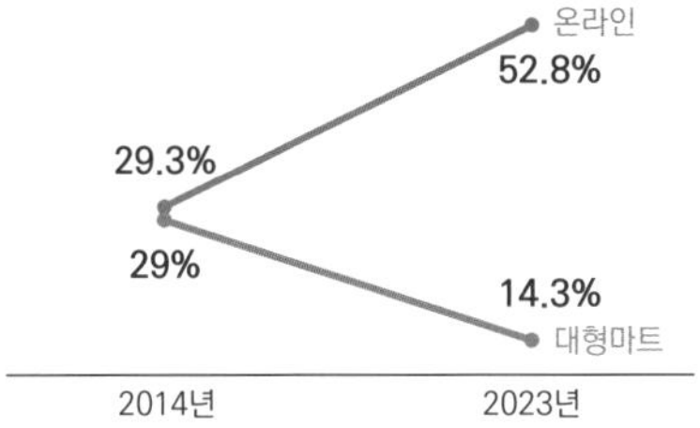

대형마트의 변화 원인

- 1인 가구 증가 ➡ 소량 구매 선호 고객 증가
- 할인 쿠폰 발급 적음 ➡ 가격 경쟁력 저하

대형마트의 향후 과제

- 소량의 식재료 판매
- 다양한 할인 혜택 활용

여자: 뉴스를 듣고 자료에 제시된 사회 현상을 설명하십시오. 그리고 그 원인과 과제를 말하십시오.
남자: 다음 뉴스입니다. 온라인 배송이 신속하고 편리해지면서 다른 유통업체의 매출에는 빨간불이 켜졌습니다. 오프라인 유통업체 중에서는 대형마트의 변화가 특히 눈에 띕니다.

■ 메모 〈70초〉

문제 메모

과제: 현상 + 원인 + 과제
온라인 배송,
대형마트 변화

답변 메모

자료 ❶ 온라인 매출 경우, ○년 ○에서 ○년 ○로 증가
반면 대형마트 → ○에서 ○로 감소
자료 ❷ 원인으로는
1) 1인 가구 증가로 소량 구매 선호 고객이 늘어나다
2) ~ 발급이 적다. So, 가격 경쟁력이 떨어지다
자료 ❸ 따라서 1) ~ 식재료를 판매 → 1인 가구도 이용하도록
2) ~ 혜택을 활용하는 거 중요.

■ 답변 〈80초〉

식품유통연구소에서 유통업체 매출 비중을 조사한 결과입니다. 온라인 매출의 경우 2014년 29.3%에서 2023년 52.8%로 증가했습니다. 반면에 대형마트는 같은 기간 29%에서 14.3%로 감소했습니다. 이렇게 대형마트 매출 비중이 감소한 원인으로는 1인 가구 증가로 소량 구매를 선호하는 고객들이 늘어난 것을 들 수 있습니다. 또 하나는 온라인 구매에 비해 할인 쿠폰 발급이 적어서입니다. 그래서 가격 경쟁력이 떨어졌다고 할 수 있습니다. 따라서 대형마트에서는 소량의 식재료를 판매해, 1인 가구도 마트를 자주 이용할 수 있도록 해야 합니다. 다양한 할인 혜택을 활용하는 것도 중요합니다.

내용
- 자료 1 (온라인 매출 비중 증가, 대형마트 매출 비중 감소), 자료 2 (대형마트 매출 비중 감소 원인), 자료 3 (대형마트 활성화 과제)을 모두 잘 설명했다.

언어
- '-ㄴ 것을 들 수 있다, -다고 할 수 있다, N에 비해'와 같은 표현들을 정확하게 사용했다.

4-2. 표현 정리

■ 그래프 설명하기

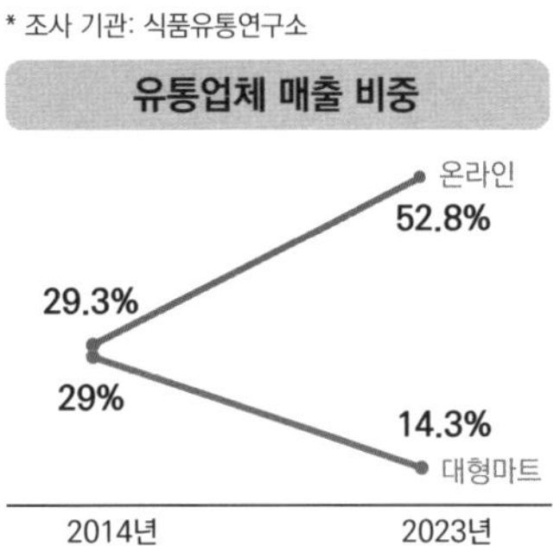

• 온라인의 경우, 2014년에는 29.3%였는데 2023년에는 52.8%로 • 온라인 매출 비중은 2014년 29.3%에서 2023년 52.8%로	증가했습니다
• **반면** 대형마트는 2014년에는 29%였는데 2023년에는 14.3%로 • **반면** 대형마트 매출 비중은 2014년 29%에서 2023년 14.3%로	감소했습니다
• 온라인을 (대형마트보다) 더 많이 이용한다는 것을	알 수 있습니다

* -ㄴ/는/다는 것을 알 수 있다

■ 방안 / 과제 / 대책 설명하기

대형마트의 과제	**대형마트를 활성화하기 위해서는~ / 향후 과제는~ / 문제를 해결하기 위해서는~**
• 소량의 식재료 판매 • 다양한 할인 혜택 활용	• 소량의 식재료를 판매해야 합니다. 그리고 다양한 할인 혜택을 활용할 필요가 있습니다. • 두 가지 방법이 있습니다. 하나는 소량의 식재료를 판매하는 방법입니다. 다른 하나는 다양한 할인 혜택을 활용하는 것입니다. • 대형마트 활성화를 위해서는 소량의 식재료를 판매해서 고객의 편의성을 강화하는 게 먼저입니다. 그뿐만 아니라 온라인 시장에 못지않게 다양한 할인 혜택을 활용해서 가격 경쟁력을 갖추는 것도 중요합니다.

* 말하기 시간이 많이 남을 경우, 제시된 정보에 대해 더 자세히 보충 설명할 수 있습니다.

■ 어떤 사회 현상에 대한 방안은 그 현상이 나타난 원인과 관련이 있습니다.
■ 자주 쓰는 표현: V-기 위해서는 -아/어야 합니다, V-(으)려면 -(으)ㄹ 필요가 있습니다

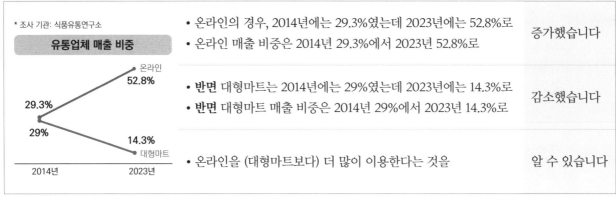

MEMO

4-3. 연습하기

01. 다음을 보고 '대책 / 방안'을 2가지씩 써 보세요. 그리고 말해 보세요.

① 청소년의 스마트폰 사용 시간 증가에 대한 대책	1. 2.	MEMO
② 전통시장 이용률 감소에 대한 방안	1. 2.	MEMO

[참고] –아/어야 합니다　N이/가 필요합니다　–는 것도 좋은 방법이 됩니다

02. 다음 자료를 설명해 보세요.

남자: 사회자의 말을 듣고 자료에 제시된 사회 현상을 설명하십시오. 그리고 그 원인과 방안에 대해 말하십시오.

여자: 안녕하십니까? 여러분들은 종이신문과 인터넷 신문 중에서 어떤 것을 더 자주 보십니까? 통계청에서 한국인이 자주 보는 신문 유형에 대해 조사를 해 봤는데요. 인터넷신문을 자주 보는 사람들의 경우, 불편함을 느낄 때가 있다고 합니다. 그 문제를 해결할 방안에는 어떤 것이 있을까요?

* 조사 기관: 통계청

자주 보는 신문 유형

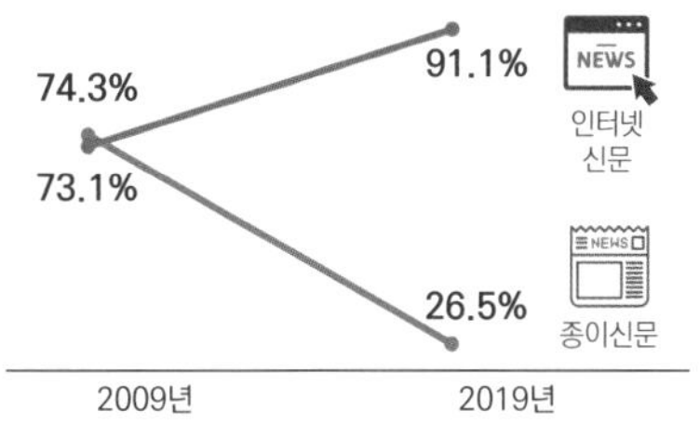

인터넷신문의 불편한 점

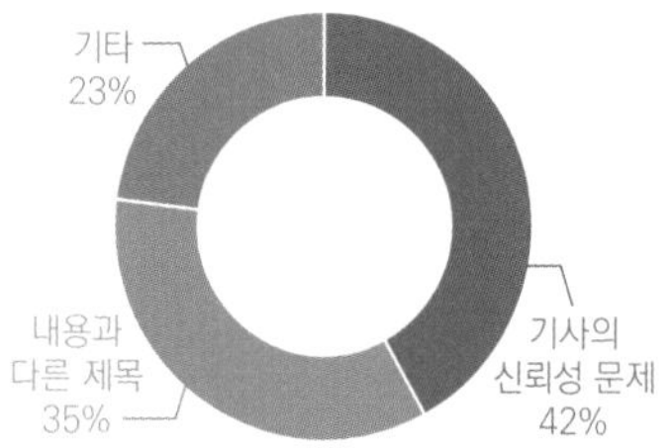

방안

- 언론 – 사실 확인 과정 강화
- 시민 – 디지털 정보 식별 역량 향상

개요	통계청 / 자주 보는 신문 유형 / 조사한 결과,
자료1	인터넷신문의 경우 2009년에는 73.1% / 2019년에는 91.1%로 ______________. 반면에 종이신문은 2009년에는 74.3% / 인터넷신문보다 조금 높았는데 이후 계속 감소했습니다. 2019년에는 26.5% / 되었습니다. 조사 결과를 통해 이제는 한국인들이 ______________ 종이신문보다 자주 본다는 것을 알 수 있습니다.
자료2	그런데 인터넷신문에는 몇 가지 불편한 점이 있었습니다. 가장 많이 나타난 것은 ______________ ______________ 였습니다. 42%나 되었습니다. 이어서 내용과 다른 제목 / 35%, 기타 / 23% 순서로 나타났습니다.
자료3	이런 문제를 해결하기 위해서 언론 / 사실 확인 과정 / 강화해야 합니다. 그리고 시민들 / 디지털 정보 식별 역량 / 향상시킬 필요가 있겠습니다.

02. 정답 에서, 을 → 였는데, 증가했습니다, 로, 가 인터넷신문을 → 기사의 신뢰성 문제, 이, 가 → 은, 을, 은, 을

말하기 유형 5

03. 제시된 표현을 참고해 다음 자료를 설명해 보세요.

남자: 뉴스를 듣고 자료에 제시된 사회 현상의 변화를 설명하십시오. 그리고 그 원인과 향후 과제에 대해 말하십시오.
여자: 다음 뉴스입니다. 신한류 열풍으로 한국 음반 수출액도 달라지고 있습니다. 그런데 지역별 음반 수출액을 조사한 결과, 개선할 점도 나타났습니다. 한국 음반 시장의 성장을 위한 향후 과제도 함께 살펴보겠습니다.

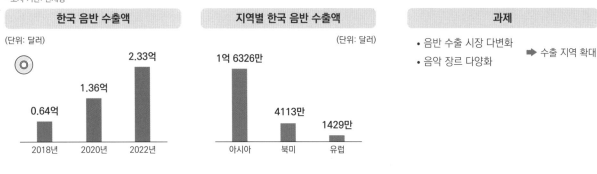

* 조사 기관: 관세청

한국 음반 수출액

(단위: 달러)

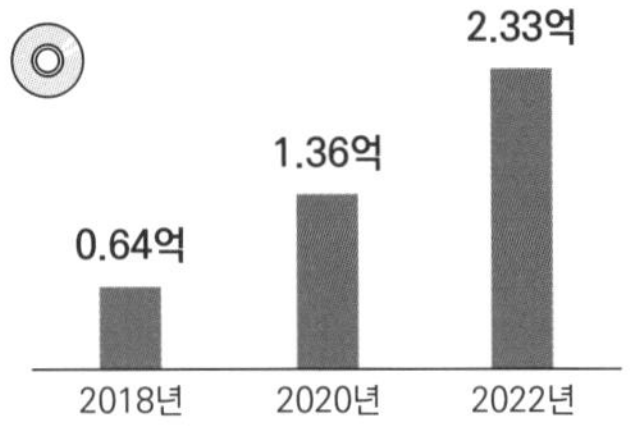

지역별 한국 음반 수출액

(단위: 달러)

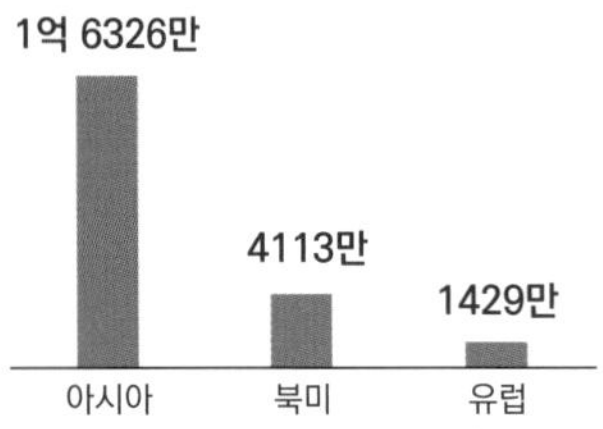

과제

- 음반 수출 시장 다변화
- 음악 장르 다양화

➡ 수출 지역 확대

- 관세청에서
- 그 결과, 2018년에는
- 그런데 지역별 한국 음반 수출액을 보면
- 그렇기 때문에 앞으로는

- 크게 증가했습니다
- 제일 많았습니다
- 순서로 나타났습니다
- 것을 알 수 있습니다
- -는 과제가 있습니다
- 노력이 필요합니다 (…)

04. 다음 자료를 보고 적절한 해결 방법을 추가해 설명하세요.

남자: 뉴스를 듣고 자료에 제시된 사회 현상을 설명하십시오. 그리고 그 원인과 해결 방법에 대해 말하십시오.
여자: 요즘 편안하게 잠 못 드는 분들이 많으시지요. 실제로 우리 사회에 불면증 환자가 얼마나 생기고 있는지, 그 원인과 해결 방법은 무엇인지 건강연구소의 조사 결과를 살펴보겠습니다.

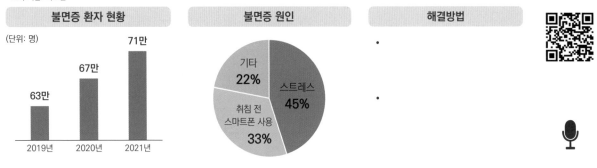

* 조사 기관: 의료원

불면증 환자 현황

(단위: 명)

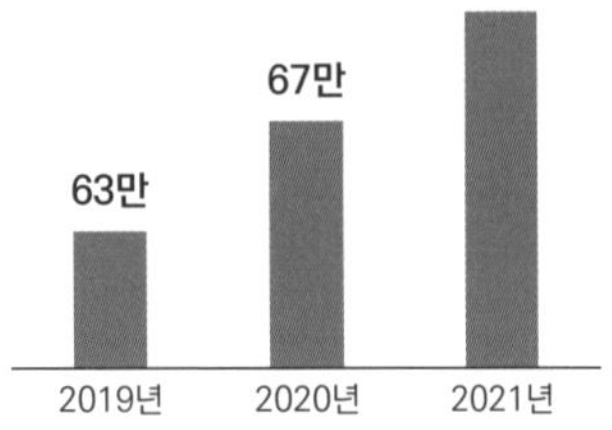

불면증 원인

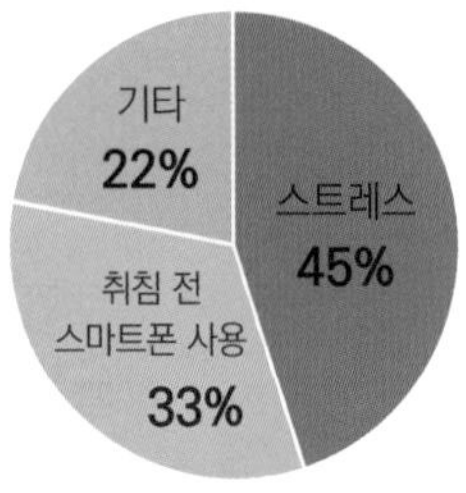

해결방법

-
-

해결 방법 생각해서 써 보기 ➡ 답변하기 ➡ MP3 녹음 파일 듣기 ➡ 자신의 답변과 비교하기 ➡ 답변하기 〈80초〉

5. 장단점 / 효과 __ 제시된 사회 현상의 장단점, 효과에 대해 말하는 문제입니다.

5-1. 문제 확인

■ 예시

5번. 자료를 설명하십시오. 70초 동안 준비하십시오. '삐' 소리가 끝나면 80초 동안 말하십시오.

* 조사 기관: 서주시

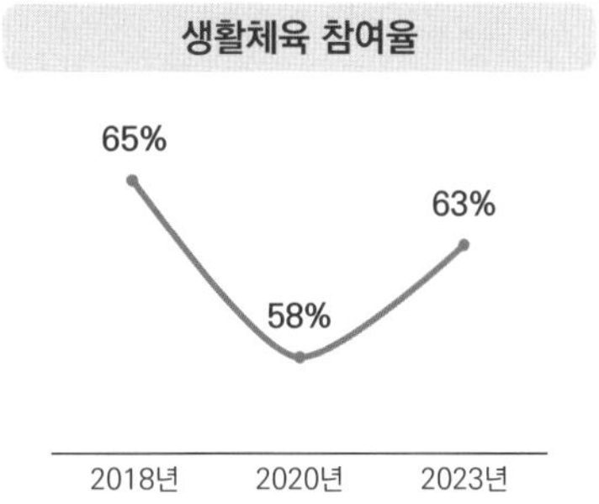

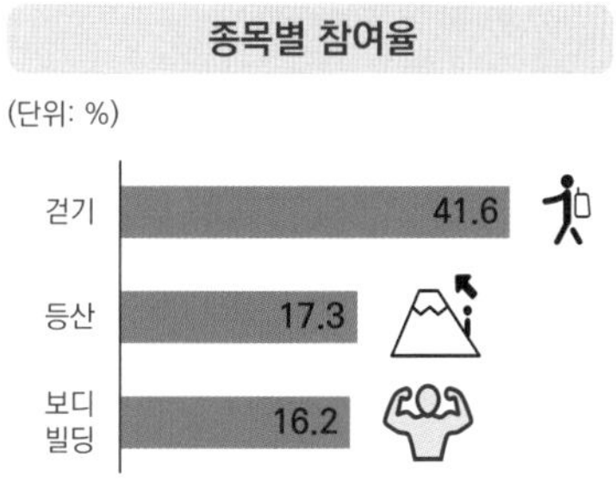

• 신체적 효과
- 체력 향상
- 체중 관리

• 심리적 효과
- 스트레스 감소
- 자존감 향상

여자: 뉴스를 듣고 자료에 제시된 사회 현상을 설명하십시오. 그리고 생활체육의 효과를 설명하십시오.
남자: 요즘 건강에 대한 사람들의 관심이 높아지면서 생활체육 참여율에 변화가 생겼습니다. 종목별 참여율과 생활체육의 효과를 한번 알아보겠습니다.

■ 메모 〈70초〉

▼ 문제 메모

과제: 현상 + 현상 + 효과
건강, 생활체육 참여율
종목별 참여율, 효과

▼ 답변 메모

자료 ❶ ○년에는 ○였다. 그런데 ○년에 ○로 감소했다가 ○년 ○로 증가
자료 ❷ 종목별 참여율도 보면
걷기가 ○로 가장 많다 > 그다음에 등산 ○로, 2위 >
보디빌딩은 ○로 3위.
자료 ❸ 신체적 – ~를 들 수 있다
심리적– ~ 감소하다 + 성취감 들다 → ~향상되다

■ 답변 〈80초〉

서주시에서 생활체육 참여율을 조사했습니다. 먼저 2018년에는 65%였습니다. 그런데 2020년에 58%로 감소했다가 2023년 63%로 증가했습니다. 종목별 참여율을 살펴보면 걷기가 41.6%로 가장 많았습니다. 그다음에 등산이 17.3%로 2위, 보디빌딩은 16.2%로 3위였습니다. 이런 활동의 신체적인 효과로는 체력 향상 그리고 체중 관리를 들 수 있습니다. 꾸준한 운동은 근육을 키우고 살이 찌지 않도록 하는 데 도움이 됩니다. 심리적 효과도 있습니다. 운동에 집중하다 보면 스트레스가 감소합니다. 그리고 성취감이 들기 때문에 꾸준히 하다 보면 자존감도 향상됩니다.

내용 • 자료 1 (생활체육 참여율 증가), 자료 2 (종목별 비율), 자료 3 (효과)를 잘 설명했다.

언어 • '-는 데 도움이 되다', '성취감이 들다'와 같은 고급 수준의 표현을 잘 사용했다.

5-2. 표현 정리

■ 그래프 설명하기

* 조사 기관: 서주시

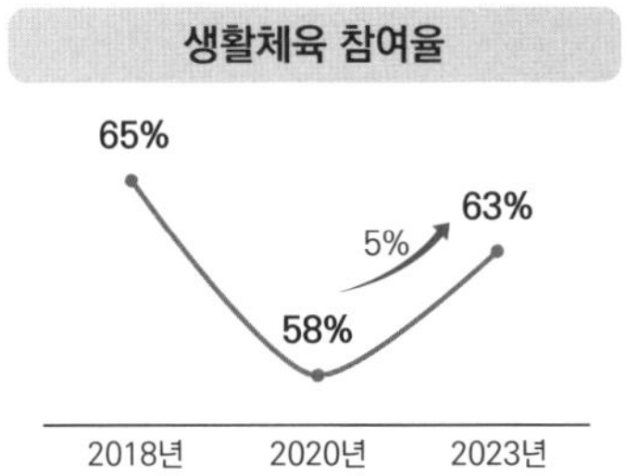

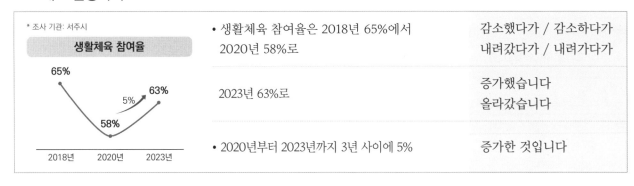

• 생활체육 참여율은 2018년 65%에서 2020년 58%로	감소했다가 / 감소하다가 내려갔다가 / 내려가다가
2023년 63%로	증가했습니다 올라갔습니다
• 2020년부터 2023년까지 3년 사이에 5%	증가한 것입니다

■ 장단점 / 효과 설명하기

생활체육의 장점	생활체육은~ / 생활체육의 장점은~
• 체력 향상 • 체중 관리	• 생활체육의 장점은 체력을 향상시키고 체중을 관리할 수 있다는 것입니다. • 생활체육은 체력을 향상시킵니다. 그리고 체중을 관리할 수 있도록 해 줍니다.
	• 생활체육 활동을 꾸준히 하면 체력을 향상시킬 수 있을 뿐만 아니라 체중도 관리할 수 있어서 좋습니다.

생활체육의 효과	생활체육 활동을 하면~ / 생활체육의 효과에는~ / 생활체육의 효과로는~
• 신체적 효과 - 체력 향상	• 생활체육의 효과는 크게 신체적 효과와 심리적 효과가 있습니다. 먼저 신체적 효과로는 체력 향상을 들 수 있습니다. 심리적으로는 스트레스 감소 효과가 있습니다.
• 심리적 효과 - 스트레스 감소	• 생활체육 활동을 하면 신체적, 심리적 효과를 볼 수 있습니다. 먼저 신체적인 면에서는 체력이 향상됩니다. 또 심리적인 면에서는 스트레스가 감소하게 됩니다.

■ 효과를 설명할 때는 신체적, 정신적 혹은 개인적, 사회적 효과 등으로 나누어 생각해 볼 수 있습니다.
■ 자주 쓰는 표현: N의 장점[단점]은 -ㄴ/는/다는 것입니다.
N은/는 -ㄴ/는/다는 장점[단점]이 있습니다.

MEMO

5-3. 연습하기

01. 다음을 보고 '효과 / 장점'을 2가지씩 써 보세요. 그리고 말해 보세요.

① 마스크 착용의 효과	1. 2.	MEMO
② 모바일 쇼핑의 장점	1. 2.	MEMO

[참고] -아/어야 합니다 N이/가 필요합니다 -는 것도 좋은 방법이 됩니다

02. 다음 자료를 설명해 보세요.

남자: 뉴스를 듣고 자료에 제시된 사회 현상을 설명하십시오. 그리고 그 현상의 장점과 전망을 말하십시오.
여자: 다음 뉴스입니다. 반려식물이라는 말을 들어보셨습니까? 반려동물처럼 가까이에 두고 키우는 식물을 반려식물이라고 합니다. 최근 반려식물에 대한 관심이 높아지면서 식물 재배 시장도 크게 달라졌습니다.

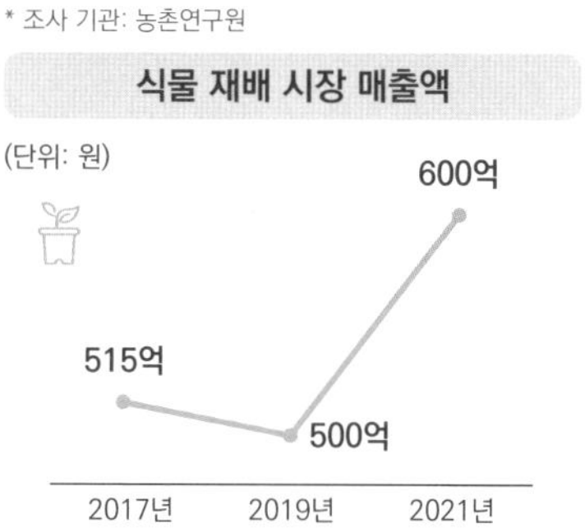

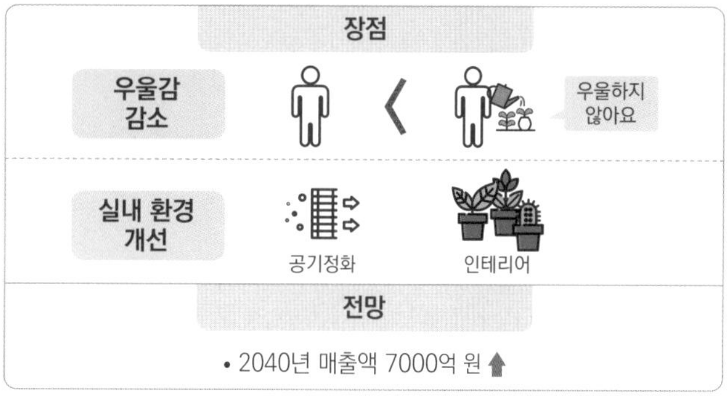

개요	농촌연구원 / 식물 재배 시장 매출액 / 조사했습니다.
자료1	먼저 현황을 살펴보겠습니다. 매출액은 2017년에는 515억 원이었는데 2019년에 500억 원으로 ________. 이후 계속 ________ 2021년에는 600억 원이 되었습니다.
자료 2	이렇게 매출액 / 크게 증가한 것 / 식물 키우기의 장점 / 많기 때문입니다. 우선 식물 / 키우면서 식물 / 물도 주고 관심 / 주다 보면 우울감 및 외로움 / 감소합니다. 꽃이 피면 꽃을 보고 기분이 좋아지기도 합니다. 그리고 식물이 있으면 ________ ________. 그뿐만 아니라 인테리어 효과 / 있어서 실내 환경 / 개선됩니다. 집에서 보내는 시간 / 많은 사람에게 이것은 큰 장점입니다.
자료 3	식물 키우기에는 이렇게 장점 / 많기 때문에 ________ 앞으로도 계속 증가하겠습니다. 2040년 / 7000억 원 / 될 것으로 예상됩니다.

02. 정답 에서, 을 → 감소했습니다, 증가해서 → 이, 은, 이, 을, 에게, 도, 이, 공기가 정화됩니다, 도, 이, 이 → 이, 매출액은, 에는, 이

03. 제시된 표현을 참고해 다음 자료를 설명해 보세요.

남자: 뉴스를 듣고 자료에 제시된 간편식 시장 매출액을 설명하십시오. 그리고 종류별 매출 비중과 간편식의 장점에 대해 말하십시오.

여자: 다음 뉴스입니다. 요즘 간편식을 찾는 사람들이 많아지고 있습니다. 기업들도 다양한 간편식을 출시하고 있는데요. 식품연구소에서 간편식 시장이 어떻게 변화했는지, 종류별 매출 비중을 알아보고 어떤 장점 때문에 간편식이 인기를 끄는지 조사해 봤습니다.

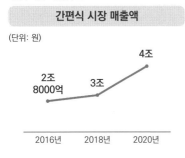

* 조사 기관: 식품연구소

간편식 시장 매출액

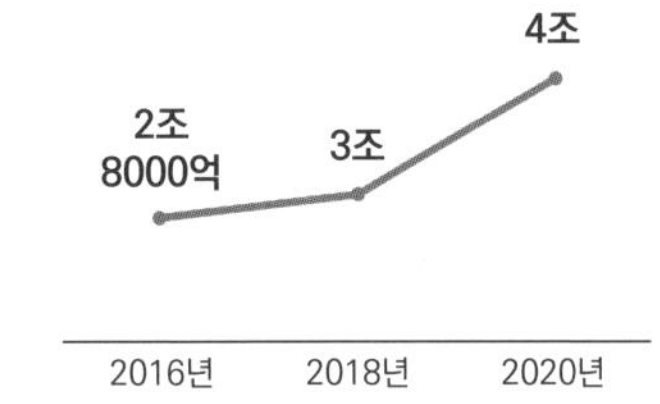

종류별 간편식 매출 비중

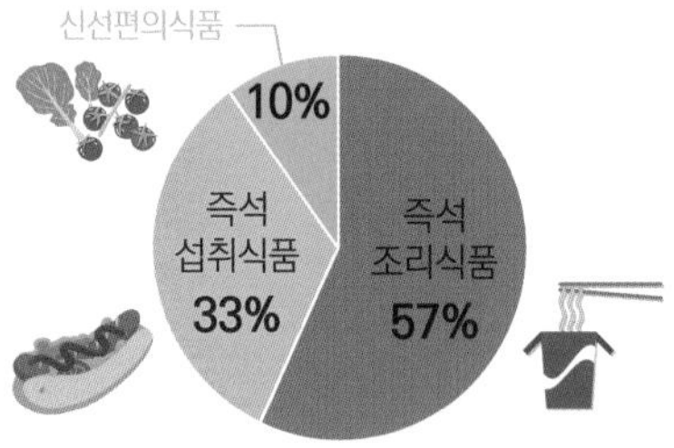

장점

- 요리 시간 절약
- 휴대 용이
- 저렴한 가격

- 식품연구소에서
- 2016년 2조 8000억 원이었던 간편식 매출액은
- 그럼 종류별 간편식의 매출 비중은 어떨까요?
- 간편식은 장점이 많습니다.

- 늘어났습니다
- 높은 비중을 차지했습니다
- 순서로 나타났습니다
- -(으)ㄹ 수 있습니다
- -(으)면 편합니다
- 부담이 없습니다 (…)

04. 다음 자료를 보고 해결 방법을 추가해 설명하세요.

남자: 뉴스를 듣고 자료에 제시된 온라인 공연 관람 현황을 설명하십시오. 그리고 관람해 본 온라인 공연의 종류와 장단점에 대해 말하십시오.

여자: 요즘은 온라인 공연도 많이 열리고 있습니다. 문화산업연구소에서 20-30대 남녀 1500명에게 온라인 공연을 본 적이 있는지, 봤다면 어떤 공연을 봤는지 물어보았습니다.

* 조사 기관: 문화산업연구소 * 조사 대상: 20-30대 남녀 1500명

온라인 공연 관람 현황

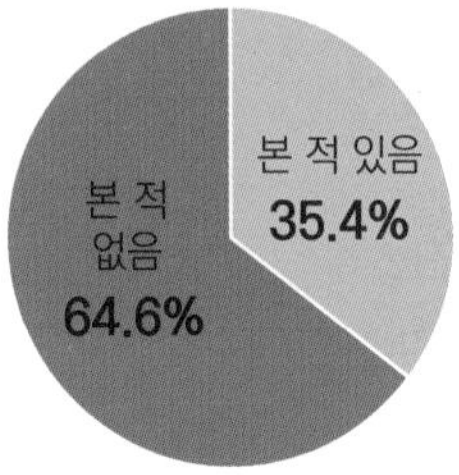

관람한 온라인 공연 유형

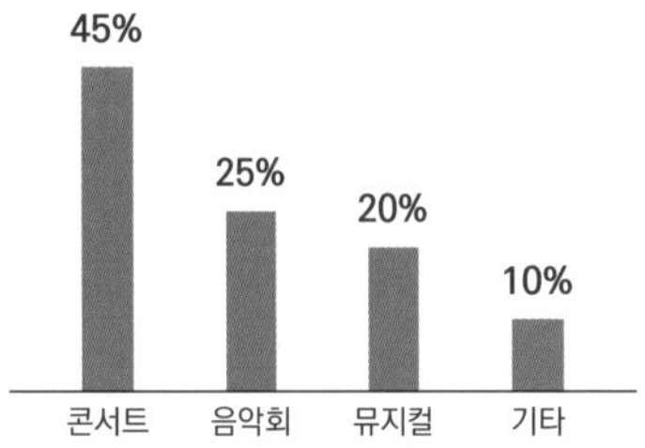

장점

- 관람료가 저렴함
-

단점

- 영상이 선명하지 않음
-

장단점 생각해서 써 보기 ➡ 답변하기 ➡ MP3 녹음 파일 듣기 ➡ 자신의 답변과 비교하기 ➡ 답변하기 〈80초〉

6. 의견 __ 사회 현상에 대한 자신의 의견(영향, 원인, 전망 등)을 말하는 문제입니다.

6-1. 문제 확인

■ 예시

5번. 자료를 설명하고 의견을 제시하십시오. 70초 동안 준비하십시오. '삐' 소리가 끝나면 80초 동안 말하십시오.

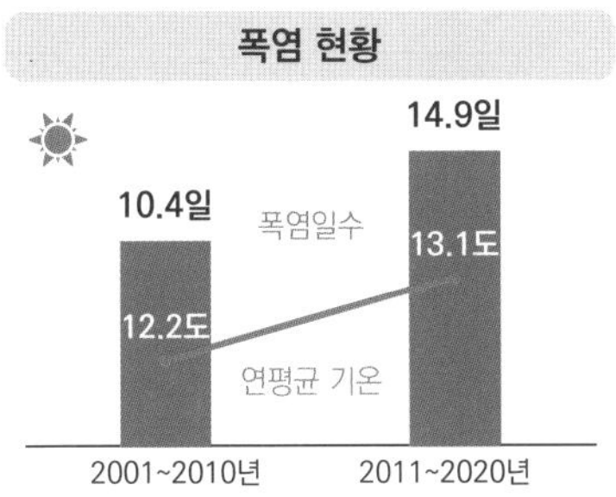

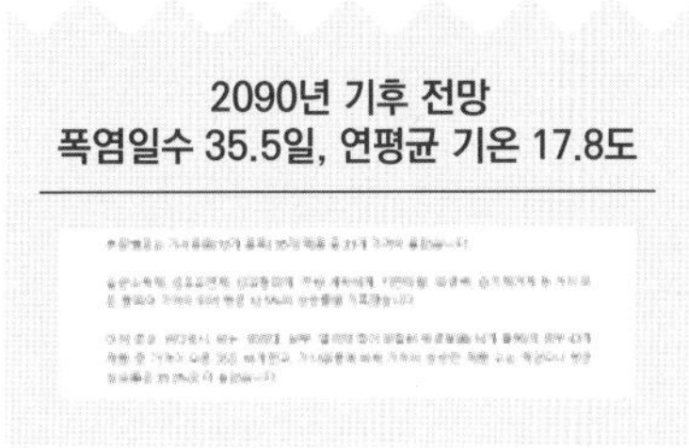

여자: 사회자의 말을 듣고 자료에 제시된 사회 현상을 설명하십시오. 그리고 영향을 두 가지 말하십시오.
남자: 안녕하십니까? 요즘 정말 날이 무덥습니다. 이상 기후로 여름이 점점 뜨거워지고 있는데요. 2090년쯤 되면 지금보다 더 뜨거워질 거라고 합니다. 이런 폭염이 미치는 영향은 무엇일까요? 오늘은 폭염 현황과 그 영향에 대해 이야기를 해 보도록 하겠습니다.

■ 메모 〈70초〉

▼ 문제 메모

과제: 현상 + 전망 + 영향②
이상 기후, → 내 의견
2090년 더 뜨겁다
폭염이 미치는 영향

▼ 답변 메모

자료 ❶ ○년 ○일이었던 폭염일수가 ○년에 ○로 증가
같은 기간, 연평균 기온도 ○도에서 ○도로 상승
자료 ❷ 이런 추세가 이어지면
1) ○가 35.5일로 증가 2) ○가 17.8도로 상승할 전망이다
의견: 영향은? 크다
1) 건강 문제를 들 수 있다 → 너무 덥다. 병에 걸리다
2) 식량 문제가 생기다 → 물 ×, 채소, 과일 잘 자랄 수 ×

■ 답변 〈80초〉

기상청에서 폭염 현황에 대해 조사한 결과, 2001-2010년 10.4일이었던 폭염일수가 2011-2020년에 14.9일로 증가했다고 합니다. 연평균 기온도 같은 기간 12.2도에서 13.1도로 상승했습니다. 이런 추세가 이어지면 2090년에는 폭염일수가 35.5일로 증가하고 연평균 기온도 17.8도로 상승할 전망입니다. 앞으로 이런 변화가 미칠 영향도 큽니다. 먼저 건강 문제를 들 수 있습니다. 너무 더우면 병에 걸리기 쉽습니다. 그리고 기온이 오르면 물이 부족해지고 햇빛이 강해져서 채소나 과일 같은 농작물이 잘 자랄 수 없습니다. 그래서 식량 문제도 생기게 됩니다.

내용 • 자료 1 (기온 상승, 폭염일수 증가), 자료 2 (전망)를 설명했다. 그로 인한 영향 두 가지도 잘 설명했다.

언어 • '추세가 이어지다', '기온이 오르다[상승하다]', '농작물이 자라다' 와 같은 표현을 잘 활용했다.

말하기 유형 5

6-2. 표현 정리

■ 신문기사 설명하기

2090년 기후 전망 폭염일수 35.5일 연평균 기온 17.8도	• 2090년에는 폭염일수가 35.5일로 늘어나고 연평균 기온도 17.8도로 상승할 것으로 전망됩니다.	전망
폭염에 온열질환자 하루 30명 이상 병원 '북적'	• 폭염으로 인해 온열질환자가 하루 30명 이상 발생하는 등 문제가 심각합니다.	문제점
빨라진 기후 변화, 올 여름 폭염일수 역대 최고	• 폭염이 기후 변화 때문에 더욱 심해지고 있습니다. • 기후 변화로 인해 여름 날씨가 더욱 뜨거워지고 있습니다.	원인
"너무 덥다" 시민들 한 목소리 폭염에 대비해야	• 피해를 최소화하기 위해 폭염에 대비해야 합니다. • 피해를 줄이기 위해서는 폭염에 대한 대책이 필요합니다.	방안

■ 의견 말하기

의견	폭염의 영향	• 폭염이 미칠 영향으로는 건강 문제를 들 수 있습니다. 특히 더위에 약한 어린이나 노인들이 위험해집니다. 그리고 기온이 오르면 채소나 과일이 잘 자랄 수 없습니다. 그래서 식량 문제도 생기게 됩니다.
	폭염의 문제점	• 폭염으로 인해 발생하는 문제점에는 두 가지 정도가 있습니다. 첫 번째는 질병에 걸리는 사람이 늘어납니다. 그러면 사회적으로도 의료비가 많이 들게 됩니다. 두 번째는 폭염이 계속되면 건조한 지역에서는 산불이 날 위험이 높아집니다.
	폭염의 원인	• 폭염의 원인에는 기후 변화가 있습니다. 지구 온난화로 기온이 올라가면서 폭염 일수가 증가하기 때문입니다. 도시의 열섬 효과도 폭염의 원인 중 하나라고 할 수 있습니다. 숲이 적고 건물이 많은 도시는 바람이 잘 통하지 않아서 주변 온도를 높입니다.
	폭염에 대한 대책	• 폭염 피해를 줄이기 위해서는 개인도 국가도 노력해야 합니다. 개인적인 차원에서는 폭염이 심할 때 외출하지 않는 것이 좋습니다. 그리고 폭염 일수의 증가는 기후변화와 관련이 있기 때문에 생활 속에서 환경을 위해 노력해야 합니다. 분리수거, 일회용품 사용 줄이기 같은 작은 일부터 실천하는 것이 중요합니다. 국가적인 차원에서는 온실가스를 줄이는 정책을 추진해야 합니다. 그리고 도시에 나무를 많이 심고 공원을 늘리는 데 지원을 아끼지 말아야 할 것입니다.

- ■ 자료에 나타난 사회 현상을 보고 그 영향, 문제점, 원인, 대책 등을 스스로 생각해서 말해야 합니다.
- ■ 제시된 자료만 보고 설명하는 것이 아니라 적절히 추측하고 해석해야 하기 때문에 난이도가 높습니다.
- ■ 자료2에 신문기사가 나올 경우, 자료1과 연관된 다른 현상인지, 이유인지 등을 파악하고 설명해야 합니다.

6-3. 연습하기

01. 제시된 주제에 대해 메모하고 말하세요. 친구와 같이 해도 좋습니다.

① 영화관 관객 수 감소의 원인	MEMO	② 학교 폭력 문제에 대한 대책	MEMO
③ 책 읽기의 효과	MEMO	④ 가짜뉴스 증가의 영향	MEMO

02. 다음 자료를 설명해 보세요.

남자: 뉴스를 듣고 자료에 제시된 사회 현상을 설명하십시오. 그리고 그 원인 두가지를 말하십시오.

여자: 다음 뉴스입니다. 요즘 사회적으로 글을 읽고 쓰는 능력에 대한 관심이 뜨겁습니다. 서점가에는 문해력에 관한 책들이 많이 나오고 있는데요. 실제 청소년들의 읽기 영역 성취도와 그 원인을 조사해 보았습니다.

* 조사 기관: 교육평가원 * 조사 대상: 16세 학생

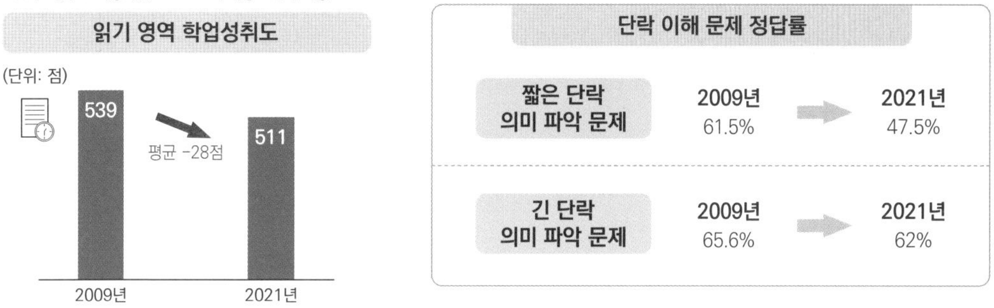

개요 교육평가원 / 16세 학생들 / 읽기 영역 학업성취도 / 조사했습니다.

자료1 그 결과를 보면 읽기 영역 점수 / 2009년 539점 / 2021년 511점으로 ______________________. 평균 28점이나 하락했습니다.

자료2 문제 중에서 단락 이해 문제의 정답률 / 한번 보겠습니다. 짧은 단락의 의미 / 파악하는 문제에서 정답률 / 같은 기간 61.5% / 47.5%로 떨어졌습니다. 긴 단락의 의미 / 파악하는 문제에서도 마찬가지였습니다. 65.6% / 62%로______________________.

자료3 이처럼 읽기 능력이 떨어진 원인 / 인터넷 영상매체의 영향 / 빼놓을 수 없습니다. 짧은 영상을 보는 것 / 익숙해지면 긴 글을 읽고 이해하는 능력 / 떨어질 수밖에 없습니다. 또 인터넷 영상을 보는 시간은 ______________________독서는 점점 더 안 합니다. 그래서 결과적으로 이런 현상 / 생겼다고 할 수 있습니다.

02. 정답 에서, 을 대상으로, 를 → 는, 에서, 떨어졌습니다 → 을, 를, 은, 에서, 를, 에서, 감소했습니다 → 으로는, 을, 에, 이, 많아졌는데, 이

03. 제시된 표현을 참고해 다음 자료를 설명해 보세요.

남자: 뉴스 자료에 제시된 사회 현상을 설명하십시오. 그리고 그 영향을 두 가지 말하십시오.
여자: '로봇'이라고 하면 무엇이 떠오르십니까. 이제는 산업용 로봇을 넘어 서비스 로봇이 우리의 일상생활 속으로 들어왔습니다. 세계 로봇시장의 현황을 알아보고, 로봇에는 어떤 것이 있는지, 그리고 로봇이 사회에 미치는 영향에 대해 알아봤습니다.

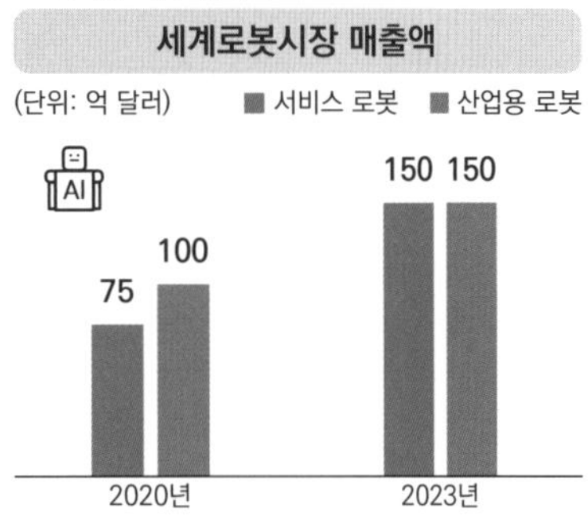

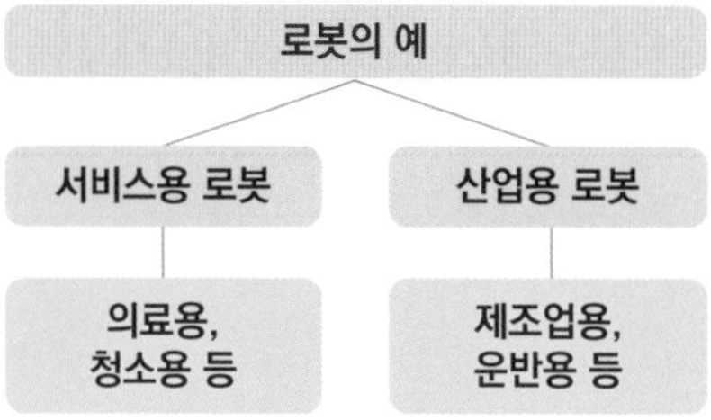

- 과학기술협회에서
- 조사 결과를 보면
- 그렇다면 로봇에는
- 이런 로봇이 사회에 미치는 긍정적인 영향으로는

■ 서비스 로봇의 경우
■ 크게 증가했습니다
■ 같은 기간에
■ N 등이 있습니다
■ -ㄴ/는/다는 것입니다
■ -게 됩니다 (…)

04. 다음 자료를 보고 원인과 대책을 추가해 설명하세요.

남자: 뉴스를 듣고 자료에 제시된 사회 현상을 설명하십시오. 그리고 그 원인과 대책에 대해 말하십시오.
여자: 얼마 전 서울 근처에서 큰 산불이 발생해서 놀라신 분들이 많으셨을 겁니다. 이번에 삼림연구소에서 2016년부터 발생한 산불 건수를 조사했습니다. 그리고 산불의 원인과 대책에는 어떤 것이 있는지 알아봤습니다.

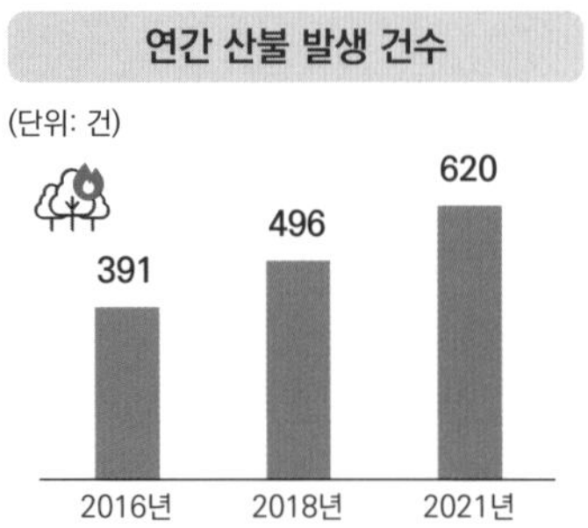

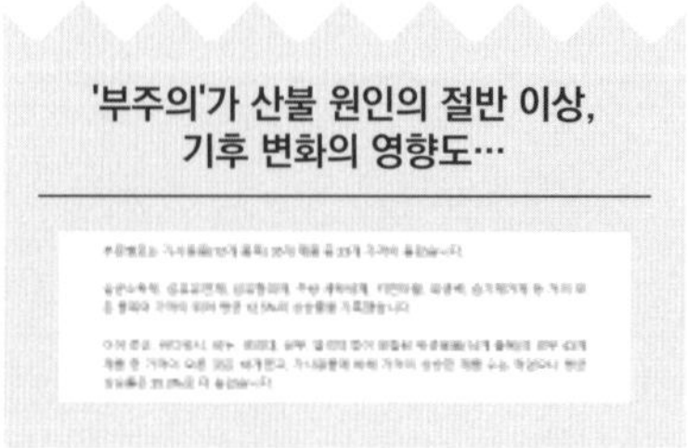

원인, 대책 생각해서 써 보기 ➡ 답변하기 ➡ MP3 녹음 파일 듣기 ➡ 자신의 답변과 비교하기 ➡ 답변하기 〈80초〉

다 예상 문제

▶ 문제 듣기 → ▶ 70초 준비 → ▶ 80초 말하기

※ 메모하세요 ※ 메모하세요

※ 녹음기를 켜고 휴대폰으로 QR코드를 찍은 후, 메모하고 답변해 보세요.

01 5번. 자료를 설명하십시오.
70초 동안 준비하십시오. '삐' 소리가 끝나면 80초 동안 말하십시오.

남자: 뉴스를 듣고 자료에 제시된 사회 현상을 설명하십시오. 그리고 그 원인에 대해 말하십시오.
여자: 다음 뉴스입니다. 최근 집 꾸미기에 대한 사람들의 관심이 무척 높은데요. 조사 결과, 집 꾸미기 시장이 크게 달라졌다고 합니다. 집 꾸미기 시장의 현황과 변화 원인을 살펴보겠습니다.

* 조사 기관: 생활연구소

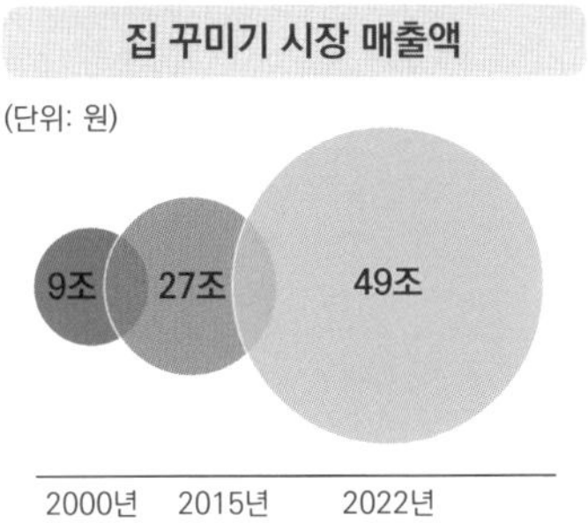

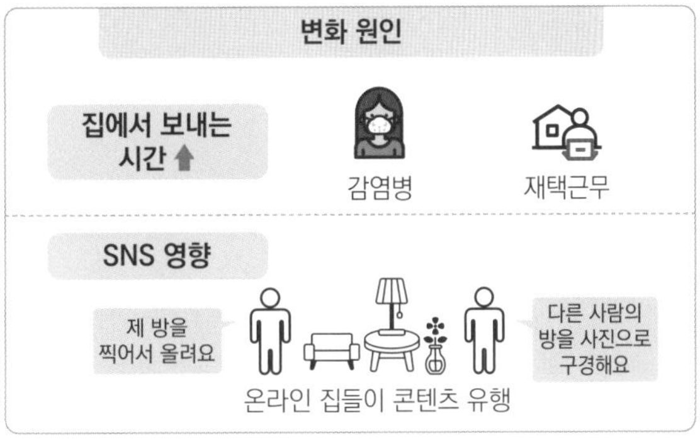

02

* 조사 기관: 방송연구원

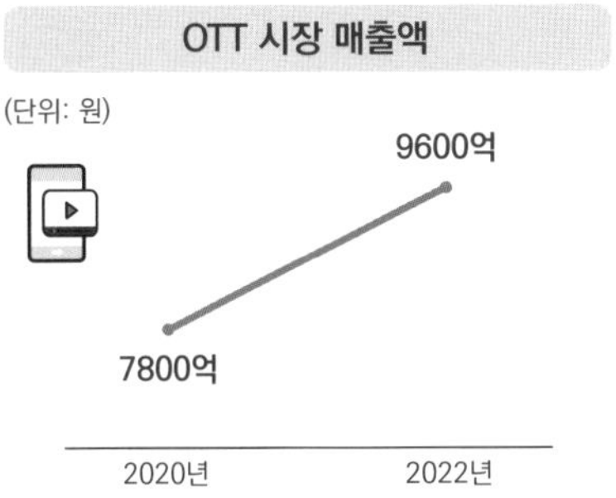

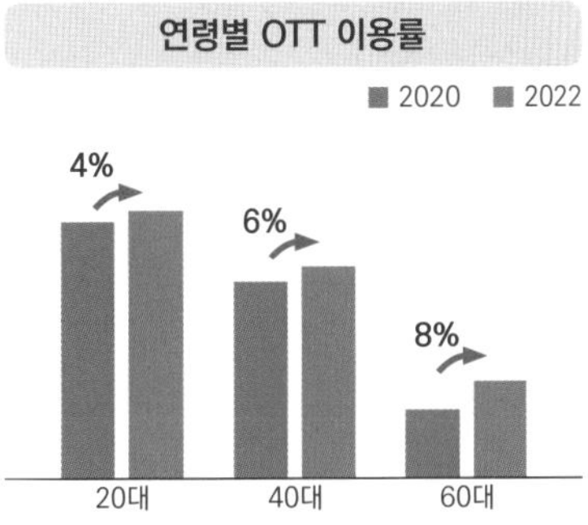

MEMO

⊢ 문제 듣기 → ⊢ 70초 준비 → ⊢ 80초 말하기

※ 메모하세요 ※ 메모하세요

03

* 조사 기관: 관광연구소

외국인 관광객 현황

(단위: 명)

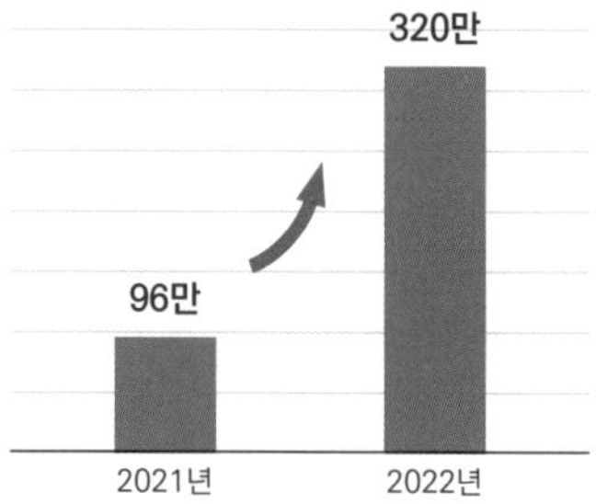

관광할 때 불편한 점

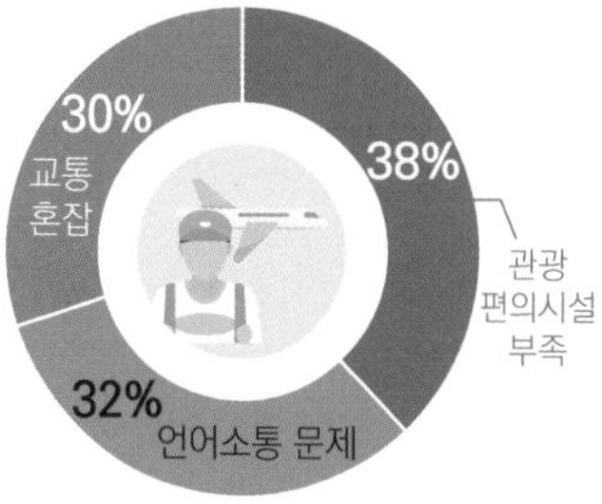

과제

- 관광편의시설 설치 확대
- 다국어 안내 서비스 지원

04

* 조사 기관: 교통연구소 * 조사 기관: 성인 8000명

택시서비스 만족도

(단위: 점, 100점 만점)

부문별 만족도

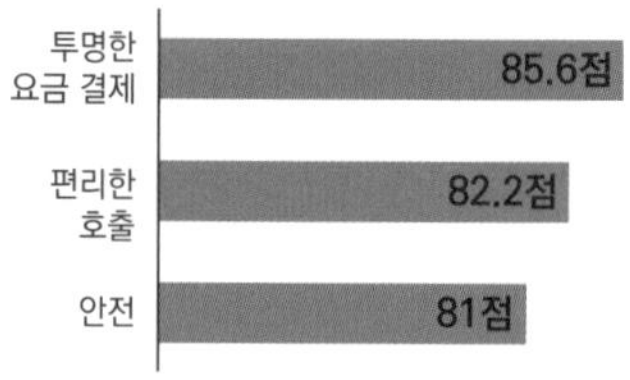

원인

- 택시 모바일 서비스 도입
- 택시 호출 가능
- 택시 기사 정보 확인

05

* 조사 기관: 김치연구소

김치를 직접 담가서 먹습니까?

■ 김치를 직접 담금 ■ 김치를 구입함

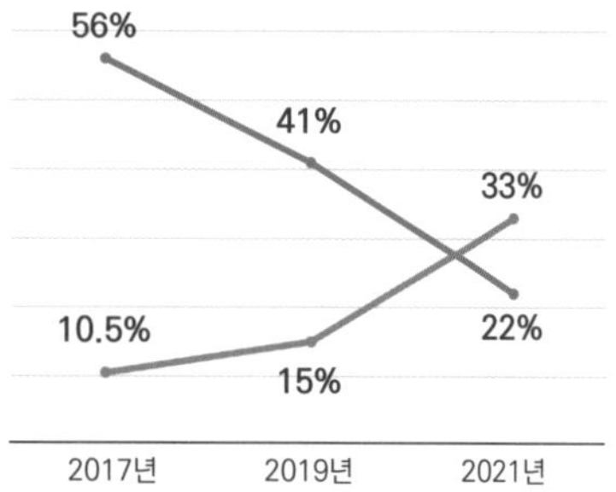

김치 구입 이유

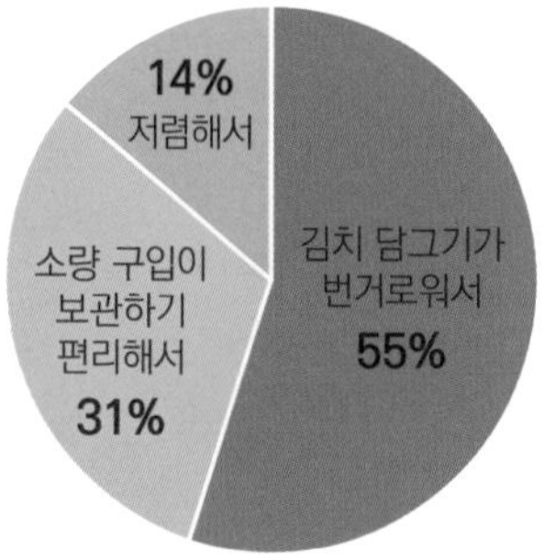

예시 답변
사용 설명서

▶ 자신의 답변을 녹음한 후 들어 봅니다.

▶ 자신의 답변과 예시 답변을 비교해 봅니다.

▶ 예시 답변을 여러 번 읽어 봅니다.

▶ 자주 쓰는 표현과 단어를 외웁니다.

▶ 80초 안에 답변할 수 있도록 연습합니다.

▶ 다시 앞으로 돌아가 문제를 듣고 답변해 봅니다.

1-3. '원인' 말하기 연습 *p.165~166*

01

① 교육협회에서 교사 1500명을 대상으로 교사 생활 만족도에 대해[대한] 설문조사를 실시했습니다.
② 대학생활연구소에서 대학생 2000명을 대상으로 아르바이트 구직 계획에 대해[대한] 설문조사를 실시했습니다.
③ 사회연구소에서 직장인 1800명을 대상으로 하루에 커피를 몇 잔 마시는가에 대해 조사했습니다.
④ 경제연구원에서 청소년 3000명을 대상으로 책을 얼마나 많이 읽는가에 대해[대한] 설문조사를 했습니다.
⑤ 통계청에서 최근 5년간 아이스크림 시장 매출액에 대해[대한] 조사를 했습니다.

03

서주시에서 직장인 1000명을 대상으로 재택근무의 효율성에 대해 설문조사를 했습니다. 조사 결과를 보면, 재택근무가 효율적이라는 응답은 55.7%였습니다. 비효율적이라고 응답한 44.3%보다 조금 더 많았습니다. 그중 재택근무가 효율적이라고 응답한 이유는 출퇴근 시간 절약이 42%로 1위를 차지했습니다. 이어서 업무 생산성 향상이 28%, 불필요한 만남 피할 수 있음이 16%였습니다. 다음은 비효율적이라고 응답한 이유입니다. 가장 많은 응답은 업무 특성상 재택근무가 힘듦으로 나타났습니다. 51%였습니다. 이어서 소통의 어려움이 27%였고 가정 일로 집중할 수 없음은 17%로 가장 낮게 나타났습니다.

04

사회연구소에서 미혼 남녀 3000명을 대상으로 결혼을 해야 한다고 생각하는가에 대해 조사를 실시했습니다. 먼저 조사 결과를 말씀드리겠습니다. 결혼을 해야 한다고 응답한 남성은 44.7%로 나타났습니다. 그렇지만 여성은 34%로 남성보다 적었습니다. 결혼을 해도 좋고 안 해도 좋다고 응답한 경우를 보면 남성은 51%였습니다. 반면에 여성은 60%나 됐습니다. 결혼을 하지 말아야 한다고 응답한 경우도 여성은 6%였습니다. 남성 4.3%보다 많았습니다. 그렇다면 사람들이 결혼을 하지 않는 이유는 어떻게 나타났을까요? 1위는 결혼 자금이 부족해서였습니다. 2위는 직업이 불안정해서, 3위는 출산 및 양육 부담 때문이라고 했습니다. 요즘은 회사원들도 회사를 오래 다니기 쉽지 않다고 합니다. 그런데 결혼할 때도, 결혼 후에도 돈이 많이 듭니다. 그래서 이런 현상이 나타났다고 할 수 있습니다.

2-3. '전망' 말하기 연습 *p.169~170*

01	① 간편 식품 매출액은 2045년에 약 20조 원으로 증가할 것으로 전망됩니다. / ~ 증가할 전망입니다. ② 학령인구는 2050년이 되면 430만 명으로 감소할 것으로 예상됩니다.
03	기술연구소에서 오디오북 시장 매출액을 조사했습니다. 조사 결과, 오디오북 매출액은 2019년 171억 원에서 2022년 450억 원으로 크게 증가했습니다. 이렇게 증가한 원인은 첫 번째로 AI스피커 등 음향기기의 보급 때문입니다. 한 통계 자료에 따르면, 2022년 음향기기 시장 성장률은 전년대비 48% 증가했다고 합니다. AI 스피커가 있어서 사람들은 더 쉽고 편리하게, 좋은 음질로 오디오북을 들을 수 있습니다. 두 번째 원인은 바로 멀티태스킹이 가능하기 때문입니다. 오디오북을 들으면서 운동, 청소, 운전 뭐든 할 수 있습니다. 그래서 시간을 잘 활용할 수 있습니다. 이런 추세가 이어지면 앞으로도 오디오북 매출액은 계속 오르겠습니다. 그래서 2050년에는 6820억 원으로 증가할 전망입니다.
04	식품산업연구소에서 아이스크림 매출액에 대해 조사했습니다. 매출액은 2015년 2조 1500억 원에서 2022년 1조 2040억 원으로 크게 감소했습니다. 감소한 원인은 주 소비층인 아동 인구가 감소했기 때문입니다. 그리고 아이스크림 대체 간식이 다양화된 것도 있습니다. 아이스크림 대신 초콜릿, 케이크, 와플 같은 디저트를 먹는 사람이 많아졌습니다. 아니면 대신에 커피를 마십니다. 또 건강에 대한 관심이 예전보다 높아졌습니다. 그래서 사람들은 많이 먹으면 건강에 별로 좋지 않을 것 같은 아이스크림을 예전보다 덜 먹거나 안 먹게 됐습니다. 이런 현상이 지속되면 앞으로 아이스크림 매출액은 계속해서 감소할 것으로 보입니다.

* 멀티태스킹: 한 번에 2가지 이상의 일을 동시에 하는 것

3-3. '영향' 말하기 연습 *p.173~174*

01	① 1인 가구가 증가하면 사회적으로는 외로움 및 고독감을 느끼는 사람이 늘어날 수 있습니다. 경제적으로는 소형 제품의 수요가 많아지게 됩니다. ② 올림픽 개최의 긍정적인 영향은 관광 수입 등 경제 성장에 도움이 된다는 것입니다. 부정적인 영향에는 경기장 건설로 인한 환경 파괴가 있습니다.
03	서주시에서 가족동반식사율에 대해 조사를 실시했습니다. 그 결과, 아침식사율의 경우 2010년에는 54%였는데 2021년에는 45%로 감소했습니다. 저녁식사율도 같은 기간 68%에서 61%로 줄어들었습니다. 아침식사든 저녁식사든 시간이 갈수록 가족동반식사율이 감소한 것입니다. 이렇게 가족동반 식사율이 떨어지면 청소년 식습관에 별로 좋지 않습니다. 한 연구에 따르면 주 6~7회 가족 식사를 하는 청소년보다 주 1~2회 가족 식사를 하는 청소년의 식습관이 더 안 좋았다고 합니다. 그뿐만이 아닙니다. 우울증 위험도 가족 식사를 하지 않는 1인 가구는 높게 나타났습니다. 가족 식사를 하는 2인 가구 이상은 1인 가구보다 우울증 위험이 낮았습니다.
04	투자진흥원에서 아이돌 상품 시장 연간 매출액에 대해 조사했습니다. 2014년에 750억 원이었던 매출액은 2022년에 1500억 원이 되었습니다. 2배나 증가했습니다. 이런 현상이 미치는 긍정적인 영향으로는 먼저 문화 산업이 발달하게 됩니다. 아이돌 상품을 팔아서 번 돈을 음반 제작, 뮤직비디오 촬영, 이런 데다 투자할 수 있기 때문입니다. 그뿐만 아니라 옷, 인형, 목걸이처럼 다양한 아이돌 상품이 나오면 경제적인 효과도 얻을 수 있습니다. 반면에 부정적인 영향도 있습니다. 잘못하면 과소비를 하게 됩니다. 특히 청소년 중에는 아이돌 문화에 심하게 빠지는 경우가 있습니다. 그런 청소년들은 상품을 모으다가 돈을 낭비할 수 있습니다.

4-3. '해결 방안' 말하기 연습 *p.177~178*

01

① 먼저 스마트폰 사용 시간을 줄이려는 의지가 필요합니다. 의지가 있다면 공부하거나 일할 때는 스마트폰을 보이지 않는 곳에 두는 게 좋습니다. 아니면 하루에 사용할 수 있는 시간을 정해 놓고 쓰는 것도 좋은 방법이 됩니다. 사회의 도움도 필요합니다. 가족하고 같이 하는 다양한 교육 활동에 청소년도, 가족도 함께 참여하게 만들어야 합니다. 이런 방법으로 스마트폰을 보는 대신 가족들과 대화하는 시간을 조금씩 늘려가야 합니다.

② 두 가지 방안이 있습니다. 하나는 각 지역의 전통 문화를 살려서 특색 있는 물건을 판매하는 방법입니다. 특색 있는 물건을 팔면서 먹거리 축제처럼 큰 행사를 열면 사람들의 관심을 끌 수 있습니다. 다른 하나는 주차 문제를 해결하는 것입니다. 주차가 불편해서 전통시장을 못 가는 경우가 생각보다 많습니다. 따라서 주차를 편리하게 할 수 있도록 주차 시설을 늘려야 합니다.

03

관세청에서 한국 음반 수출액에 대해 조사했습니다. 그 결과, 2018년에는 0.64억 달러였는데 2020년에는 1.36억 달러, 2022년에는 2.33억 달러로 크게 증가했습니다. 그런데 지역별 한국 음반 수출액을 보면 아시아가 1억 6362만 달러로 제일 많았습니다. 그다음에 북미가 4113만 달러, 유럽이 1429만 달러 순서로 나타났습니다. 한국의 음반 수출액이 특히 아시아에 집중되어 있다는 것을 알 수 있습니다. 북미나 유럽 지역하고는 차이가 상당히 컸습니다. 그렇기 때문에 앞으로는 음반 수출 시장을 다변화해야 하는 과제가 있습니다. 그리고 음악 장르를 좀 더 다양화해야 합니다. 이렇게 해서 수출 지역을 확대하려는 노력이 필요합니다.

04

의료원에서 불면증 환자 현황을 조사한 결과, 2019년에는 63만 명이었던 불면증 환자가 2020년에는 67만 명, 2021년에는 71만 명으로 꾸준히 증가했습니다. 불면증의 원인에는 세 가지가 있었는데, 1위는 스트레스였습니다. 45%를 차지했습니다. 다음으로 취침 전 스마트폰 사용이 33%로 2위, 기타가 22%로 3위였습니다. 따라서 불면증 해소를 위해 제일 먼저 해야 할 일은 스트레스를 관리하는 것입니다. 운동이나 명상 같은 활동을 해 보고 자신에게 맞는 스트레스 관리법을 찾아야 합니다. 그리고 잠자기 전에 스마트폰을 사용하지 않도록 노력해야 합니다. 잠을 푹 잘 수 있도록 편안하고 어두운 환경도 만들어 봐야 합니다. 이렇게 했는데도 소용이 없다면, 전문가와 상담을 해 볼 필요가 있겠습니다.

5-3. '장단점/효과' 말하기 연습 *p.181~182*

01
① 마스크를 착용하면 전염병 확산을 막는 데 도움이 됩니다. 자기 자신뿐만 아니라 주변 사람들도 보호할 수 있습니다. 또 있습니다. 마스크를 통해 아프다는 것을 주변 사람들에게 보여줄 수 있습니다. 그러면 주변 사람들이 조심하게 됩니다. 예방 효과가 생기는 것입니다.
② 모바일 쇼핑의 장점은 편리하다는 것입니다. 모바일만 있으면 언제어디서든지 쉽게 쇼핑할 수 있습니다. 그뿐만 아니라 카드도 한번만 등록해 놓으면 됩니다. 그 후로는 결제하기가 정말 편합니다.

03
식품연구소에서 간편식 시장 매출액에 대해 조사한 결과를 살펴보겠습니다. 먼저 2016년 2조 8000억 원이었던 간편식 매출액은 2018년 3조 원으로 증가하고 이후에도 계속해서 늘어났습니다. 2020년에는 4조 원이 되었습니다. 그럼 종류별 간편식의 매출 비중은 어떨까요? 즉석조리식품이 57%로 가장 높은 비중을 차지했습니다. 이어서 즉석 섭취식품 33%, 신선편의식품 10% 순서로 나타났습니다. 간편식은 장점이 많습니다. 간편식이 있으면 요리 시간을 절약할 수 있습니다. 특히 바쁜 아침이나 점심시간에 간편식을 먹으면 시간도 아끼고 든든하게 먹을 수도 있습니다. 휴대가 용이해서 직장에 가지고 가기도 쉽습니다. 여행 갈 때도 들고 가면 편합니다. 그리고 무엇보다 가격이 저렴해서 사 먹기에 부담이 없습니다.

04
문화산업연구소에서 20-30대 남녀 1500명을 대상으로 온라인 공연 관람 현황을 조사했습니다. 그 결과, 온라인 공연을 본 적이 있다고 응답한 비율은 35.4%였습니다. 본 적 없다는 응답은 64.6%였습니다. 그중 관람한 온라인 공연 유형으로는 콘서트가 45%로 1위를 차지했습니다. 그다음으로 많이 본 공연은 음악회였습니다. 25%였습니다. 이어서 뮤지컬이 20%로 3위였고 기타는 10%로 가장 낮게 나타났습니다. 이런 온라인 공연에는 장점도 있고 단점도 있습니다. 먼저 장점은 관람료가 저렴하고 공간의 제약이 없다는 것입니다. 반면에 영상이 선명하지 않고 오프라인 공연에 비해 생생한 현장감이 떨어진다는 단점이 있습니다.

6-3. '의견' 말하기 연습 *p.185~186*

01

① 영화관 관객 수가 감소하는 원인에는 여러 가지가 있는데, 그중에서 가장 큰 원인은 넷플릭스 같은 다양한 영화를 제공하는 온라인 동영상 서비스 때문이라고 할 수 있습니다. 최신 작품도 조금만 기다리면 이런 채널에서 볼 수 있습니다. 게다가 가격도 영화비보다 훨씬 저렴합니다. 그래서 영화관에 갈 이유가 점점 적어지고 있는 것입니다.

② 학교 폭력 문제에 대한 대책으로는 두 가지 정도를 생각해 볼 수 있습니다. 첫 번째는 안전한 신고 시스템입니다. 학교 폭력을 당한 사람, 학교 폭력 때문에 괴로워하는 친구를 본 사람 모두에게 신고해도 이름이 알려지지 않는다는 것, 안전하다는 믿음을 줄 수 있어야 합니다. 두 번째는 학교 폭력 문제에 교사도, 학교도 강하게 대응하는 것입니다. 학생이라도 폭력으로 다른 친구를 아프게 했다면 그만큼 강한 벌을 받아야 합니다.

③ 책을 읽으면 새로운 어휘를 많이 배우게 됩니다. 어휘력이 좋아지면 같은 말도 더 다양하게, 더 섬세하게 표현할 수 있습니다. 그리고 소설 같은 작품을 읽으면 작품 속 인물에게 공감하게 됩니다. 그러면서 주변 사람 그리고 자기 자신의 감정, 상황 이런 것을 더 잘 이해하게 됩니다.

④ 가짜뉴스가 많아지면 우리는 그런 뉴스를 믿고 잘못된 판단, 잘못된 행동을 할 수 있습니다. 그래서 크고 작은 심리적, 경제적 피해를 입게 됩니다. 또 가짜뉴스 중에는 정치적, 경제적 목적을 가지고 만들어진 것도 있습니다. 그런 뉴스는 사회 신뢰도를 떨어뜨립니다. 사회 갈등도 심해질 수 있습니다.

03

과학기술협회에서 세계로봇시장 매출액에 대해 조사했습니다. 조사 결과를 보면, 서비스 로봇의 경우 2020년 75억 달러에서 2023년 150억 달러로 매출액이 크게 증가했습니다. 산업용 로봇도 증가했습니다. 같은 기간에 100억 달러에서 150억 달러로 늘어났습니다. 그렇다면 로봇에는 어떤 것이 있을까요? 서비스 로봇에는 의료용, 청소용 로봇 등이 있습니다. 산업용 로봇에는 제조업용, 운반용 로봇 등이 있습니다. 이런 로봇이 사회에 미치는 긍정적인 영향으로는 생산성이 향상된다는 것입니다. 특히 산업용 로봇은 반복적인 작업을 효율적으로 합니다. 사람 대신 위험한 일도 잘할 수 있습니다. 그렇지만 사람 대신 일을 할 수 있기 때문에 사람의 일자리가 감소하게 됩니다. 서비스 로봇 때문에 개인 정보 보안 문제도 생길 수 있습니다.

04

삼림연구소에서 연간 산불 발생 건수에 대해 조사했습니다. 조사 결과, 2016년에는 391건이었는데 2018년에는 496건, 2021년에는 620건으로 산불 발생 건수가 꾸준히 증가했습니다. 산불의 원인으로, 사람의 부주의가 큰 비중을 차지했다고 합니다. 등산객들의 담뱃불 같은 것을 예로 들 수 있습니다. 두 번째는 기후 변화 때문입니다. 기후 변화로 기온이 올라가서 더운 날씨가 계속되면 산불이 나게 됩니다. 얼마 전, 호주에서 산불로 큰 피해를 입었는데 그것도 기후 변화의 영향이 컸다고 합니다. 따라서 화재 경보 시스템을 구축해서 불이 나면 빠르게 불을 끌 수 있도록 해야 합니다. 또 사람들의 부주의 때문에 산불이 나지 않도록 적극적인 예방 교육과 홍보가 필요하겠습니다.

다. 예상 문제 *p.187~188*

01

생활연구소의 조사 결과에 따르면, 최근 집 꾸미기 시장이 크게 성장한 것으로 나타났습니다. 2000년에 9조 원이었던 집 꾸미기 매출액은 2015년 27조 원, 2022년 49조 원으로 꾸준히 증가했습니다. 그렇다면 이렇게 변화한 원인은 무엇일까요? 첫 번째로는 Covid와 같은 감염병 그리고 재택근무 때문에 집에서 보내는 시간이 많아졌기 때문입니다. 그래서 실내 공간을 꾸미려고 사람들이 거기에 돈을 더 쓰게 됐습니다. SNS의 영향도 컸습니다. 온라인 집들이 콘텐츠가 유행하면서 SNS에 예쁜 집 사진이 많이 올라왔습니다. 그걸 보고 집을 예쁘게 꾸미고 싶은 사람이 늘어나서 집 꾸미기 시장도 같이 커졌다고 할 수 있습니다.

80

02

방송연구원에서 OTT 시장 매출액을 조사했습니다. 조사 결과, 2020년에는 7800억 원이었는데 2022년에는 9600억 원으로 증가했습니다. 연령별 OTT 이용률을 봐도 전반적으로 증가한 것을 알 수 있습니다. 이용률은 20대가 제일 높고 40대, 60대 순서였습니다. 그렇지만 이용률이 얼마나 증가했는지 살펴보면 60대가 제일 많았습니다. 8%나 올랐습니다. 그다음에 40대가 6%, 20대가 4%였습니다. OTT 이용률 증가는 영화관 이용률을 떨어뜨릴 수 있습니다. 왜냐하면 OTT에는 최신 영화도 많이 올라오고 OTT를 이용하면 영화관까지 안 가도 집에서 편하게 영화를 볼 수 있기 때문입니다. 마찬가지로 TV 같은 매체의 시청률에도 영향을 주기 때문에 이 분야에서 콘텐츠 개발 경쟁이 더 심해질 수 있습니다.

80

03

관광연구소에서 외국인 관광객 현황을 조사했습니다. 조사 결과를 보면, 2021년에 96만 명의 외국인이 관광을 왔습니다. 그런데 2022년에는 320만 명으로 크게 증가했습니다. 그렇지만 관광객들은 관광할 때 여러 가지 불편한 점이 있다고 했습니다. 가장 많이 나온 것은 관광편의시설 부족이었습니다. 38%였습니다. 그다음으로 언어 소통 문제가 32%, 교통 혼잡이 30%로 나타났습니다. 따라서 이런 문제들을 해결하기 위해서는 관광편의시설을 늘려야 합니다. 그리고 관광지마다 관광객들에게 다국어 안내 서비스를 지원하는 것도 앞으로 해야 할 과제라고 하겠습니다.

80

04

교통연구소에서 성인 8000명을 대상으로 택시서비스 만족도에 대해 설문조사를 실시했습니다. 조사 결과, 2015년에는 78점이었는데 2019년에는 80점, 2022년에는 84점으로 꾸준히 증가했습니다. 다음은 부문별 만족도입니다. 투명한 요금 결제가 85.6점으로 가장 높았습니다. 이어서 편리한 호출이 82.2점, 안전이 81점이었습니다. 이렇게 만족도가 증가한 원인으로는 택시 모바일 서비스 도입을 들 수 있습니다. 이 서비스 덕분에 어디서든 편리하게 택시를 호출할 수 있게 됐습니다. 그리고 택시 기사에 대한 정보를 확인할 수 있게 된 것도 만족도에 영향을 미쳤다고 할 수 있습니다.

80

05

김치연구소에서 김치를 직접 담가서 먹는가에 대해 조사했습니다. 조사 결과를 보겠습니다. 먼저 김치를 직접 담그는 비율은 2017년 56%에서 2019년 41%, 2021년 22%로 감소한 것을 알 수 있습니다. 큰 폭으로 줄어들었습니다. 반면 김치를 구입한 비율은 꾸준히 증가했습니다. 2017년 10.5%, 2019년 15%, 2021년 33%로 늘어났습니다. 이제는 김치를 구입하는 사람이 더 많아진 것입니다. 그러면 김치를 구입한 이유는 무엇이었을까요? 1위는 김치 담그기가 번거로워서였습니다. 55%나 됐습니다. 이어서 소량 구입이 보관하기 편리해서가 31%, 저렴해서가 14%로 나타났습니다. 김치를 구입하는 소비자는 앞으로 계속 증가할 것으로 예상됩니다.

80

고급

말하기 유형 6

의견 제시하기

PART 2

가 / 문제 정보 확인

사회적 의미가 있는 주제나 찬성 또는 반대가 나올 수 있는 주제 등에 대해 자신의 의견을 분명하게 말하고 그 근거(이유)를 설명해야 하는 문제입니다. 무엇보다 문제에서 제시하는 과제 내용을 잘 듣고 거기에 맞는 답변을 하는 것이 중요합니다.

1. 개요

수준	문제 유형	준비시간	답변 시간	평가 기준
고급	의견 제시하기	70초	80초	내용 / 언어 / 발음

2. 진행 과정

1

연습 > 1 > 2 > 3 > 4 > 5 > 6　　음량조절

6번. 질문을 듣고 의견을 제시하십시오.
70초 동안 준비하십시오. '삐' 소리가 끝나면 80초 동안 말하십시오.

문제에 대한 안내가 나옵니다.

2

연습 > 1 > 2 > 3 > 4 > 5 > 6　　음량조절

6번. 질문을 듣고 의견을 제시하십시오.
70초 동안 준비하십시오. '삐' 소리가 끝나면 80초 동안 말하십시오.

🎧 도시 환경을 개선하기 위한 도시 개발은 지금도 세계 곳곳에서 계속되고 있습니다. 여러분은 도시개발에 찬성합니까? 반대합니까? 두 입장 중 한 쪽을 정하고, 그 근거를 두 가지 말하십시오.

문제 내용은 안 보이고 소리만 들립니다.

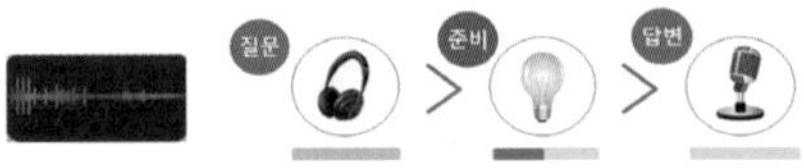

문제를 들으면서 중요한 것을 메모합니다.

3

준비하기 / 메모하기　　70초　　답변 내용을 메모합니다.

4

말하기　　80초　　메모한 내용을 보면서 말합니다.

3. 평가 항목 및 주의 사항

항목	주의 사항
내용	☐ 제시되는 주제에 대해 답변을 잘 하려면 문제를 잘 들어야 한다.
	☐ 문제에서 요구하는 과제 (조건, 근거, 방법 등 답변에 포함되어야 하는 필수 내용)는 반드시 메모해서 그 내용을 중심으로 말해야 한다. 과제와 관계없는 답변을 하면 안 된다.
	☐ 과제 내용이 적절하고 연결도 자연스러워야 한다. 앞뒤가 안 맞으면 안 된다.
언어	☐ '-아/어요', '-ㅂ/습니다' 모두 가능하지만 '-ㅂ/습니다'가 더 적절하다. 섞어 쓰면 안 된다.
	☐ 중고급 수준의 표현을 사용하는 것이 좋다. 문법보다는 어휘나 표현 수준이 중요하다.
	☐ 잘못된 표현, 적절하지 않은 표현이 많으면 안 된다. 단순 실수 1-2개 정도는 괜찮다.
발음 속도	☐ 문제에 나오는 중요한 단어는 메모해서, 답변할 때 정확하게 말하도록 해야 한다.
	☐ 이야기를 듣는 사람을 상상하면서 적당한 속도로 자연스럽게 말하는 것이 좋다.
	☐ 답변할 때 머뭇거리거나 말없이 오래 있으면 안 된다.

4. 점수 잘 받는 방법

어떤 주제로 답변해야 하는지 문제의 앞부분을 잘 들어야 합니다.

- 문제의 앞 부분에는 답변 주제에 대한 설명이 나옵니다. 집중해서 잘 듣고, 들리는 내용을 가능하면 많이 메모해 두는 것이 좋습니다.
- 답변할 때 문제에 있는 표현들을 활용하면 말하기가 훨씬 더 쉬워집니다.

문제 끝 부분에 나오는 필수 '과제'를 잘 들어야 합니다.

- 문제 끝 부분에 답변에 꼭 포함되어야 하는 필수 과제가 제시됩니다.
- 아무리 말을 잘해도 과제 내용이 포함되지 않으면 좋은 점수를 받기 어렵습니다.
  예를 들면 '조건 두 가지와 근거', '긍정적인 영향과 부정적인 영향' 등 필수 과제에 대한 답변이 반드시 들어갈 수 있도록 해야 합니다.
- 메모할 때도 '과제 1, 과제 2' 이렇게 표시해 두는 것이 좋습니다.

과제가 둘 또는 세 개인데 하나만 길게 말하는 것은 좋지 않습니다.

- 시간이 부족하고 답변에 자신이 없더라도 과제 1만 답변하면 안 됩니다.
- 제시된 과제를 모두 말하는 것이 중요합니다. 짧게 말하더라도 요구하는 과제 내용을 조금씩 다 말하는 것이 좋습니다. 과제 내용이 다 있어야 점수를 받을 수 있습니다.
- 과제를 말하는 시간이 비슷하면 좋습니다. 하나가 너무 길거나 짧으면 좋지 않습니다.

주제와 다르거나 과제와 다른 내용을 말하면 안 됩니다.

- 주제, 과제와 다른 내용을 말하지 않으려면 메모를 잘해야 합니다. 전체 답변 내용을 잘 알 수 있도록 정리해서 메모하고, 그 메모를 보면서 말하는 것이 좋습니다.

나 / 과제별 연습

1. 이유와 방법 __ 여러 가지 사회 현상에 대한 이유와 해결 방법에 대해 말하는 문제입니다.

1-1. 문제 확인

■ 예시

6번. 질문을 듣고 의견을 제시하십시오.
70초 동안 준비하십시오. '삐' 소리가 끝나면 80초 동안 말하십시오.

문제: 갈수록 혼자 사는 노인들이 증가하고 있습니다. 노인들은 혼자 지내는 시간이 길어지면 주변 사람들과 멀어져 고립감을 느끼게 되는데 이것이 사회 문제로 나타나고 있습니다. 노인들의 고독 문제가 발생하는 이유는 무엇이라고 생각합니까? 그 원인과 해결 방법에 대해서 말하십시오.

■ 메모 〈70초〉

▼ 문제 메모

주제: 혼자 사는 노인
고립감, 노인 고독 문제
과제: 이유+ 해결 방법

▼ 답변 메모

과제 ❶ 이유-가족 중심 -> 개인 중심
사회 적응 못함 (인터넷 X)
과제 ❷ 방법-가족 모임 많이
노인 참여 프로그램 만들기
※ 노인 문제 적극 관심 중요

■ 답변 〈80초〉

노인 고독 문제가 발생하는 원인은 무엇일까 생각해 봤습니다. 제가 생각하기에는 두 가지 이유가 있는 것 같습니다. 첫 번째는 가족 관계가 옛날과 달라졌기 때문이라고 생각합니다. 예전에는 모든 게 가족 중심이고, 가족을 가장 중요하게 생각했는데 요즘은 개인 생활을 더 우선으로 생각합니다. 그리고 두 번째 이유는 노인들이 빠르게 변하는 사회에 적응하지 못하기 때문입니다. 인터넷을 못하는 노인들도 많고, 도움을 받으려고 해도 어디에 가서 어떻게 신청해야 하는지 모릅니다. 그렇다면 노인들의 고독 문제를 해결하기 위해서 어떻게 해야 할까요? 먼저 개인적으로는 사람들이 가족 모임을 좀 더 자주 가지는 게 좋을 것 같습니다. 그리고 사회적으로는 노인들을 위한 프로그램을 만들어서 사회 활동에 참여할 수 있는 기회를 더 많이 주면 어떨까 싶습니다. 무엇보다 우리 사회에서 노인 문제에 관심을 더 많이 가지는 것이 중요하다고 생각합니다.

내용 • 과제 2개 (이유/ 해결 방안)를 모두 말했다. 해결 방안을 개인적인 면, 사회적인 면으로 구별해서 제시했다.

언어 • '제가 생각하기에는' '-기 때문이라고 생각합니다' '어떻게 해야 할까요?' '-는 게 좋을 것 같습니다' 와 같은 표현들을 적절하게 사용했다.

1-2. 연습하기

■ 표현 정리

- 제가 생각하기에는 -(으)ㄴ/-(으)ㄹ/는 것 같습니다
- 저는 -기 때문이라고 생각합니다
- 첫 번째 이유는 -기 때문입니다
- N을/를 -고 싶어서 ~
- -(으)ㄹ 수 있을까요?
- 그렇다면 어떻게 해야 할까요?
- 개인적으로는 [사회적으로는] V-는 게 좋을 것 같습니다
- A/V-(으)면 어떨까 싶습니다
- 무엇보다 V-는 것이 중요하다고 생각합니다

■ 말하기 연습 1

※ 다음 질문을 읽고 위의 표현을 이용해서 자신의 생각을 간단하게 말해 보세요.

보기
항상 수면이 부족한 사람들은 왜 그렇다고 생각합니까?
제가 생각하기에는 밤늦게까지 일하거나 공부하기 때문에 수면이 부족한 것 같습니다.

01 사람들이 외로움을 느끼는 이유는 무엇이라고 생각합니까?

02 청소년들이 스트레스를 받는 가장 큰 이유는 무엇이라고 생각합니까?

03 패스트푸드를 자주 먹는 사람들이 많은데 왜 그렇다고 생각합니까?

04 가족관계가 나쁜 경우, 왜 그렇다고 생각합니까?

05 휴대폰 사용 시간이 길어지는 이유는 무엇일까요? 어떻게 하면 줄일 수 있을까요?

06 쓰레기가 점점 많아지는 이유는 뭘까요? 어떻게 해야 줄일 수 있을까요?

■ 말하기 연습 2

※ 대본을 여러 번 소리 내어 읽어 보세요. 그리고 질문을 듣고 바로 대답해 보세요. (30초)

01

질문에 대답

예전에 비해 외모에 신경 쓰는 사람들이 많아졌습니다. 피부, 헤어 스타일, 패션에 돈과 시간을 많이 투자합니다. 이유가 뭘까요? 다른 이유도 있겠지만 저는 두 가지 이유가 있다고 생각합니다. 먼저 가장 큰 이유는 사회 분위기에 영향을 받기 때문입니다. 요즘은 외모로 사람을 평가하는 경우가 많아졌습니다. 그러니까 외모를 잘 가꾸기 위해 노력하게 됩니다. 그리고 두 번째는 대중매체와 SNS 때문이라고 생각합니다. 대중매체에는 대부분 외모가 뛰어난 사람들이 나와 성공하는 모습을 보여줍니다. SNS에서도 화려하게 꾸민 사람들이 나옵니다. 그러면 자기와 비교하게 되고 외모에 더 신경을 쓰게 됩니다. 이런 현상을 개선하기 위해서는 우선 사람들의 생각이 달라져야 하고 그 생각들을 실천해야 합니다. 대중매체에서 외모로 사람을 평가하면 바로 전화해서 적극적으로 문제점을 지적해야 합니다. 우리 주위에 그런 일이 있을 때도 마찬가지입니다. 실천이 중요합니다.

02

책을 읽는 사람들이 점점 줄어들고 있다고 합니다. 왜 그럴까요? 아마 사람마다 생각이 다를 것 같은데요, 제 생각을 말씀드리면, 우리가 지금 디지털 시대에 살고 있기 때문인 것 같습니다. 주위에는 항상 TV, 컴퓨터, 휴대폰이 있습니다. 그리고 여기에는 재미있는 콘텐츠들이 너무 많고 날마다 새로운 것들이 쏟아져 나옵니다. 그래서 한 통계에 의하면 사람들은 하루에 5시간 이상 이러한 매체들과 시간을 보낸다고 합니다. 하지만 이렇게 영상매체에만 몰입하면 쉽게 피곤해지고 집중력도 떨어진다고 합니다. 그리고 무엇보다 자기 스스로 생각하는 능력을 점점 잃게 됩니다. 그래서 책을 읽어야 합니다. 사람들이 책을 읽게 하려면 제 생각에는, 좋은 도서관이 많아야 할 것 같습니다. 특히, 언제든지 갈 수 있고 누구든지 책을 빌릴 수 있는 공공도서관이 많으면 좋을 것 같습니다. 거기에서 쉬기도 하고 새로운 것을 배우기도 하면서 문화생활까지 즐길 수 있다면 책을 읽는 사람들도 늘어나지 않을까요?

질문에 대답

03

본문은 소리로 들을 수 있습니다.
여러 번 듣고, 소리 내 읽으면서
내용을 이해한 후 질문에
대답해 보세요.

본문 + 질문

※ 대본은 답지에 있습니다.

04

본문 + 질문

스스로 확인하기

※ 위 연습문제를 듣고 질문에 대답한 후 ✔ 해 보세요.

☐ 질문이 끝나자마자 바로 대답했다.	☐ 네	☐ 아니요
☐ 대답할 때 머뭇거리지 않았다.	☐ 네	☐ 아니요
☐ 틀릴 수도 있었지만 자신있게 대답했다.	☐ 네	☐ 아니요

※ '아니요'가 있으면 본문을 여러 번 다시 읽어 보세요.

더 연습하기

※ 다음 주제에 대해 말해 보세요. 관심 있는 주제를 찾아 직접 질문을 만들어 봐도 됩니다.

- 우울증이 있는 사람들이 많아지고 있습니다. 왜 그렇다고 생각합니까?
- 결혼이 필수가 아니라고 생각하는 사람이 늘어나고 있습니다. 왜 그럴까요?
- 농촌의 빈집이 갈수록 늘어나고 있습니다. 이유가 뭐라고 생각합니까?
- 의학기술의 발달로 대부분의 병을 치료할 수 있게 되었지만 감염병은 늘어나고 있습니다. 왜 그럴까요?
- 새로운 세대와 이전 세대 사이의 세대 갈등이 깊어지고 있습니다. 원인과 해결 방안은 무엇일까요?
- 가짜 뉴스가 늘어나고 있습니다. 원인과 해결 방법은 무엇일까요?

2. 문제점과 해결 방안 _ 우리 사회의 다양한 문제와 해결 방안에 대해 말하는 문제입니다.

2-1. 문제 확인

■ 예시

6번. 질문을 듣고 의견을 제시하십시오.
70초 동안 준비하십시오. '삐' 소리가 끝나면 80초 동안 말하십시오.

문제: 해마다 휴가철이 되면 유명한 관광지에는 많은 관광객들이 찾아 옵니다. 그런데 이렇게 한꺼번에 관광객들이 몰리면 문제가 생깁니다. 어떤 문제가 생기는지, 그리고 해결 방법은 무엇인지 말하십시오.

■ 메모 〈70초〉

문제 메모

주제: 휴가철, 유명 관광지
관광객 증가 → 문제
과제: 어떤 문제 + 해결 방법

답변 메모

과제 ❶ 문제–주민들 살기 어렵다
–시끄럽다/ 사생활 보호 × / 물가 ↑
–쓰레기 (처리 비용 + 환경 나빠짐)
과제 ❷ 해결–관광객 수 제한 + 입장료
주민 배려하는 마음 중요

■ 답변 〈80초〉

휴가철마다 유명한 관광지에는 사람들이 많이 몰립니다. 이렇게 관광객들이 한꺼번에 몰리게 되면 문제가 생깁니다. 가장 큰 문제점 두 가지를 말씀드리겠습니다. 첫 번째는 그곳에 사는 사람들에게 피해를 줍니다. 주민들이 사는 집 앞으로 관광객들이 항상 왔다갔다 하니까 시끄럽습니다. 사생활도 보호받을 수 없습니다. 게다가 관광객이 많이 올수록 물가가 올라갑니다. 이렇게 되면 생활하기가 점점 어려워집니다. 다음으로 심각한 문제는 쓰레기입니다. 관광객들이 버린 쓰레기가 너무 많아서 처리 비용도 많이 들고 환경도 나빠집니다. 이런 문제를 해결하기 위해서는 관광객 수를 제한해야 한다고 생각합니다. 관광객이 적으면 피해도 줄어들지 않을까요? 그리고 입장료를 받는 방법이 있습니다. 그 돈은 관광지에 살고 있는 주민들을 위해 쓸 수도 있고 시설을 관리하는 데 쓸 수도 있습니다. 하지만 무엇보다 중요한 것은 주민들을 배려하는 마음을 가지는 것이라고 생각합니다.

내용 • 과제 2개 (문제점 2개/ 해결 방안)를 모두 말했다. 해결 방안을 구체적으로 제시했다.

언어 • '가장 큰 문제점 두 가지를 말씀드리겠습니다' '다음으로 심각한 문제는 ~' '이런 문제를 해결하기 위해서는 -다고 생각합니다' 와 같은 표현들을 적절하게 사용했다.

2-2. 연습하기

■ 표현 정리

- 가장 큰 문제점 두 가지를 말씀드리겠습니다
- 문제가 생기다
- N에게 피해를 주다
- 문제를 해결하기 위해서는 V-아/어야 한다고 생각합니다
- 무엇보다 중요한 것은 N(이)라고[V-는 것이라고] 생각합니다
- -기 때문에 -(으)ㄹ 수 없습니다
- 다음으로 심각한 문제는 N입니다
- V-는 방법이 있습니다

■ 말하기 연습 1

※ 다음 질문을 읽고 위의 표현과 자기가 아는 표현을 이용해서 간단하게 대답해 보세요.

보기 전쟁이 나면 어떤 문제가 생길까요?

가장 큰 문제점 한 가지를 말씀드리겠습니다. 슬프게도 사람들이 많이 죽는다는 것입니다.

01 스트레스 때문에 생기는 문제는 어떤 게 있을까요?

02 사람들이 지금보다 육식을 더 많이 하게 되면 어떤 문제가 생길까요?

03 집값이 계속 오르면 어떤 문제가 생긴다고 생각합니까? 한 가지만 말해 보세요.

04 이웃집 소음 때문에 불편할 때 어떻게 해결하는 게 좋다고 생각합니까?

05 쇼핑 중독을 해결할 수 있는 방법, 한 가지만 말해 보세요.

06 음식물 쓰레기를 줄이는 방법에 대해 말해 보세요.

■ 말하기 연습 2

※ 대본을 여러 번 소리 내어 읽어 보세요. 그리고 질문을 듣고 바로 대답해 보세요.

01

질문에 대답

폭력은 힘 있는 사람이 힘 없는 사람을 때리고 괴롭히는 것입니다. 폭력은 직장, 학교, 이웃, 집에서도 일어납니다. 우리는 날마다 뉴스에서 폭력 사건들을 봅니다. 그런데 이런 폭력은 개인적으로도 사회적으로도 큰 문제가 됩니다. 먼저 개인적인 면을 말씀드리면, 폭력이 무서운 것은, 폭력을 당한 사람은 그 기억 때문에 평생 트라우마를 안고 살아야 한다는 겁니다. 얼마나 힘들까요? 너무 잔인한 일입니다. 그리고 폭력은 사회적으로도 나쁜 영향을 미칩니다. 폭력 사건이 많아지면 불안감이 높아집니다. 사람들은 폭력 사건을 볼 때마다 나도 언제 어디서 그런 일을 당할지 모른다고 생각하겠지요. 아이를 키우기도 불안해질 겁니다. 게다가 폭력은 서로를 믿지 못하고 무서워하게 만듭니다. 폭력을 막기 위해서는 우리 모두 작은 폭력이라도 절대 용서하지 않겠다는 생각을 가져야 합니다. 그리고 정부에서도 폭력 예방을 위한 교육을 지속적으로 실시하면 좋을 것 같습니다.

02

요즘은 의학 기술이 발달해서 평균 수명이 예전보다 훨씬 더 길어졌습니다. 그래서 100세 시대라는 말도 있습니다. 건강하게 오래 사는 것은 좋지만, 100세 시대를 잘 대비하지 못 했을 때는 힘든 상황이 생길 수 있습니다. 그중에서 두 가지를 말씀드리겠습니다. 먼저 한 가지는 경제적인 어려움인데요. 경제 활동은 못 하는데 써야 할 돈이 많으면 생활이 어려워집니다. 나머지 하나는 외로움입니다. 사회 활동을 못하니까 사람들과 어울리기가 쉽지 않겠지요? 혼자 있게 되니까 소외감, 우울감도 커질 수밖에 없습니다. 그래서 노인 우울증이 증가한다는 뉴스도 자주 듣게 됩니다. 이런 문제를 해결하려면 노인 일자리도 늘리고 노인들을 위한 사회 활동 프로그램도 더 많이 만들어야 한다고 생각합니다. 또한 심리 상담도 진행해야 합니다. 나이가 들어도 경제적으로 안정되고 행복하게 살 수 있도록 정부에서 지금보다 더 다양한 정책을 만들고 지원했으면 좋겠습니다.

질문에 대답

03

본문은 소리로 들을 수 있습니다.
여러 번 듣고, 소리 내 읽으면서
내용을 이해한 후 질문에
대답해 보세요.

본문 + 질문

※ 대본은 답지에 있습니다.

04

본문 + 질문

스스로 확인하기

※ 위 연습문제를 듣고 질문에 대답한 후 ✔ 해 보세요.

☐ 질문이 끝나자마자 바로 대답했다.	☐ 네	☐ 아니요
☐ 대답할 때 머뭇거리지 않았다.	☐ 네	☐ 아니요
☐ 틀릴 수도 있었지만 자신있게 대답했다.	☐ 네	☐ 아니요

※ '아니요'가 있으면 본문을 여러 번 다시 읽어 보세요.

더 연습하기

※ 다음 주제에 대해 말해 보세요. 관심 있는 주제를 찾아 직접 질문을 만들어 봐도 됩니다.

- 일회용품을 많이 쓰면 어떤 문제가 생길까요? 이 문제를 해결할 수 있는 방법은 뭘까요?
- 다른 사람들과 원만한 인간관계를 유지하기 위해 우리는 어떤 태도를 가져야 합니까?
- 앞으로는 인구가 더 감소할 거라고 합니다. 인구가 감소하면 어떤 문제가 생길 수 있을까요?
- 생명과학 기술이 점점 발달하고 있습니다. 어떤 문제가 나타날 수 있다고 생각합니까?
- 기후변화가 점점 심해지고 있습니다. 이러한 변화 때문에 생기는 문제는 뭘까요?
- 요즘은 9살 이전의 유아동들도 디지털 미디어를 많이 사용합니다. 어떻게 해야 줄일 수 있을까요?

3. 중요성과 근거 __ 어떤 것의 중요성과 필요성을 말하고 그 근거를 두 가지 정도 말하는 문제입니다.

3-1. 문제 확인

■ 예시

6번. 질문을 듣고 의견을 제시하십시오.
70초 동안 준비하십시오. '삐' 소리가 끝나면 80초 동안 말하십시오.

문제: 사람들은 사는 동안 다양한 경험을 하게 됩니다. 그 경험을 통해 실수도 줄이고 문제를 해결하는 방법도 알게 됩니다. 그런데 이런 경험을 다른 사람들과 나누는 것도 아주 중요합니다. 이것이 중요한 이유 두 가지와 근거를 말하십시오.

■ 메모 〈70초〉

▼ 문제 메모

주제: 경험 -실수 줄이고 문제 해결
경험 나누기 → 중요하다
과제: 이유 2 + 근거

▼ 답변 메모

※ 경험 통해 배우기 → 경험 공유 중요하다
과제 ❶ 이유- 공동체 발전 위해 도움
→ 실수 줄이고 문제에 대비 → 발전
과제 ❷ 이유- 신뢰 쌓다 → 도움 주고 받는다
→ 신뢰 관계 형성

■ 답변 〈80초〉

우리는 책을 통해 지식을 쌓을 수도 있지만 경험을 통해서도 많은 걸 배웁니다. 경험은 사람마다 다르고 종류도 다양합니다. 그래서 자기가 직접 경험하지 않아도 다른 사람의 경험을 보거나 들으면서 많은 것을 얻을 수 있습니다. 최근에는 자기의 경험을 다른 사람들과 공유하는 사람들도 많아지고 있는데 이것은 아주 중요합니다. 왜 중요하냐 하면 먼저, 경험을 나누는 것이 공동체 발전에 도움이 되기 때문입니다. 경험을 나누면 실수를 줄일 수 있고 문제가 생길 것을 미리 알고 대비할 수 있게 됩니다. 그래서 더 발전할 수 있습니다. 둘째는 경험을 나누면 신뢰가 쌓인다는 겁니다. 한 사람의 경험은 누군가에게 도움이 됩니다. 그래서 경험을 나누는 건 그 사람을 돕는 거나 마찬가지입니다. 이렇게 도움을 주고받으면서 사람들은 신뢰를 쌓아가게 됩니다. 정리해 보면 경험을 나누는 건 공동체를 위해서도 좋고, 신뢰 관계 형성을 위해서도 좋기 때문에 중요하다고 할 수 있습니다.

내용 • 과제 2개 (중요성 / 이유 2개와 근거)를 모두 말했다. 중요성에 대한 이유가 구체적이고 풍부하다.

언어 • '왜 중요하냐 하면 -기 때문입니다' 'N에/에게 도움이 됩니다' '정리해 보면 N을 위해서도 좋고 N을 위해서도 좋기 때문에 ~'와 같은 표현들을 적절하게 사용했다.

3-2. 연습하기

표현 정리

- N을 통해서 N을 배웁니다
- 첫째는 N을 위해서입니다
- N에[에게] 도움이 됩니다 / 도움을 줍니다
- 왜 중요하냐 하면 -기 때문입니다
- N이 중요한 이유는 -기 때문입니다
- 그래서 N이 중요하다고 생각합니다
- -(으)면 V-(으)ㄹ 수 있게 됩니다
- V-는 데도 필요합니다
- 정리해 보면 ~
- N을 위해서도 좋고 ~ N을 위해서도 좋기 때문에 ~

말하기 연습 1

※ 다음 질문을 읽고 위의 표현과 자기가 아는 표현을 이용해서 간단하게 대답해 보세요.

보기 가족들이 같이 식사를 하는 것은 왜 중요할까요?

음식을 먹으면서 대화할 수 있고, 음식을 해 준 사람에게 고마움을 느낄 수 있기 때문입니다.

01 거짓말을 하지 않고 정직하게 사는 것은 중요합니다. '정직'은 왜 중요할까요?

02 우리는 에너지를 절약해야 합니다. 왜 그래야 할까요?

03 우리의 일상생활 속에는 항상 음악이 있습니다. 음악은 왜 필요할까요?

04 아이들에게 칭찬은 왜 필요할까요? 이유 두 가지를 말해 보세요.

05 외국어를 배우려면 그 나라 친구를 사귀는 게 좋습니다. 왜 그렇다고 생각합니까?

06 취미를 가지는 것은 중요합니다. 중요한 이유 두 가지를 말해 보세요.

말하기 연습 2

※ 대본을 여러 번 소리 내어 읽어 보세요. 그리고 질문을 듣고 바로 대답해 보세요.

질문에 대답

01

저는 놀이도 일만큼 중요하다고 생각합니다. 제가 생각하는 이유, 두 가지를 말씀드리겠습니다. 첫째는 신체적, 정신적으로 건강한 삶을 위해서입니다. 일과 놀이는 다릅니다. 일은 이루어야 할 목표가 있지만 놀이는 없습니다. 목표가 있으면 괴롭기도 하고 하기 싫다는 생각이 들 수 있지요. 하지만 놀이를 할 때는 누구나 즐거움을 느끼지 않나요? 일을 할 때 사람들이 스트레스를 받는 이유는 의무와 목표가 있기 때문입니다. 이런 게 계속되면 당연히 건강에도 좋지 않을 것 같습니다. 그리고 두 번째 이유는요, 놀이가 삶의 태도를 긍정적으로 바꿀 수 있기 때문이 아닐까 생각합니다. 놀이는 보통 즐겁게 하니까 걱정을 잊어버릴 수 있습니다. 그래서 힘들고 어려운 일이 있어도 이겨낼 수 있는 자신감이 생기고 마음도 긍정적으로 바뀌게 됩니다. 이런 두 가지 이유 때문에 저는 놀이가 정말 중요하고, 또 결과가 아니라 과정을 통해 많은 것을 얻을 수 있기 때문에 놀이가 필요하다고 생각합니다.

02

'세 살 버릇 여든까지 간다'는 한국 속담을 들어 본 적이 있습니다. 우리나라에도 비슷한 속담이 있습니다. 습관이 중요하다는 건 누구나 다 알고 있습니다. 왜냐하면 습관은 우리 생활에 아주 큰 영향을 미치기 때문입니다. 좋은 습관은 좋은 결과를 만들고 나쁜 습관은 나쁜 결과를 만들기 때문에 거기에 따라서 우리 인생이 달라질 수도 있습니다. 예를 들어 볼까요? 약속 시간에 항상 늦게 오는 습관을 가진 사람과 약속 시간을 잘 지키는 습관을 가진 사람이 있습니다. 그 두 사람 중에서 누가 더 좋은 결과를 얻을지 쉽게 예상할 수 있겠지요? 그리고 습관은 처음 만들기는 어렵지만 그 다음부터는 저절로 그렇게 되니까 어려울 게 없습니다. 이렇게 한번 좋은 습관을 길러 놓으면 생활도 편해지고 목표를 이루기도 쉬우니까 일석이조의 효과를 얻을 수 있습니다. 좋은 습관이 중요한 이유는 이것만으로도 충분하지 않을까요?

질문에 대답

03

본문은 소리로 들을 수 있습니다.
여러 번 듣고, 소리 내 읽으면서
내용을 이해한 후 질문에
대답해 보세요.

본문+질문

※ 대본은 답지에 있습니다.

04

본문+질문

스스로 확인하기

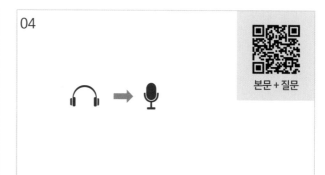

※ 위 연습문제를 듣고 질문에 대답한 후 ✔ 해 보세요.

☐ 질문이 끝나자마자 바로 대답했다.	☐ 네	☐ 아니요
☐ 대답할 때 머뭇거리지 않았다.	☐ 네	☐ 아니요
☐ 틀릴 수도 있었지만 자신있게 대답했다.	☐ 네	☐ 아니요

※ '아니요'가 있으면 본문을 여러 번 다시 읽어 보세요.

더 연습하기

※ 다음 주제에 대해 말해 보세요. 관심 있는 주제를 찾아 직접 질문을 만들어 봐도 됩니다.

- 나라마다 고유한 전통문화가 있습니다. 전통문화를 지키는 것이 왜 중요할까요?
- 대답을 잘하는 것도 중요하지만 질문을 잘하는 것도 중요합니다. 왜 그렇다고 생각합니까?
- 도시에서 숲과 공원은 아주 중요합니다. 왜 그런지 이유 두 가지를 말해 보세요.
- 자신을 통제하고 절제하는 능력은 중요합니다. 왜 중요한지, 언제 이런 능력이 필요한지 말해 보세요.
- 시간이 있을 때마다 여행을 떠나는 사람들이 늘어나고 있습니다. 여행은 왜 필요할까요?
- 학교를 졸업해도 우리는 계속 배워야 합니다. 평생교육이 중요한 이유 두 가지를 말해 보세요.

4. 양면성과 태도 __ 어떤 것의 장단점, 긍정적인 면과 부정적인 면, 그리고 태도에 대해 말하는 문제입니다.

4-1. 문제 확인

■ 예시

6번. 질문을 듣고 의견을 제시하십시오.
70초 동안 준비하십시오. '삐' 소리가 끝나면 80초 동안 말하십시오.

문제: 나라를 사랑하는 마음을 '애국심'이라고 합니다. 애국심을 가지는 것은 좋은 일이지만 지나칠 경우, 문제가 되기도 합니다. 애국심의 긍정적인 면과 부정적인 면이 무엇이라고 생각합니까? 그리고 우리는 어떤 태도를 가져야 하는지 자신의 생각을 말하십시오.

■ 메모 〈70초〉

▼ 문제 메모

주제: 애국심
긍정적인 면, 부정적인 면
어떤 태도?
과제: 긍정 + 부정 + 태도

▼ 답변 메모

과제 ❶ 긍정적인 면 – 나라 발전 위해 노력
예) 경제 위기 때 어떻게?
부정적인 면 – 자기 나라만 중요 → 갈등
과제 ❷ 태도–갈등 없이 평화롭게
다른 나라 사람들과 조화 중시

■ 답변 〈80초〉

애국심은 나라를 사랑하는 마음입니다. 그런데 애국심은 긍정적인 면도 있고 부정적인 면도 있습니다. 먼저 긍정적인 면은, 국민들이 나라의 발전을 위해서 노력할 수 있다는 점입니다. 또 어려운 일이 있을 때는 나라를 지키기 위해 자발적으로 행동하게 됩니다. 예를 들면 경제위기가 왔을 때 사람들은 개인적인 이익보다 나라를 먼저 생각합니다. 손해를 봐도 참고 희생합니다. 반면에 부정적인 면도 있습니다. 애국심을 지나치게 강조하면 어떻게 될까요? 자기 나라만 중요하게 생각하고 다른 나라는 어떻게 돼도 상관없다는 식으로 생각할 수 있습니다. 그렇게 되면 나라와 나라 간에 갈등이 생길 수 있습니다. 우리는 한 나라의 국민인 동시에 세계 시민이기도 합니다. 다 같이 평화롭게 사는 것도 중요합니다. 그래서 맹목적인 애국심은 바람직하지 않습니다. 나라 사랑을 실천하면서도 다른 나라 사람들과 조화를 이루면서 살 수 있도록 노력해야 합니다. 서로 존중하고 배려하는 태도를 가져야 한다고 생각합니다.

내용 · 과제 2개(긍정적인 면, 부정적인 면/ 바람직한 태도)를 모두 말했다. 예를 들어 구체적으로 설명했다.

언어 · '긍정적인 면은 -다는 점입니다', '예를 들면', '반면에 부정적인 면도 있습니다', '바람직하지 않습니다' '-도록 노력해야 합니다' 와 같은 표현들을 적절하게 사용했다.

4-2. 연습하기

■ 표현 정리

- 긍정적인 면도 있고 부정적인 면도 있습니다 ※ 장점도 있고 단점도 있습니다.
- 긍정적인 면은 –다는 점입니다
- 이런 점 때문에 ~
- –(으)니까 문제가 생깁니다
- –(으)ㄹ 수 있도록 노력해야 합니다
- 장점[단점]은 –다는 것입니다
- 그렇게 되면 –(으)ㄹ 수 있습니다
- –는 태도는 바람직하지 않습니다
- –는 태도를 가져야 합니다
- 그런데 한편으로는 ~
- –(으)면 어떻게 될까요?

■ 말하기 연습 1

※ 다음 질문을 읽고 위의 표현과 자기가 아는 표현을 이용해서 간단하게 대답해 보세요.

보기
학교에서 팀 활동을 할 때 좋은 점은 무엇입니까?
팀 활동의 좋은 점은 어려운 일을 할 때 서로 도와줄 수 있다는 것입니다.

01 회사나 학교에서 팀 활동을 할 때 나쁜 점은 무엇입니까?

02 혼자 여행 할 때 좋은 점과 나쁜 점, 각각 한 가지씩 말해 보세요.

03 외식을 하면 어떤 점이 좋고, 어떤 점이 안 좋은지 한 가지씩 말해 보세요.

04 형제가 많아서 좋은 점은 어떤 게 있을까요? 두 가지만 말해 보세요.

05 한 계절만 있는 곳에 살면 좋은 점은 무엇이고 나쁜 점은 무엇인지 말해 보세요.

06 온라인으로 외국어를 배울 때 장점과 단점은 무엇일까요?

■ 말하기 연습 2

※ 대본을 여러 번 소리 내어 읽어 보세요. 그리고 질문을 듣고 바로 대답해 보세요.

01

질문에 대답

대중문화는 인터넷, TV, 잡지 같은 매체를 통해 많은 사람들이 즐기는 문화입니다. 우리는 매일 대중문화를 접하면서 살고 있습니다. 대중문화는 사회에 긍정적인 영향을 미치기도 하지만 부정적인 영향을 주기도 합니다. 우선 대중문화는 누구나 쉽게 접하고 즐길 수 있다는 점이 매력적입니다. 그리고 슬프거나 기쁠 때 이런 감정들을 대중문화를 통해 다른 사람들과 나눌 수 있습니다. 사회 변화도 빨리 받아들입니다. 그런데 한편으로 대중문화는 상업성이 강한 편이라서 오락성, 그러니까 너무 재미있는 것만 추구하다 보니까 문제가 생깁니다. 청소년들에게 나쁜 영향을 줄 수 있는 폭력적이고 자극적인 내용도 많이 나오게 되지요. 이런 점 때문에 우리 사회에서 대중문화를 바른 방향으로 이끌어 가려는 노력이 필요할 것 같습니다. 먼저 잘못된 점은 비판할 수 있는 제도적 장치를 마련해야 합니다. 또 사회적으로 문제를 일으킬 가능성이 있는 경우에는 금지하는 것도 필요하다고 생각합니다.

02

최근 로봇 기술이 점점 빠르게 발전하고 있습니다. 로봇 기술은 생활을 더 편하게 해 줄 수도 있지만 사람들을 불행하게 만들 수도 있습니다. 먼저 로봇이 있어서 좋은 점을 말씀드리면, 사람들이 하기 힘들고, 또 위험한 일을 대신할 수 있다는 겁니다. 게다가 요즘, 고령화 사회가 되어가고 있지 않습니까? 노인들을 도와줄 수 있는 로봇이 필요합니다. 그리고 몸이 불편한 장애인들도 도움을 받아야 합니다. 그런데 로봇이 사람 대신 일을 하면 사람들의 일자리가 없어집니다. 단순한 일을 하는 공장 같은 곳에서는 사람보다 로봇이 일을 더 잘하니까 사람을 고용할 필요가 없어집니다. 더 심각한 문제는 로봇으로 훨씬 강력하고 무서운 전쟁 무기를 만들 가능성도 있다는 것입니다. 이렇게 되면 로봇 때문에 불행해지게 됩니다. 그래서 로봇과 함께 하는 미래 사회에 대해 토론하고 고민해 봐야 합니다. 국가 차원에서도 부작용을 줄일 수 있는 방안을 하루빨리 마련해야 할 것입니다.

질문에 대답

03

본문은 소리로 들을 수 있습니다.
여러 번 듣고, 소리 내 읽으면서
내용을 이해한 후 질문에
대답해 보세요.

본문 + 질문

※ 대본은 답지에 있습니다.

04

본문 + 질문

스스로 확인하기

※ 위 연습문제를 듣고 질문에 대답한 후 ✔ 해 보세요.

☐ 질문이 끝나자마자 바로 대답했다.	☐ 네	☐ 아니요
☐ 대답할 때 머뭇거리지 않았다.	☐ 네	☐ 아니요
☐ 틀릴 수도 있었지만 자신있게 대답했다.	☐ 네	☐ 아니요

※ '아니요'가 있으면 본문을 여러 번 다시 읽어 보세요.

더 연습하기

※ 다음 주제에 대해 말해 보세요. 관심 있는 주제를 찾아 직접 질문을 만들어 봐도 됩니다.

- 문화가 다른 사람들이 함께 사는 '다문화 사회'의 긍정적인 면과 부정적인 면에 대해 말해 보세요.
- 늙어가는 것, 즉 노화는 나쁜 점도 있지만 좋은 점도 있습니다. 노화의 양면성에 대해 말해 보세요.
- 광고의 긍정적인 면과 부정적인 면은 무엇입니까? 소비자들은 광고에 대해 어떤 태도를 가져야 합니까?
- 인공지능 기술(AI)이 갈수록 발전하고 있습니다. 이러한 기술 발달의 긍정적인 면과 부정적인 면은 무엇입니까?
- 반려동물을 키울 때 장점과 단점은 무엇일까요? 또 어떤 태도로 반려동물을 대해야 할까요?
- 종이책보다 전자책을 선호하는 사람들이 늘어나고 있습니다. 전자책의 장점과 단점은 무엇일까요?

5. 조건, 역할, 방법 _ 그것에 가장 필요한 조건, 바람직한 역할, 각종 사례와 방법 등을 말하는 문제입니다.

5-1. 문제 확인

■ 예시

6번. 질문을 듣고 의견을 제시하십시오.
70초 동안 준비하십시오. '삐' 소리가 끝나면 80초 동안 말하십시오.

문제: 요즘은 나라와 나라 간의 경계가 없어지는 글로벌 시대입니다. 세계가 하나로 연결되어 있습니다. 이러한 시대에는 어떤 인재가 필요하다고 생각합니까? 글로벌 시대에 필요한 인재의 조건 두 가지와 근거를 말하십시오.

■ 메모 〈70초〉

▼ 문제 메모

주제: 글로벌 시대
인재가 필요하다
과제: 인재의 조건 2 + 근거

▼ 답변 메모

과제 ❶ 조건-소통 능력
글로벌 시대 다양한 사람과 어울려야
과제 ❷ 조건-적응 능력
새로운 환경에 빨리 적응해야
호기심 + 적극적 태도 가져야

■ 답변 〈80초〉

지금은 글로벌 시대입니다. 공부하는 환경도 일하는 환경도 많이 달라졌습니다. 사람마다 의견이 다르겠지만, 저는 이런 시대에 인재가 되려면 두 가지 조건이 필요하다고 생각합니다. 첫 번째는 소통하는 능력입니다. 글로벌 시대에는 문화도 다르고, 언어도 다르고, 사고방식도 다른 사람들이 같이 일합니다. 이런 사람들과 어울리면서 좋은 결과를 만들어 내기 위해서는 당연히 소통 능력이 필수라고 할 수 있습니다. 두 번째는 적응하는 능력입니다. 이 능력은 어디에 가든지 그곳 환경에 적응하고 거기에 가장 필요한 것이 무엇인지 빨리 파악하는 능력을 말합니다. 새로운 환경에 적응하는 것이 쉽지는 않습니다. 하지만 '불편하다, 이건 아닌데...' 라고 생각하면 안 됩니다. 그것보다는 호기심을 가지고 새로운 환경에 적응하려는 태도가 필요합니다. 이제는 무엇을 하든지 세계가 무대입니다. 소통 능력과 적응 능력을 갖춘 사람이 글로벌 시대에 인재가 될 수 있다고 생각합니다.

내용 • 과제 2개 (조건 2개/근거)를 모두 말했다. 인재에 대한 중심 생각 2개를 구체적으로 잘 설명했다.

언어 • '~ (으)려면 ~다고 생각합니다' '당연히 ~라고 할 수 있습니다' 'N은 N을 말합니다' '그것보다는~' '무엇을 하든지 ~'와 같은 표현들을 적절하게 사용했다.

5-2. 연습하기

표현 정리

- V-(으)려면 두 가지 조건이 필요하다고 생각합니다
- 당연히 N은 필수라고 할 수 있습니다
- N이/가[V-는 것이] 필요합니다
- A/V -아/어야 -(으)ㄹ 수 있습니다
- 첫 번째는 -는 것입니다
- 어디에 가든지 ※ 무엇을 하든지
- V-(으)려는 자세[태도]를 가져야 합니다
- -(으)면 -(으)ㄹ 것입니다

말하기 연습 1

※ 다음 질문을 읽고 위의 표현과 자기가 아는 표현을 이용해서 간단하게 대답해 보세요.

보기
여러분이 여행하고 싶은 곳은 어디입니까? 어떤 곳이 좋은 여행지라고 생각합니까?
저는 풍경이 아름답고 사람들이 친절한 곳이 좋은 여행지라고 생각합니다.

01 어떤 친구가 좋은 친구입니까? 좋은 친구의 조건은 뭐라고 생각합니까?

02 여러분은 어떤 집에 살고 싶습니까? 좋은 집의 조건은 무엇입니까?

03 환경 문제가 심각합니다. 지구에서 나무나 숲은 어떤 역할을 할까요?

04 여러분은 도서관에 자주 갑니까? 도서관은 공공기관으로서 어떤 역할을 합니까?

05 긴장을 풀기 위해 여러분은 어떻게 하나요? 좋은 방법이 있으면 말해 보세요.

06 농촌에 빈집이 늘어나고 있습니다. 빈집을 활용할 수있는 방법을 구체적으로 말해 보세요.

말하기 연습 2

※ 대본을 여러 번 소리 내어 읽어 보세요. 그리고 질문을 듣고 바로 대답해 보세요.

01

질문에 대답

환경오염으로 인해 심각한 피해가 발생하고 있다는 뉴스를 봤습니다. 우리가 살고 있는 환경을 지키기 위해서 꼭 실천해야 할 일이 있습니다. 저는 마음만 먹으면 충분히 실천할 수 있는 일, 두 가지를 말씀드리겠습니다. 먼저 일회용 플라스틱 제품을 쓰지 않는 것입니다. 이런 물건들은 잘 썩지 않는 플라스틱인데다가 한 번 쓰고 버리는 것이기 때문에 환경에 나쁜 영향을 줍니다. 배달 음식을 줄이고 음료를 마실 때에도 개인 텀블러를 사용하면 좋을 것 같습니다. 두 번째는 소비를 줄이고 재활용을 하는 것입니다. 한 조사 결과에 의하면 물건을 사용하는 기간이 점점 짧아지고 있다고 합니다. 그만큼 많이 버리고 많이 산다는 말입니다. 그래서 물건을 살 때 오래 쓸 만한 것을 구입해야 합니다. 또 새 물건이 필요하면 중고품 중에서 골라 보는 것도 좋을 것 같습니다. 이렇게 하면 결과적으로 물건을 사용하는 기간이 늘어나고 환경을 오염시키는 쓰레기도 줄일 수 있지 않을까요?

02

저는 교사의 역할이 정말 중요하다고 생각합니다. 좋은 교사를 만나느냐, 못 만나느냐에 따라 학생의 인생이 달라질 수 있기 때문입니다. 저는 교사의 역할 중에서 가장 중요한 것이 이해하기 쉽도록 잘 가르치는 것이라고 생각합니다. 그리고 다음으로는 학생들이 편견을 가지지 않도록 교육하는 것이 중요하다고 생각합니다. 먼저 첫 번째 역할이 중요한 이유는 잘 가르치면 배움을 통해 기쁨을 느낄 수 있기 때문입니다. 공부가 즐거우면 학생들은 스스로 공부하게 됩니다. 교사는 공부할 수 있는 동기를 부여할 수 있어야 합니다. 두 번째 역할은 다른 사람들과 잘 지낼 수 있게 이끌어 주는 것이기 때문에 중요합니다. 다른 사람을 편견 없이 대하도록 가르친다면 학생들은 어디에서나 좋은 인간관계를 맺을 수 있을 것입니다. 저와 다른 생각을 가진 사람도 많겠지만 저는 좋은 교사라면 학생들을 위해 이런 역할을 해 주는 것이 바람직하지 않을까 생각합니다.

질문에 대답

03

본문은 소리로 들을 수 있습니다. 여러 번 듣고, 소리 내 읽으면서 내용을 이해한 후 질문에 대답해 보세요.

본문 + 질문

※ 대본은 답지에 있습니다.

04

본문 + 질문

스스로 확인하기

※ 위 연습문제를 듣고 질문에 대답한 후 ✔ 해 보세요.

☐ 질문이 끝나자마자 바로 대답했다.	☐ 네	☐ 아니요
☐ 대답할 때 머뭇거리지 않았다.	☐ 네	☐ 아니요
☐ 틀릴 수도 있었지만 자신있게 대답했다.	☐ 네	☐ 아니요

※ '아니요'가 있으면 본문을 여러 번 다시 읽어 보세요.

더 연습하기

※ 다음 주제에 대해 말해 보세요. 관심 있는 주제를 찾아 직접 질문을 만들어 봐도 됩니다.

- 누구나 성공하기를 원합니다. 성공의 조건 두 가지를 말해 보세요.
- 스포츠 산업이 계속 성장하고 있습니다. 스포츠 산업은 우리 사회에서 어떤 역할을 합니까?
- 직장은 우리가 대부분의 시간을 보내는 곳입니다. 좋은 직장의 조건은 무엇이라고 생각합니까?
- 여가 시간에 TV를 보는 사람들이 많습니다. 여가 시간을 잘 보내는 방법에 대해 말해 보세요.
- 사람들이 살고 싶어 하는 도시는 어떤 곳일까요? 살기 좋은 도시의 조건 두 가지를 말해 보세요.
- 우리는 잘못했을 때 사과를 합니다. 그런데 이때 사과하는 방법도 아주 중요합니다. 어떻게 하는 것이 좋을까요?

6. 찬성과 반대 __ 어떤 문제에 대해 찬성과 반대 입장 중, 한 쪽을 정해서 그 근거를 말하는 문제입니다.

6-1. 문제 확인

■ 예시

6번. 질문을 듣고 의견을 제시하십시오.
70초 동안 준비하십시오. '삐' 소리가 끝나면 80초 동안 말하십시오.

문제: 도시 환경을 개선하기 위한 도시 개발은 지금도 세계 곳곳에서 계속되고 있습니다. 여러분은 도시개발에 찬성합니까? 반대합니까? 두 입장 중 한 쪽을 정하고, 그 근거를 두 가지 말하십시오.

■ 메모 〈70초〉

▼ 문제 메모

주제: 도시 개발
찬성, 반대 ?
과제: 나의 입장 + 근거 2

▼ 답변 메모

과제 ❶ 찬성 입장
과제 ❷ 근거 1 -인구 많다 /가난한 사람 더 불편
공공시설, 다양한 편의시설 필요
근거 2 -오래된 건물 다시 지어야
낡은 건물 많다 / 위험하다

■ 답변 〈80초〉

도시의 특징은 인구 밀도가 높다는 겁니다. 좁은 지역에 많은 사람들이 모여 살다 보면 불편한 것도 많겠지요? 그래서 저는 도시 개발에 찬성합니다. 사람들이 많으니까 공공시설이나 다양한 편의시설이 많이 필요하기 때문입니다. 대부분의 도시는 집값도 비싸고 물가도 비쌉니다. 돈이 없는 사람들은 살기가 어렵습니다. 그래서 개발이, 특히 도시에서 가난하게 살고 있는 사람들을 중심으로 이루어져야 한다고 생각합니다. 그 사람들이 저렴하게 이용할 수 있는 시설이나 집을 많이 지어야 한다고 생각합니다. 그리고 제가 도시 개발에 찬성하는 두 번째 이유는, 오래된 건물을 다시 지어야 하기 때문입니다. 도시는 긴 시간 동안 서서히 형성돼 왔습니다. 그렇기 때문에 아주 낡은 건물도 많고 위험한 곳도 많습니다. 보기에도 좋지 않습니다. 재건축하거나 수리할 필요가 있습니다. 저는 자연환경을 파괴하는 개발에는 반대하지만, 이렇게 도시 환경을 개선하기 위한 개발에는 찬성합니다.

내용 • 과제 2개 (찬성 입장 제시/ 근거)를 모두 말했다. 근거가 구체적이고 풍부하다.

언어 • '도시 개발에 찬성합니다' '-기 때문입니다' '-다고 생각합니다' ' 수리할 필요가 있습니다' 와 같은 표현들을 적절하게 사용했다.

6-2. 연습하기

표현 정리

- N에 찬성합니다 [반대합니다] ※ V-는 데 찬성합니다 / V-는 것에 찬성합니다
- A/V-(으)니까
- A/V-아/어야 한다고 생각합니다
- -기 때문에 -(으)ㄹ 수 있습니다 / -게 됩니다
- -기 때문에 찬성[반대]합니다
- -(으)면 -지 않을까 생각합니다
- N에는 반대하지만 N에는 찬성합니다

말하기 연습 1

※ 다음 질문을 읽고 위의 표현과 자기가 아는 표현을 이용해서 간단하게 대답해 보세요.

보기
아이들이 비디오 게임을 못하도록 완전히 금지하는 것에 찬성합니까? 반대합니까?
저는 반대합니다. 저는 비디오 게임이 아이들에게 주는 좋은 점도 있다고 생각합니다.

01 두 가지 직업을 가지고 일하는 것에 대해 어떻게 생각합니까? 여기에 찬성합니까? 반대합니까?

02 병원이나 학교, 어린이집 등에 CCTV를 의무적으로 설치해야 한다고 생각합니까?

03 직원을 뽑을 때 나이 제한을 두는 것에 대해 찬성합니까? 반대합니까?

04 부자들이 세금을 지금보다 훨씬 더 많이 내는 것에 대해 어떻게 생각합니까?

05 교육, 직업 등의 방면에서 내국인과 외국인에 차이를 두는 것에 찬성합니까? 반대합니까?

06 길고양이에게 계속 먹이를 줘야 한다고 생각합니까? 주지 않아도 된다고 생각합니까?

말하기 연습 2

※ 대본을 여러 번 소리 내어 읽어 보세요. 그리고 질문을 듣고 바로 대답해 보세요.

01

질문에 대답

그림이나 조각 같은 예술 작품 복제를 허용해야 한다는 주장이 있지만 저는 반대합니다. 복제는 절대 안 된다고 생각합니다. 왜 반대하는지 두 가지를 중심으로 제 생각을 말씀드리겠습니다. 예술작품의 가치는 이 세상에 하나밖에 없다는 데 있습니다. 요즘은 조금 달라졌다고 하지만 그래도 예술품의 가치가 변하는 것은 아닙니다. 그런데 복제품이 대량으로 시장에 나오면 작품의 가치는 바로 떨어질 겁니다. 그리고 또 하나는 진짜인지 복제품인지 구별할 수 없으면 예술품 판매 시장에 혼란이 생긴다는 것입니다. 복제품을 사고 싶은 사람도 있겠지만 진짜를 사고 싶은 사람들은 진품 여부를 모르기 때문에 구입을 꺼리게 됩니다. 이렇게 되면 작가들에게도 영향을 미치게 됩니다. 작품을 위해 열정을 쏟았는데 복제품이 대량으로 나오면 가격이 떨어져 경제적으로 손해를 볼 수 있습니다. 결과적으로 소비자들에게도 작가들에게도 좋지 않기 때문에 저는 예술품 복제에 반대합니다.

02

투표할 수 있는 나이는 나라마다 조금 다릅니다. 그렇지만 저는 현재보다 나이를 더 낮추는 데 찬성합니다. 여러 가지 이유가 있지만, 제가 찬성하는 근거를 크게 두 가지로 말씀드리겠습니다. 먼저 첫 번째는 고등학생 정도 되면 정치적으로 판단할 수 있는 능력이 충분하기 때문입니다. 일부 반대하는 사람들의 경우, 고등학생은 부모에게 의존하는 경향이 강하다고 말합니다. 물론, 경제적인 면에서는 그럴 수밖에 없지만 지적인 면이나 정신적인 면에서 부모에게 의존하는 나이는 아니라고 생각합니다. 다음으로 기술 환경이 옛날과 달라져서 학생들도 빠르게 정보를 찾고 공유할 수 있기 때문입니다. 이미 많은 학생들이 SNS를 통해서 자신의 의견을 공개적으로 밝히는 경우도 생기고 있습니다. 시민 모임에 참여하거나 사회 활동을 하는 학생들도 늘어나고 있습니다. 그렇기 때문에 저는 투표할 수 있는 나이를 낮춰도 된다고 생각합니다.

질문에 대답

03

본문은 소리로 들을 수 있습니다.
여러 번 듣고, 소리 내 읽으면서
내용을 이해한 후 질문에
대답해 보세요.

본문+질문

※ 대본은 답지에 있습니다.

04

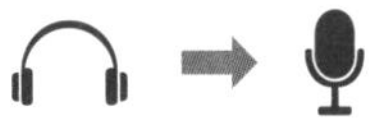

본문+질문

스스로 확인하기

※ 위 연습문제를 듣고 질문에 대답한 후 ✔ 해 보세요.

☐ 질문이 끝나자마자 바로 대답했다.	☐ 네	☐ 아니요
☐ 대답할 때 머뭇거리지 않았다.	☐ 네	☐ 아니요
☐ 틀릴 수도 있었지만 자신있게 대답했다.	☐ 네	☐ 아니요

※ '아니요'가 있으면 본문을 여러 번 다시 읽어 보세요.

더 연습하기

※ 다음 주제에 대해 말해 보세요. 관심 있는 주제를 찾아 직접 질문을 만들어 봐도 됩니다.

- 공공의 이익을 위해서 개인의 사생활이 공개될 수 있다는 것에 찬성합니까? 반대합니까?
- 일부 유명 관광지에서 관광객을 제한하고 입장료를 더 받는 것에 대해 찬성합니까? 반대합니까?
- 학교에 다니지 않고 집에서 공부하는 '홈스쿨링_Home Schooling'에 찬성합니까? 반대합니까?
- 중고등학교의 제2 외국어 과목을 폐지해야 한다는 주장이 있습니다. 여기에 찬성합니까? 반대합니까?
- 나라마다 우주 개발이 활발하게 이루어지고 있습니다. 이러한 우주 개발에 찬성합니까? 반대합니까?
- 어쩔 수 없는 경우에, 죽음을 스스로 선택하도록 하는 '안락사' 허용에 찬성합니까? 반대합니까?

7. 양자택일 _ 두 가지 중 한 가지를 선택하고 그 근거에 대해 구체적으로 말하는 문제입니다.

7-1. 문제 확인

■ 예시

6번. 질문을 듣고 의견을 제시하십시오.
70초 동안 준비하십시오. '삐' 소리가 끝나면 80초 동안 말하십시오.

문제: 요즘은 한 분야만 공부하는 것보다 여러 분야의 지식을 쌓는 공부 방식이 좋다고 하는 사람들도 있습니다. 여러분은 두 가지 중 어느 쪽이 낫다고 생각합니까? 둘 중 하나를 선택하고 근거를 말하십시오.

■ 메모 〈70초〉

▼ 문제 메모

주제: 한 분야 공부?
여러 분야 지식 쌓다?
어느 쪽이 좋다?
과제: 하나만 선택 + 근거

▼ 답변 메모

과제 ❶ 선택– 여러 분야 공부 좋다
과제 ❷ 근거– 시대 달라짐, 인공지능 발달 시대
예전에는 한 분야 전문 지식 강조
기초 지식은 컴퓨터가 대신
다양한 분야 공부, 창의성 개발에 유리

■ 답변 〈80초〉

저는 한 분야의 지식만 쌓는 것보다 여러 분야의 지식을 쌓는 것이 더 좋다고 생각합니다. 제가 이렇게 생각하는 데는 두 가지 이유가 있습니다. 먼저 시대가 달라졌기 때문입니다. 예전에는 한 분야에서 열심히 공부하고 일하면 성공할 가능성이 높았습니다. 그래서 기초부터 하나하나 시작해서 최고의 전문지식을 쌓을 때까지 오랜 시간 노력해야 했습니다. 그런데 요즘은 기초단계의 지식은 대부분 컴퓨터로 대신할 수 있습니다. 인공 지능이 발달했기 때문입니다. 긴 시간 노력할 필요가 없어졌습니다. 그리고 두 번째는 다양한 분야를 종합적으로 공부할 때 더 새롭고 창의적인 아이디어가 나오기 때문입니다. 기술이 발달할수록 창의성이 필요한데, 창의성은 컴퓨터가 대신해 줄 수 없습니다. 그래서 기술개발을 하는 사람들도 자기 분야만 공부해서는 안 될 거 같습니다. 사회, 문화 분야 등 여러 분야를 폭넓게 공부해야 더 좋은 결과를 얻을 수 있다고 생각합니다.

내용
- 과제 2개 (한쪽 입장 선택/ 근거)를 모두 말했다. 근거를 구체적으로 잘 설명했다.

언어
- 'N보다 -는 것이 더 좋다고 생각합니다' '제가 이렇게 생각하는 데는 두 가지 이유가 있습니다' 'N(으)로 대신할 수 있습니다' ' -다고 생각합니다'와 같은 표현들을 적절하게 사용했다.

7-2. 연습하기

■ 표현 정리

- 저는 –는 것보다 –는 것이 더 좋다고 생각합니다 / N보다 N이 더 좋다고 생각합니다
- 저는 –는 쪽을 선택하고 싶습니다
- 제가 이렇게 생각하는 데는 두 가지 이유가 있습니다
- 만약 –는다면 ~ / N(이)라면 ~
- 그렇다면 –는 경우는 어떨까요?
- 첫 번째 이유는 –기 때문입니다
- V–아/어야 V–(으)ㄹ 수 있다고 생각합니다

■ 말하기 연습 1

※ 질문을 읽고 위의 표현과 자기가 아는 표현을 이용해서 간단하게 대답해 보세요.

보기 집에서 온라인으로 공부하는 게 좋다고 생각합니까? 아니면 학교가 좋다고 생각합니까?

저는 학교가 좋다고 생각합니다. 왜냐하면 친구들을 만나서 같이 공부할 수 있기 때문입니다.

01 공부하면서 음악을 듣는 것과 듣지 않는 것 중에 어느 것을 선택하겠습니까?

02 장을 볼 때 대형 마트와 전통 시장 중 어디를 이용하는 게 더 좋습니까?

03 졸업 후, 부모님과 같이 사는 게 좋을까요? 독립해서 혼자 사는 게 좋을까요?

04 혼자 여행하는 것이 좋습니까? 친구와 같이 여행하는 것이 좋습니까?

05 여행을 한다면 말이 많은 사람과 말이 없는 사람 중 누구와 같이 가겠습니까?

06 그 사람이 나를 좋아하지 않아도 사랑을 고백하겠습니까? 하지 않겠습니까?

■ 말하기 연습 2

※ 대본을 여러 번 소리 내어 읽어 보세요. 그리고 질문을 듣고 바로 대답해 보세요.

01

질문에 대답

미래를 위해 현재의 고통을 참는 것, 그리고 현재를 즐기는 것, 둘 중에서 저는 두 번째를 선택하고 싶습니다. 가장 큰 이유는 사람은 언제 죽을지 모르기 때문입니다. 미래를 위해 노력하는 건 좋다고 생각합니다. 하지만 그거 때문에 지금 사는 게 너무 힘들고 고통스럽다면 생각을 바꿀 필요가 있습니다. 미래는 불확실하잖아요. 그래서 지금 참고 희생하는 게 바람직하지 않다고 생각합니다. 그리고 또, 제가 두 번째를 선택한 이유는 현재가 즐겁지 않다면, 미래도 행복하지 않을 가능성이 높기 때문입니다. 지금 불행한데, 이걸 견디면 과연 행복한 미래가 올까요? 그렇지 않다면 어떨까요? 절망에 빠질 것 같습니다. 미래의 큰 행복과 오늘의 작은 행복 중에서 어느 것에 더 의미를 둬야 하는지는 각자 다르겠지요. 하지만 저는 인생의 큰 목표보다 일상의 작은 행복이 소중하다고 생각합니다. 인생은 한 번 뿐이고 나중에 후회해도 소용 없다는 걸 알기 때문입니다.

02

저는 가난은 개인의 책임이 아니라 사회의 책임이라고 생각합니다. 만약 가난이 개인의 책임이라고 한다면 이런 결과가 나타나야 합니다. 예를 들면 열심히 일하는 사람은 부자가 되고 그렇지 않은 사람은 가난해야 합니다. 그런데 현실은 어떻습니까? 아시다시피 그렇지 않은 경우가 더 많습니다. 이런 걸 보더라도 가난은 사회의 책임이 분명합니다. 사회 구조가 열심히 일해도 돈을 많이 벌 수 없는 구조로 돼 있으면 안 됩니다. 땅이나 건물이 있으면 평생 일하지 않아도 잘 살 수 있고, 그 재산은 자식의 자식에게로 이어집니다. 시간이 지날수록 부동산의 가치는 올라갑니다. 또 투자한 돈은 몇 배로 커져서 쌓여갑니다. 그렇다면 그 반대의 경우는 어떨까요? 집이 없거나 병에 걸려서 일을 할 수 없으면 가난할 수밖에 없습니다. 아무리 열심히 일해도 가난을 벗어나기 어렵습니다. 그래서 사회에서 또는 국가에서 이런 부분들을 개선하기 위해 정책을 만들고 노력해야 한다고 생각합니다.

질문에 대답

03

본문은 소리로 들을 수 있습니다.
여러 번 듣고, 소리 내 읽으면서
내용을 이해한 후 질문에
대답해 보세요.

본문 + 질문

※ 대본은 답지에 있습니다.

04

본문 + 질문

스스로 확인하기

※ 위 연습문제를 듣고 질문에 대답한 후 ✔ 해 보세요.

☐ 질문이 끝나자마자 바로 대답했다.	☐ 네	☐ 아니요
☐ 대답할 때 머뭇거리지 않았다.	☐ 네	☐ 아니요
☐ 틀릴 수도 있었지만 자신있게 대답했다.	☐ 네	☐ 아니요

※ '아니요'가 있으면 본문을 여러 번 다시 읽어 보세요.

더 연습하기

※ 다음 주제에 대해 말해 보세요. 관심 있는 주제를 찾아 직접 질문을 만들어 봐도 됩니다.

- 팀으로 일할 때, 일의 성과와 팀원들의 화합 중 어느 것을 우선 순위로 두겠습니까?
- 통역, 번역을 해 주는 서비스가 발달하고 있는데 외국어를 배울 필요가 있을까요? 없을까요?
- 재택근무와 출근해서 근무하는 것 중 어느 게 더 나을까요? 한쪽을 선택한 후, 근거를 말해 보세요.
- 학생들이 기숙사 같은 공동시설에서 같이 지내는 게 좋을까요? 그렇게 하지 않는 게 좋을까요?
- 거짓말은 절대로 하면 안 될까요? 나쁜 의도가 아니라면 해도 될까요? 어느 쪽을 선택하겠습니까?
- 과학 기술이 지금처럼 빨리 발전되는 게 좋은가요? 아니면 조금 천천히 가는 게 좋은가요?

다 예상 문제

문제 듣기 → 70초 준비 → 80초 말하기

※ 메모하세요　　※ 메모하세요

※ 녹음기를 켜고 휴대폰으로 QR코드를 찍은 후, 메모하고 답변해 보세요.

01 ______ 초

02 ______ 초

03 ______ 초

04 ______ 초

05 ______ 초

06 ______ 초

07 ______ 초

08 ______ 초

예시 답변
사용 설명서

▶ 자신의 답변을 녹음한 후 들어 봅니다.

▶ 자신의 답변과 예시 답변을 비교해 봅니다.

▶ 예시 답변을 여러 번 읽어 봅니다.

▶ 자주 쓰는 표현과 단어를 외웁니다.

▶ 80초 안에 답변할 수 있도록 연습합니다.

▶ 다시 앞으로 돌아가 문제를 듣고 답변해 봅니다.

※ 예시 답변은 참고용입니다.

예시 답변을 보면서 내용을 어떻게 구성하고 어떤 표현을 쓰는지 확인해 보세요. 그리고 자신의 의견을 정리해서 써 본 후, 말하기 연습을 해 보세요. 처음에는 힘들지만 반복해서 연습하면 자신감이 생길 거예요.

1-2. 말하기 연습 2 대본 *p.202*

03	사람은 누구나 실수할 수 있습니다. 그런데 똑같은 실수를 반복하는 것은 문제가 있습니다. 왜 그럴까요? 가장 큰 이유는 자신이 한 실수를 쉽게 잊어버리기 때문입니다. 실수한 후 '앞으로는 이런 실수를 하지 말아야지'라고 생각하지 않고 '빨리 잊어버려야겠다'고 생각하는 사람들이 있습니다. 자기 실수를 생각하면 괴로우니까 피하고 싶은 마음 때문이겠죠. 하지만 실수에서 배우지 못하면 같은 실수를 반복하게 됩니다. 그러지 않으려면 우선 실수를 인정하고 왜 그런 실수를 했는지 차분히 되돌아봐야 합니다. 그리고 실수의 원인을 찾아내야 합니다. 먼저 평소에 어떤 행동이나 습관 때문에 실수를 하는지 자세하게 써 보는 것이 좋습니다. 그러면 문제점을 발견할 수 있을 겁니다. 그 문제점을 하나하나 고쳐 나간다면 실수를 줄일 수 있을 거라고 생각합니다.
04	우리 주변에는 더 많은 것을 가지기 위해 노력하는 사람이 있는 반면, 꼭 필요한 것만 가지고 최대한 단순하게 생활하려는 사람들도 있습니다. 최근에 이런 삶을 원하는 사람들이 많아지고 있다고 합니다. 왜 그럴까요? 이런 생활이 환경을 보호할 수 있기 때문입니다. 필요 없는 걸 사지 않고 쓰레기를 많이 만들지 않으면 지구 환경에 도움이 됩니다. 그리고 단순하게 살면 더 중요한 일에 집중할 수 있는 여유가 생기기 때문입니다. 따라서 먼저 해야 될 일은 안 쓰는 물건을 정리하는 겁니다. 가장 좋은 건 필요한 사람에게 주는 거고, 그게 안 되면 재활용할 수 있는 방법을 찾아야 합니다. 그리고 쇼핑을 줄여야 합니다. 이미 대부분의 집들이 물건으로 가득 차 있습니다. 물건이 많을수록 생활도, 생각도 복잡해집니다. 단순하게 살고 그 단순함을 유지하기 위해 노력하는 게 중요하다고 생각합니다.

2-2. 말하기 연습 2 대본 *p.205*

03	사람들은 돈을 벌기 위해서 직업을 가집니다. 하지만 어떤 직업을 가지든지 그 일에 최선을 다해야 하고 책임감을 가져야 합니다. 이것이 직업윤리입니다. 만약 이 직업윤리를 지키지 않는다면 어떻게 될까요? 첫째, 큰 사고가 많이 생길 겁니다. 특히 안전과 관련된 직업을 가진 사람들이 책임을 다하지 않는다면 그 결과가 어떨지, 보지 않아도 알 수 있습니다. 그리고 둘째는 사람들이 서로 믿을 수 없게 될 것입니다. 음식을 만드는 사람이 건강에 나쁜 재료를 쓴다거나, 고객의 재산을 지켜야 할 사람이 오히려 고객을 어려움에 빠지게 만들면 사람들은 무엇이든 의심부터 하게 될 겁니다. 서로 믿지 못하는 불신 사회가 되겠죠. 따라서 직업윤리를 지키지 않을 경우, 그에 맞는 강한 처벌이 필요하다고 생각합니다. 반면에 책임감을 가지고 일하는 사람은 존중하는 사회 분위기를 만들어 가야 할 것입니다.
04	요즘은 인터넷과 SNS, 디지털 미디어가 발달해서 개인이 만든 영상을 쉽게 다른 사람들과 공유할 수 있습니다. 이런 점이 좋을 때도 있지만 가짜 뉴스가 점점 많아지니까 볼 때마다 스트레스를 받습니다. 가짜 뉴스를 만드는 사람들은 관심을 끌고, 돈을 벌기 위해 자극적인 영상을 만듭니다. 전혀 사실이 아닌데 사실로 믿게 만듭니다. 이런 가짜뉴스의 문제점은 무엇보다 사람들에게 직접적인 피해를 준다는 것입니다. 가짜 정보를 믿고 투자했다가 경제적 손해를 보는 사람, 모든 명예를 잃고 직장에서 해고당한 사람도 있습니다. 그리고 더 큰 문제는 가짜 뉴스가 사회 갈등을 일으킨다는 것입니다. 믿는 사람과 믿지 않는 사람들이 서로를 비난합니다. 결국, 어떤 것이 진실인지 구별할 수조차 없게 됩니다. 이런 가짜 뉴스를 없애려면 먼저 가짜 뉴스로는 돈을 벌 수 없는 시스템을 만들어야 합니다. 그리고 이용자들도 뉴스를 대할 때 출처가 믿을 만한 곳인지 한번 더 확인하는 태도가 필요합니다.

3-2. 말하기 연습 2 대본 *p.208*

03	최근 우주 관련 산업이 주목받고 있습니다. 세계 여러 나라와 기업들도 우주 개발에 참여하기 위해 엄청난 비용과 시간을 투자하고 있습니다. 우주개발은 과학자들만의 일이라고 생각했는데 이렇게 우주 개발이 필요해진 이유는 무엇일까요? 저는 두 가지를 말씀드리고 싶습니다. 하나는 경제 성장을 위해서입니다. 우주는 경제활동을 만들어 내는 새로운 시장으로 떠오르고 있습니다. 인공위성을 개발하고, 우주여행을 준비하기 위해서는 각 분야에서 일할 사람들이 많이 필요합니다. 일자리도 만들어지고 관련 회사도 발전하게 됩니다. 그리고 또 하나는 우리가 살아야 할 새로운 주거지를 찾아야 하기 때문입니다. 환경오염과 이상 기후 때문에 언젠가 지구는 사람이 살 수 없는 곳이 될지도 모릅니다. 최대한 지구와 비슷한 곳을 찾아서 필요할 때 갈 수 있어야 합니다. 그리고 이미 지구는 에너지 자원이 부족한 상황입니다. 이런 두 가지 이유 때문에 저는 우주 개발이 필요하다고 생각합니다.
04	우리는 집이나 학교, 회사에서 중요한 일을 결정해야 할 때 토론을 합니다. 토론은 아주 옛날부터 의견을 조정할 때 사람들이 자주 사용해 오던 방법입니다. 지금 우리는 가치관도 다르고 수많은 다양성이 존재하는 사회에 살고 있습니다. 생각도 다를 수밖에 없습니다. 어떤 문제를 해결하기 위해서는 서로 의견을 나누면서 최선의 방법을 찾아야 하는데 이때 토론이 필요합니다. 토론할 때는 상대방의 의견을 잘 듣고 잘못된 부분은 설득해야 합니다. 그리고 토론을 하면 문제의 원인을 찾아내고 분석하는 능력도 기를 수 있는데 이것이 바로 토론이 필요한 두 번째 이유입니다. 우리는 인생을 살면서 많은 문제에 부딪히게 됩니다. 그때 토론을 통해 얻은 경험은 정확한 판단을 내리도록 도와줍니다. 특히, 토론은 학생들에게 문제 분석 능력을 길러 줄 수 있는 좋은 방법입니다. 이렇게 두 가지 이유에서 저는 토론이 반드시 필요하다고 생각합니다.

4-2. 말하기 연습 2 대본 *p.211*

03	사람들은 요즘 어디에서나 인터넷을 이용해 SNS를 합니다. 어떤 사람들은 SNS를 이용해서 돈을 벌기도 하고 또 기업에서는 광고가 필요할 때 이걸 활용하기도 합니다. 이렇게 SNS는 장점이 많은데요. 첫 번째 이유는 편리하기 때문일 겁니다. 직접 만나지 않아도 친구를 사귈 수 있고 관심 분야를 공유할 수도 있으니까요. 그리고 필요한 정보나 지식을 얻는 데 도움이 됩니다. 물론 뉴스에서 정보를 얻을 때도 있는데 그것보다 훨씬 더 구체적이고 쓸모 있는 정보를 찾을 때가 많습니다. 그런데 좋은 점만 있는 건 아닙니다. SNS를 하다 보면 개인정보가 노출됩니다. 이것을 범죄에 이용하는 사람들이 있습니다. 가짜 정보나 잘못된 정보도 많아서 사기를 당할 수도 있습니다. 그리고 SNS를 계속 하게 되면 중독될 가능성도 있습니다. 그래서 SNS에 너무 의존하는 것은 좋지 않습니다. 또 개인정보도 함부로 보여주지 않도록 조심해야 할 것입니다.
04	스타벅스는 세계 어디에나 있는 프랜차이즈 카페입니다. 이처럼 같은 브랜드, 같은 분위기, 같은 메뉴를 가진 식당이나 카페는 점점 증가하고 있습니다. 이런 식당이 우리 주변에 생기면 소비자로서 좋은 점은 뭘까요? 친구들에게 이유를 물어 봤더니 거기에 가면 맛이나 서비스 면에서 실망하지 않기 때문이라고 했습니다. 대부분의 프랜차이즈 식당들은 일정한 수준의 품질을 유지합니다. 운영도 체계적이라서 누구나 편하게 이용할 수 있습니다. 이런 편리함과 특별한 분위기는 프랜차이즈 식당의 좋은 점입니다. 반면에 부정적인 영향도 있습니다. 프랜차이즈 식당이나 카페가 늘어나면서 원래 있던 개인 식당들이 없어지고 있습니다. 개인 식당들은 각각 맛이 다르고, 다른 곳에서는 맛볼 수 없는 메뉴도 있습니다. 그리고 오랜 전통을 가지고 있습니다. 신선한 재료로 만든 개인 식당의 전통 메뉴가 사라져 가는 것은 안타까운 일이라고 생각합니다.

5-2. 말하기 연습 2 대본 *p.214*

03 과거의 소비자는 그냥 물건을 사고, 서비스를 이용하는 사람이었습니다. 그런데 요즘 소비자는 물건에 대한 반응을 적극적으로 표현하고 있습니다. 또한 생산자와도 소통하고 있습니다. 이런 변화 속에서 소비자는 어떤 역할을 해야 하는지, 올바른 소비자의 태도는 무엇인지 제 생각을 말씀드리겠습니다. 먼저 소비자는 제품이나 서비스에 문제가 있을 때 생산자에게 알려야 합니다. 그래야 품질을 향상시킬 수 있습니다. 다음으로 제품 생산 과정에서 환경을 오염시키지 않는지, 또 환경 친화적인 제품을 만드는지 확인하고 감시해야 합니다. 소비자가 환경 문제에 관심을 가지고 계속 요구하면 기업도 달라집니다. 하지만 이런 과정에서 소비자가 주의해야 할 점도 있습니다. '소비자가 왕이다'라는 태도로 무리한 요구를 하거나 상처를 주는 말을 하면 안 됩니다. 그리고 잘못된 정보로 생산자에게 피해를 주는 일을 하면 안 된다고 생각합니다. 항상 객관적인 정보와 사실을 말해야 소비자의 권리를 지킬 수 있습니다.

04 저는 행복한 삶을 위해서는 작은 일에도 감사하는 태도, 그리고 자신을 사랑하는 마음을 가져야 한다고 생각합니다. 먼저, 감사하는 태도가 왜 필요하냐 하면 어려운 일이 있을 때 그 어려움을 잘 극복할 수 있기 때문입니다. 예를 들면, 어떤 일 때문에 지치고 힘들 때 내가 감사할 수 있는 작은 일들을 떠올려 본다면 도움이 될 것입니다. 그리고 어떤 경우에도 자신을 사랑하는 마음을 가지는 것이 필요합니다. 저는 자신을 아끼고 사랑해야 다른 사람도 사랑할 수 있다고 믿습니다. 자기를 사랑하지 않으면 다른 사람의 작은 평가에도 흔들리고 스트레스를 받습니다. 언제나 남과 비교하고 다른 사람의 인정이나 사랑을 받아야 안심이 된다면 행복해질 수 없습니다. 행복은 누가 만들어 주는 것이 아니라 스스로 만드는 것이라고 생각합니다. 행복한 삶을 위해 첫 번째로 해야 될 일이 바로 자신을 사랑하는 것입니다.

6-2 말하기 연습 2 대본 *p.217*

03 저는 혐오 시설이 우리 지역에 들어오는 것에 찬성합니다. 혐오 시설은 모두가 싫어하는 시설입니다. 하지만 꼭 있어야 하는 시설이기도 합니다. 그렇기 때문에 내가 살고 있는 곳은 안 되지만 다른 곳에서는 괜찮다고 하는 사람들이 많습니다. 이건 '지역 이기주의'라고 생각합니다. 전체를 생각하지 않고 자기 지역만 생각하는 것입니다. 다음으로 찬성하는 이유가 한 가지 더 있습니다. 요즘은 혐오 시설을 지을 때 그 시설만 짓는 게 아닙니다. 지역민을 위한 시설, 지역의 경제 발전을 위한 시설도 같이 짓습니다. 그리고 혐오 시설로 인해 지역 이미지가 나빠지지 않도록 정부에서도 적극적으로 지원을 하기 때문에 무조건 반대할 일은 아니라고 생각합니다. 또, 남들이 하지 않는 일을 하니까 주목을 받는 효과도 있습니다. 우리 지역뿐만 아니라 사회 전체를 아끼는 마음이 있다면 충분히 받아들일 수 있다고 봅니다.

04 저는 청소년이 공부하면서 아르바이트를 하는 데 찬성합니다. 찬성하는 이유는 크게 두 가지입니다. 첫 번째는 아르바이트를 하면 경제관념을 기를 수 있기 때문입니다. 직접 돈을 벌면 돈의 소중함을 알게 됩니다. 그러면 아껴 쓰게 됩니다. 돈 관리를 어떻게 해야 하는지도 배울 수 있습니다. 이런 경험은 어른이 된 후에 분명히 도움이 됩니다. 백 마디 말보다 한번 체험해 보는 게 낫습니다. 다음으로 청소년의 아르바이트는 독립심을 키울 수 있는 좋은 기회라고 생각합니다. 청소년들이 대부분의 시간을 보내는 곳은 주로 집과 학교입니다. 이곳은 부모님과 학교의 보호를 받는 공간입니다. 하지만 아르바이트를 할 때는 새로운 사람도 만나고 다양한 상황에 부딪히기도 합니다. 스스로 판단하거나 결정해야 할 일도 많습니다. 이런 경험을 통해서 누군가의 도움 없이 뭔가를 할 수 있다는 자신감을 가지게 됩니다. 아르바이트 때문에 공부에 방해를 받을 수도 있지만, 저는 좋은 점이 더 많다고 생각합니다.

7-2. 말하기 연습 2 대본 *p.220*

03 저는 저와 성격이 비슷한 사람과 같은 팀에서 일하고 싶습니다. 제가 이렇게 생각하는 데는 두 가지 이유가 있는데요. 먼저 첫 번째 이유는 일의 효율성이 높아지기 때문입니다. 팀으로 같이 일을 할 때는 무슨 일이든지 혼자 결정할 수 없고 혼자 일을 진행할 수도 없습니다. 그런데 성격이 비슷한 사람과 일을 하면 결정도 빨리 할 수 있고, 따라서 일의 진행도 빨라질 수 있다고 생각합니다. 두 번째 이유는 갈등이 덜 생긴다는 점입니다. 성격이 비슷하면 일하는 스타일도 비슷할 것 같습니다. 예를 들면 성격이 급한 사람들은 일을 빨리 하려고 하는데 같이 일하는 사람이 느긋한 성격이면 스트레스가 쌓이고 심하면 싸울 수도 있습니다. 하지만 성격이 비슷하면 갈등이 생길 일이 줄어들지 않을까요? 그리고 갈등이 생기더라도 쉽게 풀 수 있을 것 같습니다. 이런 두 가지 이유 때문에 저는 성격이 비슷한 사람과 일하는 것을 선택하고 싶습니다.

04 저는 직업을 선택할 때 잘할 수 있는 일보다 하고 싶은 일을 선택하는 것이 좋다고 생각합니다. 두 가지 이유가 있습니다. 우선 하고 싶은 일을 하면 즐겁게 일할 수 있기 때문입니다. 잘하는 일을 하면 일하기도 쉽고 보수도 많이 받을 가능성이 높습니다. 하지만 즐겁지 않은 일을 하는 건 누구에게나 힘든 일입니다. 의무감으로 할 수는 있지만 일을 하면서 기쁨과 보람을 느끼지는 못할 거 같습니다. 그리고 다른 하나는 그 일을 오래 할 수 있기 때문입니다. 하고 싶은 일을 하면 힘들어도 포기하지 않습니다. 어려운 일이 생겨도 열심히 해결 방법을 찾습니다. 그래서 중간에 그만두는 일이 거의 없습니다. 이렇게 어떤 상황에서도 항상 최선을 다하기 때문에 결국 성공하게 됩니다. 시작은 좀 못할 수도 있습니다. 그렇지만 마지막에 웃을 수 있는 사람, 후회하지 않는 사람은 하고 싶은 일을 선택한 사람이 아닐까 생각합니다.

다. 예상 문제 *p.221*

01

우리 주변에는 우울증으로 힘들어하는 사람들이 생각보다 많습니다. 뭘 해도 즐겁지 않고 쉽게 피곤해지고, 우울한 기분이 오래 계속되면 우울증이라고 할 수 있습니다. 이러한 우울증은 왜 예전보다 많이 생길까요? 제 생각에는 과거에 비해 스트레스가 많기 때문인 것 같습니다. 사회가 복잡해지고 변화 속도가 빨라지면 사람들은 여유가 없어집니다. 그리고 다른 사람들과도 항상 경쟁해야 하니까 친해지기 어렵습니다. 그래서 점점 외로워지고 일상생활에서도 즐거움을 못 느끼게 되는 것 같습니다. 이렇게 우울한 기분을 느낄 때는 어떻게 해야 할까요? 우선 운동을 해야 합니다. 밖으로 나가서 걷거나 뛰는 운동을 하는 것이 좋습니다. 운동을 하면 스트레스도 줄일 수 있고 기분 전환도 할 수 있습니다. 다음으로 자신의 생각이나 감정을 혼자 가지고 있지 말고 다른 사람들과 공유해야 합니다. 사람들과 계속 연락하고 대화를 해야 우울한 기분에서 벗어날 수 있습니다.

80

02

요즘은 스마트폰 같은 디지털 미디어에 노출되는 나이가 점점 어려지고 있다고 합니다. 아주 어린 아이들도 스마트폰 영상을 봅니다. 그런데 전문가들은 이것이 위험하다고 합니다. 왜냐하면 아이는 성인과 달리 계속 성장하고 있기 때문입니다. 감수성도 풍부하고 상상력도 발달하는 나이입니다. 그런데 이렇게 강한 자극을 받으면 제대로 성장할 수 없습니다. 그리고 건강에도 부정적인 영향을 줄 수 있습니다. 하지만 어쩔 수 없이 스마트폰을 사용해야 할 때는 주의가 필요합니다. 어린아이의 경우에는 항상 부모님이 같이 보는 것이 좋습니다. 보면서 아이와 대화도 하고 생각할 수 있는 시간도 가져야 합니다. 그리고 사용 시간도 하루에 1시간 정도로 제한하는 것이 좋을 거 같습니다. 특히 식사 시간이나 노는 시간에는 절대로 볼 수 없도록 해야 합니다. 무엇보다 부모님들이 어릴 때부터 디지털 미디어 사용에 관심을 가지고 계속 지켜보는 게 필요하다고 생각합니다.

80

03

창의성이 중요한 이유는 새로운 생각을 하지 않으면 발전할 수 없기 때문입니다. 창의성이 있어야 새로운 아이디어를 내고 문제를 해결할 수 있습니다. 또 새로운 일에 도전하게 됩니다. 개인의 발전을 위해서도, 사회의 발전을 위해서도 이런 능력을 개발할 필요가 있습니다. 물론, 요즘은 인공지능 기술이 발달해서 문제를 해결할 때 도움을 받을 수 있습니다. 하지만 이 인공지능을 움직이는 것은 사람입니다. 그렇다면 우리는 창의성을 개발하기 위해서 어떻게 해야 할까요? 우선 질문을 많이 하는 것이 좋다고 생각합니다. 어떤 일이든지 답을 찾으려고 하기보다 왜 그렇지? 라고 생각하면서 질문을 해 보는 것이 중요합니다. 그리고 예술 작품을 감상할 수 있는 기회를 늘려야 합니다. 다양한 방식으로 표현된 예술 작품을 보면서 새로운 생각을 할 수 있기 때문입니다. 마지막으로 다른 사람들과 끊임없이 소통하고 아이디어를 공유하라고 말하고 싶습니다.

80

04

갈수록 사회 변화가 빨라지고 기술도 발전하고 있습니다. 그래서 예전에 배운 지식이나 경험이 쓸모없어지는 경우도 많아지니까 학교를 졸업한 후에도 교육이 필요합니다. 평생 교육이 필요한 이유는 여러 가지가 있지만 두 가지만 말씀드리겠습니다. 우선 사회 변화에 적응하고 능력을 개발하기 위해서입니다. 그리고 노인이 되었을 때 삶의 질을 높이기 위해 필요하다고 생각합니다. 아시다시피 요즘은 평균 수명이 길어져서 나이가 많아도 사회 활동을 하는 분들이 많습니다. 이렇게 사회 활동을 지속하려면 계속 배워야 합니다. 성인들을 위한 평생 교육을 활성화하기 위해서는 우선 다양한 프로그램이 많이 개발돼야 한다고 생각합니다. 지금도 대학교나 지역 문화센터에서 운영하는 프로그램이 있지만 더 확대해야 합니다. 또 기관에 의존하지 않고, 필요할 때 스스로 평생 교육 프로그램을 만들 수 있는 공동체가 많이 생겨야 할 것 같습니다.

80

다. 예상문제 *p.221*

05

지구의 주인은 사람만이 아닙니다. 우리 주위에는 언제나 동물이 함께 있었습니다. 그런데 요즘 지구 환경이 점점 나빠지고 있어서 멸종 위기에 빠진 동물들이 많습니다. 사람과 동물이 같이 잘 살아야 하는 이유는 환경 보호 때문입니다. 지구에는 다양한 생물들이 살고 있고, 서로 상호작용을 하면서 안정된 생태 환경을 만들어 가고 있습니다. 그런데 이 생태계가 깨지면 사람과 동물 모두에게 피해가 갑니다. 그렇기 때문에 우리는 동물과 공존하기 위해 노력해야 합니다. 먼저 동물을 하나의 생명으로 존중해야 합니다. 함부로 사고 팔거나 버리면 안 됩니다. 학대해서도 안 됩니다. 그리고 동물들이 사는 환경을 개선하기 위해 노력해야 합니다. 거의 움직이지도 못하는 좁은 공간에서 지내는 동물들이 여전히 많습니다. 마지막으로 육식을 줄이지 않으면 안 된다고 생각합니다. 사람들의 육식을 위해 희생되는 동물이 너무 많기 때문입니다.

80

06

먼저 제 의견을 말씀드리겠습니다. 저는 정년을 연장하는 데 반대합니다. 이유는 두 가지가 있습니다. 첫째는 정년을 연장하면 청년들의 일자리가 줄어들기 때문입니다. 신입사원을 채용해야 하는 기업에도 부담이 됩니다. 그리고 둘째는 이런 정책이 세대 갈등을 일으킨다는 것입니다. 먼저 첫 번째 이유를 살펴보면 실제로 정년 연장이 청년들의 취업률에 영향을 미치고 있습니다. 한 조사 결과에 의하면 정년 연장을 실시한 후에 청년 실업률이 크게 올라갔다고 합니다. 경제 성장이 잘 안 되면 이런 현상은 더 심해질 거라고 봅니다. 그리고 두 번째로 세대 간의 갈등이 커질 수 있다는 점을 말씀드리고 싶습니다. 일자리는 많지 않은데 이걸 두고 경쟁하게 되면 서로를 미워하게 됩니다. 상처를 주고 싸우기도 합니다. 따라서 인력 부족 문제는 정년 연장보다는 다른 방법으로 해결하는 게 더 낫지 않을까 싶습니다.

80

07

요즘은 누가 더 새로운 제품을 만들어 내느냐를 두고 경쟁이 치열해지고 있습니다. 그래서 기술 발전 속도가 더 빨라지는 것 같습니다. 제 생각을 말씀드리면 저는 이런 발전 속도를 조절할 필요가 없다고 생각합니다. 첫째는 기술 발전으로 지금까지 많은 문제를 해결했기 때문입니다. 산업 혁명 이후 역사를 보면 과학 기술이 경제를 발전시키고 우리 생활도 아주 편리하게 바꿔 놓았습니다. 기술의 발전이 없었다면 우리가 당연하게 누리고 있는 모든 것이 불가능했다고 생각합니다. 둘째, 속도 조절이 필요하다고 주장하는 이유를 들어 보면 부정적인 영향이 크다고 말하는데요. 하지만 기술로 인해 발생한 문제는 더 첨단의 기술로 해결할 수밖에 없다고 생각합니다. 그동안 쌓아 온 기술을 바탕으로 더 섬세하고 정밀한 기술을 개발한다면 부작용을 줄일 수 있지 않을까요? 그리고 환경을 위한 기술, 삶의 질을 향상시키기 위한 기술은 계속 발전되는 것이 좋다고 봅니다.

80

08

대중교통을 이용할 경우, 장점과 단점에 대해 말씀드리겠습니다. 먼저 장점 두 가지를 말씀드리겠습니다. 한 가지는 개인적인 차원의 장점인데, 교통비를 줄일 수 있다는 겁니다. 자동차를 운행하려면 비용이 많이 듭니다. 자동차 가격도 점점 오르고 있고 연료비도 올랐습니다. 생활비에서 자동차 유지비가 차지하는 비중이 높아지면 돈을 모으기 어렵습니다. 그리고 나머지 한 가지는 사회적인 차원의 장점인데요. 대중교통을 이용하면 환경에 도움이 됩니다. 자동차가 증가할수록 대기오염도 심해지니까 환경 보호를 실천하는 셈이지요. 반면에 단점도 있습니다. 가장 큰 단점은 이동이 불편하다는 것입니다. 대중교통을 이용하려면 버스 정류장이나 지하철역에 가야 하고, 기다려야 합니다. 그리고 원하는 장소까지 바로 가는 차가 없을 때는 여러 번 갈아타야 합니다. 그렇지만 저는 경제성과 환경을 생각해서라도 대중교통을 이용하는 것이 좋다고 생각합니다.

80

실전 모의고사

PART 3

실전 모의고사 1회

1 질문을 듣고 대답하십시오.

20초 동안 준비하십시오. '삐' 소리가 끝나면 30초 동안 말하십시오.

2 그림을 보고 질문에 대답하십시오.

30초 동안 준비하십시오. '삐' 소리가 끝나면 40초 동안 말하십시오.

3 그림을 보고 순서대로 이야기하십시오.

40초 동안 준비하십시오. '삐' 소리가 끝나면 60초 동안 말하십시오.

4 대화를 듣고 이어서 말하십시오.

40초 동안 준비하십시오. '삐' 소리가 끝나면 60초 동안 말하십시오.

5 자료를 설명하십시오.

70초 동안 준비하십시오. '삐' 소리가 끝나면 80초 동안 말하십시오.

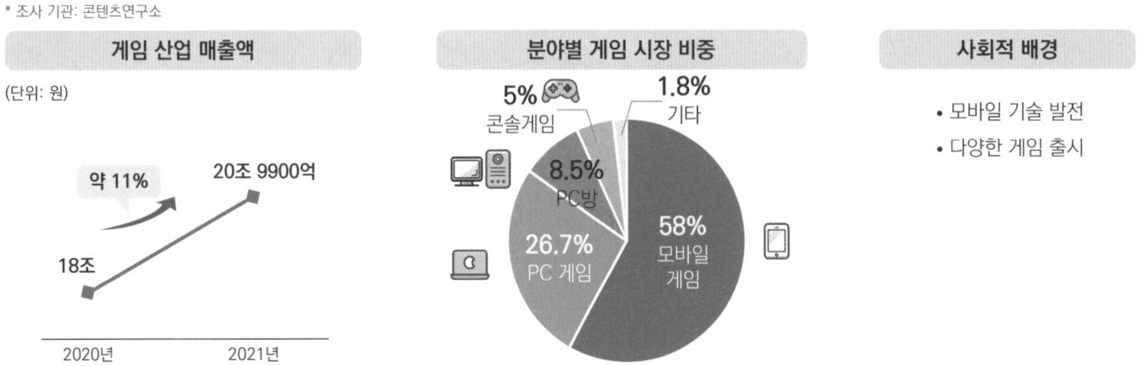

6 다음을 듣고 의견을 제시하십시오.

70초 동안 준비하십시오. '삐' 소리가 끝나면 80초 동안 말하십시오.

메모해 보세요.

실전 모의고사 **2회**

1 **질문을 듣고 대답하십시오.**

20초 동안 준비하십시오. '삐' 소리가 끝나면 30초 동안 말하십시오.

2 **그림을 보고 질문에 대답하십시오.**

30초 동안 준비하십시오. '삐' 소리가 끝나면 40초 동안 말하십시오.

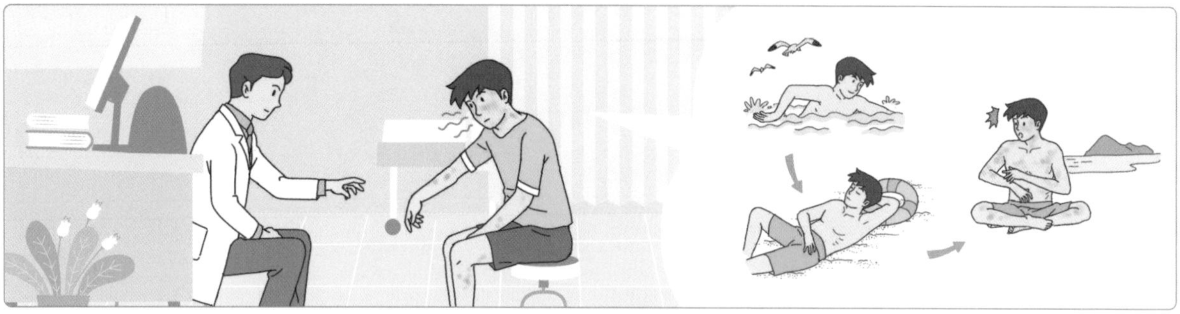

3 **그림을 보고 순서대로 이야기하십시오.**

40초 동안 준비하십시오. '삐' 소리가 끝나면 60초 동안 말하십시오.

4 **대화를 듣고 이어서 말하십시오.**

40초 동안 준비하십시오. '삐' 소리가 끝나면 60초 동안 말하십시오.

5 **자료를 설명하십시오.**

70초 동안 준비하십시오. '삐' 소리가 끝나면 80초 동안 말하십시오.

* 조사 기관: 부동산거래원

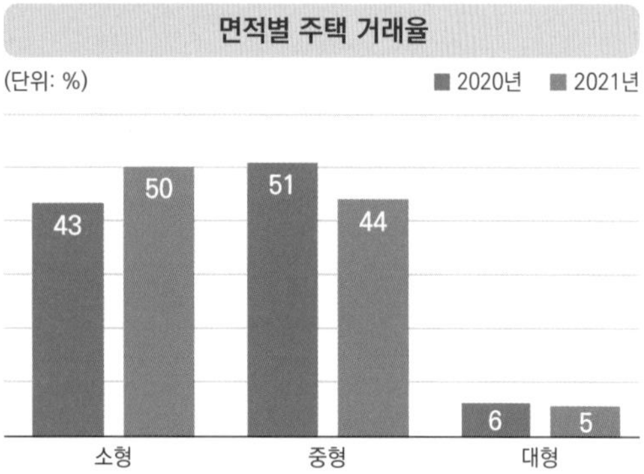

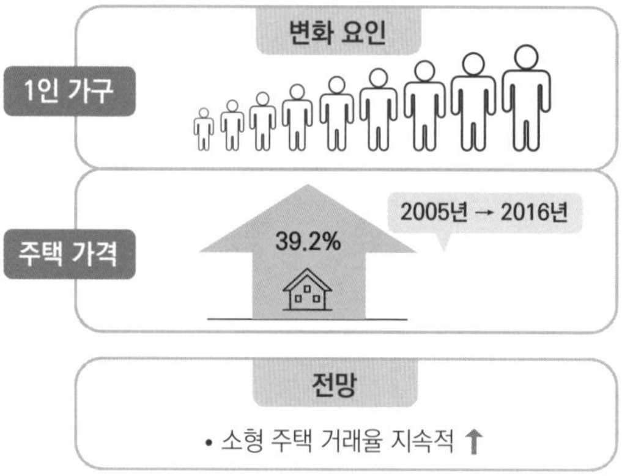

6 **다음을 듣고 의견을 제시하십시오.**

70초 동안 준비하십시오. '삐' 소리가 끝나면 80초 동안 말하십시오.

메모해 보세요.

실전 모의고사 3회

1 **질문을 듣고 대답하십시오.**
20초 동안 준비하십시오. '삐' 소리가 끝나면 30초 동안 말하십시오.

2 **그림을 보고 질문에 대답하십시오.**
30초 동안 준비하십시오. '삐' 소리가 끝나면 40초 동안 말하십시오.

3 **그림을 보고 순서대로 이야기하십시오.**
40초 동안 준비하십시오. '삐' 소리가 끝나면 60초 동안 말하십시오.

4 **대화를 듣고 이어서 말하십시오.**
40초 동안 준비하십시오. '삐' 소리가 끝나면 60초 동안 말하십시오.

5 **자료를 설명하고 의견을 제시하십시오.**
70초 동안 준비하십시오. '삐' 소리가 끝나면 80초 동안 말하십시오.

* 조사 기관: 인구연구소

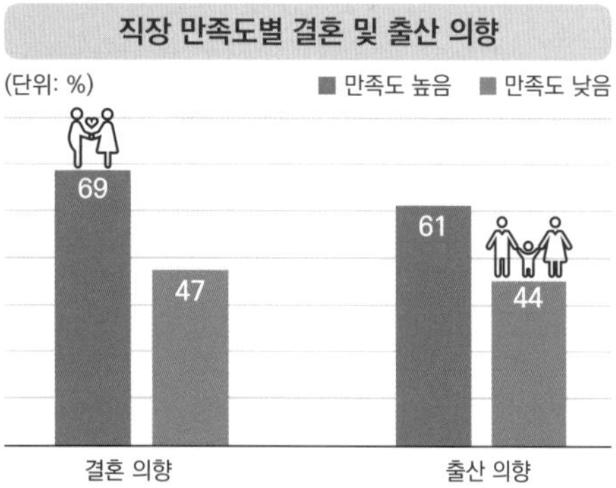

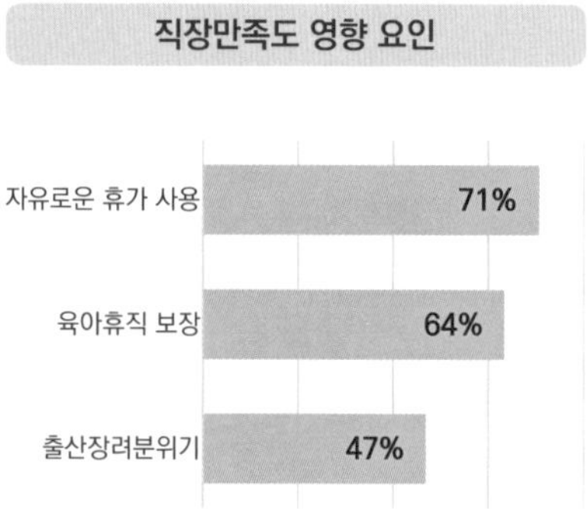

6 **다음을 듣고 의견을 제시하십시오.**
70초 동안 준비하십시오. '삐' 소리가 끝나면 80초 동안 말하십시오.

메모해 보세요.

실전 모의고사 4회

1 질문을 듣고 대답하십시오.

20초 동안 준비하십시오. '삐' 소리가 끝나면 30초 동안 말하십시오.

2 그림을 보고 질문에 대답하십시오.

30초 동안 준비하십시오. '삐' 소리가 끝나면 40초 동안 말하십시오.

3 그림을 보고 순서대로 이야기하십시오.

40초 동안 준비하십시오. '삐' 소리가 끝나면 60초 동안 말하십시오.

4 대화를 듣고 이어서 말하십시오.

40초 동안 준비하십시오. '삐' 소리가 끝나면 60초 동안 말하십시오.

5 자료를 설명하고 의견을 제시하십시오.

70초 동안 준비하십시오. '삐' 소리가 끝나면 80초 동안 말하십시오.

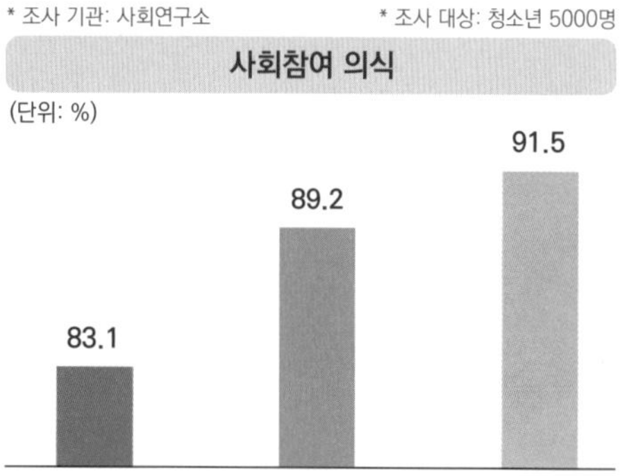

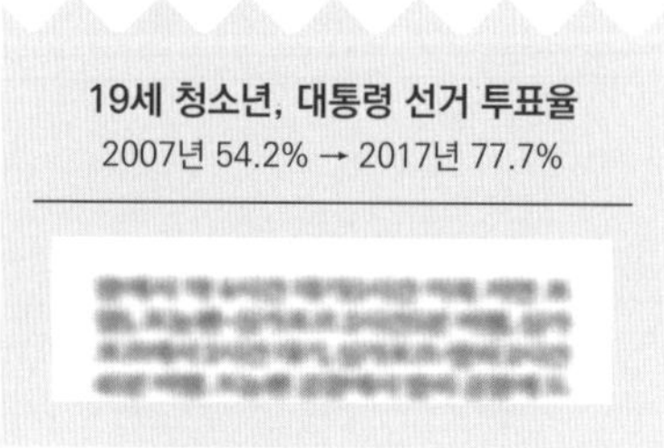
19세 청소년, 대통령 선거 투표율

2007년 54.2% → 2017년 77.7%

6 다음을 듣고 의견을 제시하십시오.

70초 동안 준비하십시오. '삐' 소리가 끝나면 80초 동안 말하십시오.

메모해 보세요.

실전 모의고사 **5회**

1 질문을 듣고 대답하십시오.

20초 동안 준비하십시오. '삐' 소리가 끝나면 30초 동안 말하십시오.

2 그림을 보고 질문에 대답하십시오.

30초 동안 준비하십시오. '삐' 소리가 끝나면 40초 동안 말하십시오.

3 그림을 보고 순서대로 이야기하십시오.

40초 동안 준비하십시오. '삐' 소리가 끝나면 60초 동안 말하십시오.

4 대화를 듣고 이어서 말하십시오.

40초 동안 준비하십시오. '삐' 소리가 끝나면 60초 동안 말하십시오.

5 자료를 설명하십시오.

70초 동안 준비하십시오. '삐' 소리가 끝나면 80초 동안 말하십시오.

* 조사 기관: 문화산업연구소

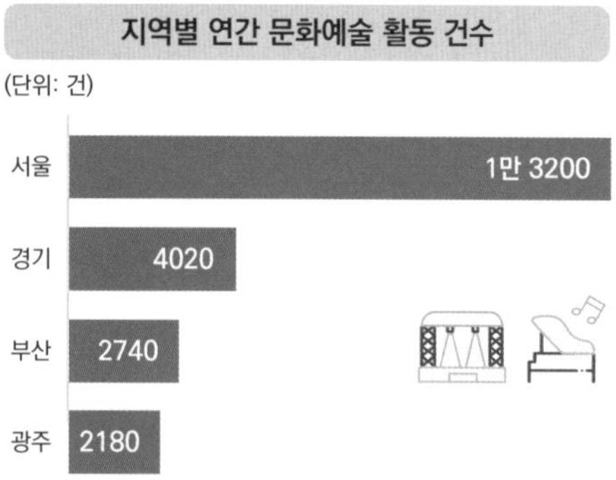

문제점

- 불균형한 지역 발전
- 문화예술의 다양성 감소

방안

- 지역 중심 문화예술 지원
- 지역 문화예술 시설 확충 및 홍보

6 다음을 듣고 의견을 제시하십시오.

70초 동안 준비하십시오. '삐' 소리가 끝나면 80초 동안 말하십시오.

메모해 보세요.

예시 답변
사용 설명서

▶ 실제 시험이라고 생각하고 녹음할 준비를 합니다.

▶ 정해진 시간 안에 답변하면서 녹음을 합니다.

▶ 자신의 답변과 예시 답변을 비교해 봅니다.

▶ 예시 답변을 여러 번 읽어 봅니다.

▶ 자주 쓰는 표현과 단어를 외웁니다.

▶ 다시 문제를 듣고 답변해 봅니다.

※ 실전 모의고사는 MP3 파일이 없습니다.
필요하면 예시 답변 대본을 직접 읽으면서 연습해 보세요.

01
▪ **어디를 여행해 봤어요? 거기에서 무엇을 했어요? 여행 경험에 대해 이야기하세요.**

저는 한국에서 안동 여행을 해 봤어요. 작년 여름 방학에 친구하고 같이 안동에 갔어요. 안동역에 도착한 후에 시장에 가서 맛있는 음식을 먹었어요. 그리고 한옥을 구경했어요. 여름이라서 꽃이 많이 피어서 한옥이 더 예뻐 보였어요. 거기에서 사진을 많이 찍었어요. 정말 재미있었어요.

02
▪ **약국에 있습니다. 약사에게 사려고 하는 것에 대해 문의해 보세요.**

안녕하세요? 요즘 너무 피곤하고 기운이 없어서 비타민을 좀 먹어 보려고 하는데요. 한국 제약에서 나온 비타민 어때요? 이 비타민은 보통 하루에 몇 번, 몇 개씩 먹으면 돼요? 그리고 식사 전에 먹는 게 좋아요? 식사 후에 먹는 게 좋아요? 또, 비타민을 먹을 때 주의할 건 없어요?

03
▪ **수진 씨는 한 남자를 만났습니다. 수진 씨에게 무슨 일이 있었는지 이야기하세요.**

수진 씨는 과제에 필요한 책을 찾으러 도서관에 갔어요. 수진 씨는 책을 찾아서 꺼내려고 했어요. 그런데 한 남자가 그 책을 먼저 꺼내서 수진 씨는 놀랐어요. 그 남자도 놀란 것 같았어요. 그 남자는 수진 씨에게 책을 주려고 했어요. 수진 씨는 좋은 방법을 생각했어요. 두 사람은 그 책을 같이 보기로 했어요. 같이 책을 보면서 공부했어요. 그렇지만 두 사람은 사랑에 빠져서 사실 수진 씨는 남자를 생각했고 남자도 수진 씨를 생각하고 있었어요. 두 사람은 아주 설렜어요.

04
물론, 운전이 능숙하지 못한 노인들도 있는 건 사실이지만 모두 그런 건 아니에요. 나이 들어서 운전을 배운 분들하고 젊을 때 운전을 배운 분들하고는 좀 차이가 있는 것 같아요. 운전을 오래 하신 분들은 안전을 먼저 생각하니까 문제가 안 된다고 봐요. 지금 우리 사회는 노인 사회가 되어 가고 있어요. 그런데 나이 들었다고 무조건 운전을 제한하는 것은 노인들의 권리를 인정하지 않는 거나 마찬가지예요. 다만, 신체적으로 문제가 있는 경우에는 건강 검사를 해서 그 결과를 가지고 운전을 제한하면 되지 않을까요?

05
콘텐츠연구소에서 게임 산업 매출액에 대해 조사를 했습니다. 조사 결과를 보면 2020년에는 18조 원이었는데 2021년에는 20조 9900억 원이 되었습니다. 1년 사이에 약 11% 증가한 것입니다. 그러면 분야별 비중은 어떨까요? 모바일 게임이 58%로 1위를 차지했습니다. 그다음에 PC게임이 26.7%로 2위였습니다. 이어서 PC방 8.5%, 콘솔 게임 5%, 기타 1.8% 순서로 나타났습니다. 이런 현상이 나타난 사회적 배경에는 모바일 기술의 발전이 있습니다. 예전에는 모바일로 할 수 없는 게임이 많았는데 요즘은 거의 다 할 수 있습니다. 스마트폰, 태블릿 같은 모바일 기기 성능이 좋아졌기 때문입니다. 게다가 다양한 게임들이 출시되었습니다. 그래서 더 많은 사람들이 취향에 맞게 게임을 골라서 할 수 있게 되었습니다.

06
갈수록 기후변화가 심해지고 있습니다. 지구 온도가 높아져서 여름은 더 더워지고 겨울은 더 추워졌습니다. 사람이 참기 힘든 심한 더위가 계속되거나 짧은 시간에 많은 비가 오는 집중호우도 자주 발생합니다. 그래서 가뭄이 들고 홍수가 납니다. 겨울에는 폭설이 내리고 외출할 수 없을 만큼 기온이 내려갑니다. 이런 기후변화 때문에 많은 사람들이 피해를 입고 있습니다. 다치기도 하고 심지어는 사망합니다. 또한 기후변화는 농업 환경에도 큰 영향을 미칩니다. 농작물이 잘 자랄 수 없기 때문에 생산량이 감소하고 식량 가격은 올라갑니다. 그렇다면 지금부터 우리는 무엇을 해야 할까요? 기후변화는 우리가 에너지를 너무 많이 사용해서 생긴 결과입니다. 따라서 에너지를 줄이기 위해 노력해야 합니다. 에어컨을 비롯해 전자제품 사용을 줄여야 합니다. 가능하면 대중교통을 이용하고 비행기로 여행하는 것도 줄여야 합니다. 이렇게 생활 속에서 에너지 사용을 줄이는 게 우리가 해야 할 일이라고 생각합니다.

실전 모의고사 2회 *p.234*

01

▪ **도시에서 사는 것이 좋아요, 시골에서 사는 것이 좋아요? 이야기하세요.**

저는 시골도 좋지만 도시에서 사는 것이 더 좋아요. 도시에서 사는 게 더 편리하기 때문이에요. 편의점이나 병원이 많아서 쉽게 이용할 수 있어요. 버스나 지하철을 타기도 편해요. 그리고 도시에는 시골보다 미술관이나 박물관도 많아서 심심하지 않아요.

02

▪ **병원에 있습니다. 의사 선생님께 증상을 설명해 보세요.**

안녕하세요? 선생님! 어제 바다에서 수영하고 밖에 누워 있다가 잠깐 잠이 들었어요. 그런데 일어나 보니까 얼굴도 빨개지고 팔하고 다리도 빨개졌어요. 놀라서 차가운 물에 샤워를 했는데 좋아지지 않았어요. 지금도 너무 아파요. 내일 회사에 가야 하는데 큰일이네요. 빨리 나으려면 어떻게 해야 해요?

03

▪ **민수 씨는 여자 친구의 선물을 샀습니다. 민수 씨에게 무슨 일이 있었는지 이야기하세요.**

민수 씨는 여자 친구 선물을 사러 백화점에 갔어요. 거기에서 예쁜 구두를 골랐어요. 직원이 선물을 포장하는 동안 민수 씨는 잠깐 통화를 했어요. 그러고 나서 민수 씨는 선물을 가지고 커피숍에서 여자 친구를 기다렸어요. 여자 친구가 좋아하는 모습을 상상했어요. 그런데 여자 친구를 만나고 민수 씨는 깜짝 놀랐어요. 상자 속에는 까만색 남자 구두가 있었어요. 선물이 바뀌어서 민수 씨는 정말 당황했어요. 이유를 모르는 여자 친구도 정말 황당해했어요. * 까만색, 검은색 모두 가능

04

그렇군요. 제 주변에도 봉사활동을 하고 싶은데 쉽게 시작하지 못하는 사람들이 있어요. 그런데 찾아보면 봉사활동을 할 수 있는 곳도 많고 할 수 있는 일도 많아요. 멀리 가지 않더라도 지금 살고 있는 지역의 봉사단체나 자원봉사자가 필요한 기관을 찾아가면 돼요. 거기에서 작은 일부터 시작하는 게 좋아요. 이런 것도 번거롭다고 생각하면 집에서 혼자 할 수 있는 봉사활동도 있어요. 집에서 뜨개질로 목도리나 모자를 떠서 전달하는 방법도 있고요. 외국어를 잘하면 번역 봉사활동도 할 수 있어요. 이번 기회에 한번 시작해 보는 게 어때요?

05

부동산거래원에서 면적별 주택 거래율을 조사했습니다. 먼저 조사 결과를 보겠습니다. 소형의 경우 2020년 43%에서 2021년 50%로 증가했습니다. 그런데 중형과 대형은 달랐습니다. 중형은 같은 기간 동안 51%에서 44%로 감소했습니다. 대형도 6%에서 5%로 줄었습니다. 이런 변화가 나타난 요인을 살펴보면 두 가지 정도가 있습니다. 하나는 1인 가구의 증가입니다. 혼자 사는 사람들이 늘면서 큰 집보다 작은 집을 선호하게 된 것입니다. 다른 하나는 비싼 주택 가격입니다. 한 조사에 따르면 주택 가격은 2005년에서 2016년까지 39.2%나 상승했습니다. 그래서 이제는 소형 주택에 사는 것이 경제적인 선택이 되었습니다. 이렇게 볼 때, 앞으로도 소형 주택 거래율은 계속해서 증가할 것으로 전망됩니다.

06

지식을 얻는 방법은 다양하지만 저는 영상을 통해 지식을 얻는 것이 더 좋다고 생각합니다. 이유는 두 가지입니다. 첫째는 편리함, 둘째는 다양성 때문입니다. 먼저 편리함에 대해 말씀드리겠습니다. 요즘은 디지털 시대입니다. 인터넷으로 접속하기만 하면 지식의 바다가 열립니다. 언제 어디서든지 알고 싶은 것이 있을 때 검색을 하면 바로 필요한 영상 자료를 찾을 수 있습니다. 이 모든 것이 몇 번의 클릭으로 가능합니다. 오랜 시간 앉아서 책을 읽는 것보다 간단하고 편리합니다. 돈도 거의 들지 않고 시간도 오래 걸리지 않습니다. 그리고 두 번째는 다양성입니다. 영상은 지식 전달 방식이 다양합니다. 소리로 듣고, 눈으로 보는 걸 넘어서 이제는 영상 속으로 들어가 체험까지 할 수 있습니다. 이런 방식으로 배우면 빠르고 쉽게 지식을 얻을 수 있습니다. 또, 기억도 오래 간다고 합니다. 따라서 영상이야말로 빠르고 편리하게 지식을 얻는 최고의 방법이 아닐까요?

01
▪ **스트레스를 받으면 어떻게 해요? 스트레스 푸는 방법에 대해 이야기하세요.**

저는 스트레스를 받으면 보통 친구를 만나요. 친구하고 같이 노래방에 가서 크게 노래를 불러요. 그런데 혼자 스트레스를 풀 때도 있어요. 집에서 재미있는 영화를 봐요. 영화를 보는 동안 달고 맛있는 과자를 먹어요. 그러면 스트레스가 좀 풀리는 것 같아요.

02
▪ **호텔에 전화하고 있습니다. 예약을 바꾸는 것에 대해 이야기하세요.**

안녕하세요? 한국 호텔이지요? 지난 주에 예약한 김민수라고 합니다. 예약을 변경하려고 전화 드렸습니다. 1박 2일로 예약했는데 3박 4일도 가능할까요? 그리고 아침식사는 안 하려고 했는데 하는 걸로 할게요. 사람도 2명이 아니라 3명입니다. 어른 2명, 아이 1명입니다. 변경 가능한지 지금 바로 확인해 주시면 감사하겠습니다.

03
▪ **민수 씨는 시골에 있는 고향집에 갔습니다. 민수 씨에게 무슨 일이 있었는지 이야기하세요.**

방학이 되었어요. 민수 씨는 오랜만에 부모님이 계신 고향에 왔어요. 부모님과 반갑게 인사했어요. 민수 씨는 아버지 일을 도와드렸어요. 날씨가 너무 더워서 가지를 따면서 땀을 많이 흘렸어요. 그때 어머니가 수박을 가지고 오셨어요. 민수 씨는 수박을 아주 좋아해요. 민수 씨는 나무 아래에서 부모님하고 시원한 수박을 먹었어요. 시골에 와서 먹는 수박은 꿀맛이었어요. 정말 행복했어요.

04
글쎄요. 어려운 문제인 것 같아요. 왜 그러는지 모르니까 이유가 없다고 생각하지만 분명히 이유가 있을 거예요. 먼저 그 이유를 알려고 하는 게 제일 중요하지 않을까 싶어요. 하지만 대화를 안 하려고 하니까 그것도 쉽지 않겠죠. 그러면 전문가한테 상담을 받아 보는 게 좋아요. 친구가 가려고 하지 않으면 상담 선생님을 직접 모셔 와서 상담을 해 보라고 말해 주세요. 그리고 무엇보다 중요한 건 관심인 것 같아요. 가족, 친구들이 포기하지 않고 관심을 가져야 해요. 계속 메시지를 보내거나 대화 시도를 하는 게 좋다고 생각해요. 제 말이 도움이 됐는지 모르겠네요.

05
인구연구소에서 직장 만족도별 결혼 및 출산 의향에 대해 조사한 결과를 보겠습니다. 먼저 직장 만족도가 높으면 결혼 의향도, 출산 의향도 모두 높았습니다. 결혼 의향은 69%, 출산 의향은 61%였습니다. 반면에 만족도가 낮으면 결혼 의향 47%, 출산 의향 44%로 모두 낮게 나타났습니다. 그렇다면 직장 만족도에 영향을 주는 요인은 무엇이었을까요? 1위는 자유로운 휴가 사용이었습니다. 71%나 나왔습니다. 이어서 육아휴직 보장이 64%로 2위, 출산장려분위기가 47%로 3위였습니다. 이렇게 직장 만족도는 결혼과 출산에 큰 영향을 미치기 때문에 회사, 사업장 등에서는 자유롭게 휴가를 사용할 수 있는 문화를 조성해야 합니다. 육아휴직도 확실하게 보장해야 합니다. 그리고 출산장려분위기를 만들어서 직장에 다니면서 결혼도, 출산도 걱정 없이 할 수 있도록 해 줘야 합니다.

06
인간관계에서 가장 중요한 것은 신뢰라고 생각합니다. 신뢰가 중요하다고 생각하는 이유는 두 가지입니다. 하나는 비용을 줄일 수 있기 때문입니다. 또 하나는 행복하게 살기 위해 반드시 필요하기 때문입니다. 신뢰가 어떻게 비용을 줄일 수 있을까요? 신뢰의 반대는 의심입니다. 상대방을 의심하면 진위 여부를 알기 위해 시간도 들고 돈도 듭니다. 하지만 믿으면 이런 일에 에너지를 소모할 필요가 없습니다. 그리고 다른 사람이 나를 믿어 준다고 생각하면 힘든 일을 해도 기분이 좋습니다. 신뢰가 없으면 불만도 많아지고 갈등이 커집니다. 그러면 당연히 스트레스도 받고 우울해져서 일이 잘 안 됩니다. 그래서 우리는 신뢰를 쌓기 위해 노력해야 합니다. 먼저 가장 중요한 게, 시간을 지키고 약속을 지키는 겁니다. 그래야 믿음이 생깁니다. 또, 이 신뢰를 유지하기 위해서 인내심을 가져야 합니다. 실수를 해도 믿음을 가지고 지켜봐야 합니다. 존중과 배려가 있어야 신뢰가 지속된다고 생각합니다.

01

▪ **여러분은 한국어를 배우고 있어요. 또 무슨 언어를 배워 보고 싶어요? 배우고 싶은 언어를 이야기하세요.**

저는 중국어를 배워 보고 싶어요. 저는 중국 영화를 좋아해서 중국 영화를 자주 봐요. 그래서 중국어에 관심이 생겼어요. 지금은 친한 친구 중에 중국 사람도 있어요. 그 친구하고 한국어로 말하지만 중국어로 말할 수 있으면 좋겠어요. 그리고 중국어를 배우면 나중에 중국 여행을 할 때도 좋을 것 같아요.

02

▪ **사무실에 있습니다. 새로 온 직원에게 하는 일과 주의 사항에 대해 이야기하세요.**

안녕하세요? 새로 오셨죠? 내일부터 일을 해야 되니까 자세히 말씀드릴게요. 먼저 일하는 시간은 오후 3(세)시부터 6(여섯)시까지예요. 일은 별로 힘들지 않아요. 먼저 청소부터 하고 그 다음에는 전화를 받으면 돼요. 노인들이 오시면 친절하게 안내하면 돼요. 그런데 한 가지 주의할 게 있어요. 일할 때 휴대폰을 보면 안 돼요. 이건 꼭 지켜야 돼요.

03

▪ **수진 씨는 회사에 가려고 지하철을 탔습니다. 무슨 일이 있었는지 이야기하세요.**

수진 씨는 오늘도 지하철을 타고 출근했어요. 일찍 일어났더니 너무 피곤해서 자기도 모르게 잠이 들었어요. 한국 회사 역에 도착했다는 안내 방송을 듣고 잠이 깼어요. 바로 급하게 내렸는데, 우산을 놓고 내린 것을 알았어요. 우산을 잃어버려서 정말 속상했어요. 퇴근하자마자 수진 씨는 분실물센터에 갔어요. 다행히 거기에 우산이 있었어요. 수진 씨는 우산을 찾아서 정말 기뻤어요.

04

죄송하지만 보너스를 더 받는다고 해도 혼자 일하기는 어려울 것 같습니다. 가족들한테 너무 미안해서요. 보수를 더 받는 건 좋지만 이렇게 일하면 가족들과 같이 있을 시간이 없어요. 그리고 주말에는 너무 피곤해서 계속 자기만 하니까 아내도 싫어하고 아이들도 불만이 많아요. 일을 줄여야 가족들하고 잘 지낼 수 있을 것 같아요. 그리고 취미 생활을 하고 싶어서 얼마 전에 미술학원에 등록했어요. 저도 제 시간이 필요하기 때문에 이해해 주시면 감사하겠습니다.

05

사회연구소에서 청소년 5000명을 대상으로 사회참여 의식을 조사했습니다. 먼저 조사 결과를 보면 전반적으로 청소년들의 사회참여 의식이 높게 나타난 것을 알 수 있습니다. 초등학생은 83.1%, 중학생은 89.2%, 고등학생은 91.5%로 조사되었습니다. 학년이 올라갈수록 사회참여 의식이 더 높아졌습니다. 이런 현상은 신문 기사로도 확인할 수 있습니다. 19세 청소년의 대통령 선거 투표율이 2007년 54.2%에서 2017년 77.7%로 크게 증가했다고 합니다. 이처럼 청소년의 사회참여 의식이 높아지면 선거 투표율이 높아집니다. 또 일찍부터 사회, 그리고 정치 문제에 관심을 가져왔기 때문에 젊은 세대의 정치인이 늘어나게 됩니다. 그러면 청년들의 의견이 정책에 영향을 미치고. 또 반영될 가능성이 커집니다. 사회 문제, 정치 문제에 그만큼 다양한 의견이 반영될 수 있습니다.

06

재능도 있고, 그 재능을 발전시키기 위해 남보다 더 노력하는 사람들이 있습니다. 우리 사회는 이런 사람들에게 특별한 보상을 줍니다. 이것이 능력주의입니다. 먼저 긍정적인 영향을 생각해 보면 사람들에게 기회와 희망을 준다는 겁니다. 노력하면 누구나 성공할 수 있고, 기회도 얻을 수 있으니까요. 부모의 능력이나 재산이 없어도 성공할 수 있다는 건 좋은 점이라고 할 수 있습니다. 그리고 능력주의는 좋은 결과를 만들어 냅니다. 자신의 가치를 높이기 위해 최대한 노력하니까 결과도 좋아질 수밖에 없습니다. 하지만 이러한 능력주의가 지나치면 부정적인 면이 나타납니다. 바로 경쟁입니다. 경쟁이 심해지면 성공하지 못한 사람들은 불안해지고 자신이 쓸모없다고 생각합니다. 그리고 능력 있는 사람과 그렇지 못한 사람의 소득 차이가 너무 커지면 빈부격차가 발생합니다. 그래서 사람들은 사회가 불평등하다고 생각하게 됩니다. 우리는 능력주의의 이러한 면에도 관심을 가져야 합니다.

실전 모의고사 5회 *p.250*

01
- **여러분 나라에서 유명한 곳은 어디예요? 유명한 장소에 대해 소개하세요.**

우리나라는 태국이에요. 태국에 유명한 곳이 많이 있지만 '왓포 사원'이 제일 유명해요. 여기는 태국에서 제일 크고 오래된 사원이에요. 사원이 정말 아름다워서 많은 사람들이 구경하러 와요. 그리고 사원에서는 짧은 옷을 입을 수 없어요. 긴 바지나 치마를 입어야 돼요.

02
- **학교에 있습니다. 친구에게 집 찾아오는 방법을 이야기하세요.**

집 찾기가 별로 어렵지 않으니까 걱정하지 마세요. 먼저 지하철을 타고 시청역에서 내리세요. 그리고 지하철 3번 출구로 나와야 돼요. 출구에서 앞으로 쭉 가세요. 가다 보면 은행이 보여요. 그 은행 옆에 오피스텔이 있어요. 거기가 바로 민수 씨 집이에요. 잘 모르면 근처에서 민수 씨한테 전화하세요.

03
- **수진 씨는 여행 준비를 했습니다. 수진 씨에게 무슨 일이 있었는지 이야기하세요.**

수진 씨는 여행을 가려고 짐을 챙겼어요. 배낭에 옷, 모자, 카메라를 넣었어요. 여행을 떠날 생각에 너무 설렜어요. 다음 날 공항에서 친구들을 만났어요. 모두 신나고 즐거워 보였어요. 그런데 갑자기 수진 씨가 아주 당황했어요. 아무리 찾아도 여권이 없었어요. 여권을 집에 두고 온 게 생각났어요. 결국 수진 씨는 비행기를 못 탔어요. 떠나는 비행기를 보면서 너무 속상해서 눈물을 흘렸어요.

04

맞아요. 불편한 점도 있지만 장애 학생들 입장에서는 장점보다 단점이 더 크기 때문에 저는 따로 교육을 받는 데 반대해요. 우선 교육적인 면에서 장애 학생들이 친구들하고 어울리며 공부해야 사회성도 발달하고 의사소통 능력도 좋아진다고 해요. 이렇게 하면 다른 학생들도 장애 학생을 대하는 자세가 달라질 수 있고요. 그리고 장애 학생들도 나중에는 사회생활을 해야 되잖아요. 학교에서 같이 생활하면 사회생활에 적응하기 쉬울 거 같아요. 장애 학생들을 위한 안전시설을 마련한다든지 교사 지원을 늘리는 문제는 우리가 더 노력해야 될 부분이라고 생각해요.

05

문화산업연구소에서 지역별 문화예술 활동 건수에 대해 조사했습니다. 먼저 현황입니다. 서울이 만 3200건으로 가장 많았습니다. 이어서 경기는 4020건, 부산 2740건, 광주 2180건 순서로 나타났습니다. 서울과 다른 지역 사이에 차이가 아주 큰 것을 알 수 있습니다. 이런 현상의 문제점으로는 불균형한 지역 발전을 이야기할 수 있습니다. 지역들이 균형 있게 발전하지 못하면 문화예술의 혜택을 받는 사람도 줄어들게 됩니다. 게다가 문화예술의 다양성도 감소하게 됩니다. 그러면 결과적으로 문화예술의 발전에도 한계가 생길 수밖에 없습니다. 따라서 이런 문제를 해결하려면 지역 중심으로 문화예술을 지원해야 합니다. 그리고 지역 문화예술 시설을 확충하고 홍보할 필요도 있겠습니다. 이렇게 하면 더 많은 사람들이 문화예술의 혜택을 받을 수 있습니다. 지역 문화도 살릴 수 있습니다.

06

제가 만약 그 회사의 지원자라면 기분이 안 좋을 것 같습니다. 그래서 저는 반대합니다. 반대하는 이유 두 가지를 말씀드리겠습니다. 첫 번째가 가장 중요한 이유인데요. SNS가 개인적인 활동 공간이기 때문입니다. 개인 정보도 있고 별로 알리고 싶지 않은 사진, 영상도 있습니다. SNS에 있는 기록들을 다 보여주는 건 자기의 전부를 공개하는 거나 마찬가지입니다. 그렇게 되면 SNS는 더 이상 편하게 일상을 기록하는 기능을 하지 못할 거 같습니다. 아마 회사 지원용 SNS를 따로 만드는 사람도 생길 겁니다. 그리고 두 번째는 SNS 활동은 업무 능력과 관계가 없다는 겁니다. 어떤 기준으로 판단하는 건지 모르겠지만 SNS에서 보이는 것으로 '일을 잘할 수 있다, 없다'를 판단하기는 어렵다고 생각합니다. 업무에 맞는 기준과 조건에 따라서 직원을 뽑아야 한다고 생각합니다. 취업 준비생들은 취직하기 위해 많은 것을 준비합니다. SNS가 아닌 실력으로 회사에 들어가고 싶어 합니다.